走向深蓝·海洋安全与执法系列

海洋权益法治保障

裴兆斌　朱　晖　卢政峰　等著

海洋法律与政策东北亚研究中心（教育部备案GQ17091）资助
大连海洋大学社会科学界联合会资助
辽宁省社会科学界联合会“辽宁海洋发展法律与政策研究基地”项目资助
中国太平洋学会海洋维权与执法研究分会资助
辽宁省法学会海洋法学研究会资助
大连市社会科学界联合会、大连市国际法学会资助
北京龙图教育/龙图法律研究院资助

东南大学出版社
SOUTHEAST UNIVERSITY PRESS
·南京·

图书在版编目(CIP)数据

海洋权益法治保障 / 裴兆斌等著. —南京：东南大学出版社，2018.12
(走向深蓝 / 姚杰，裴兆斌主编. 海洋安全与执法系列)
ISBN 978-7-5641-8148-2

Ⅰ. ①海… Ⅱ. ①裴… Ⅲ. ①海洋权—权益保护—研究—中国 Ⅳ. ①D993.5

中国版本图书馆 CIP 数据核字(2018)第 282633 号

海洋权益法治保障 Haiyang Quanyi Fazhi Baozhang

著　　者	裴兆斌　朱晖　卢政峰　等
出版发行	东南大学出版社
出 版 人	江建中
社　　址	南京市四牌楼 2 号(邮编:210096)
网　　址	http://www.seupress.com
责任编辑	孙松茜(E-mail:ssq19972002@aliyun.com)
经　　销	全国各地新华书店
印　　刷	虎彩印艺股份有限公司
开　　本	700 mm×1000 mm　1/16
印　　张	12.25
字　　数	247 千字
版　　次	2018 年 12 月第 1 版
印　　次	2018 年 12 月第 1 次印刷
书　　号	ISBN 978-7-5641-8148-2
定　　价	49.80 元

(本社图书若有印装质量问题，请直接与营销部联系。电话:025-83791830)

总　序

党的十八大报告首次提出了"坚决维护国家海洋权益，建设海洋强国"的奋斗目标，并强调要"高度关注海洋安全"。党的十九大报告进一步提出"加快建设海洋强国"。2013年10月，国家主席习近平在出访亚洲国家期间提出了建设"21世纪海上丝绸之路"的构想。建设"21世纪海上丝绸之路"，就是要搭建东亚、南亚和西亚、东非、北非及欧洲等沿海国家之间的海上经济贸易平台，借此促进商品交易和文化交流，加速国家海洋经济的发展。

我国是一个海陆兼备的复合型国家，不仅有数万公里的陆上边界，也有着漫长的海上边界。随着社会的发展和科学技术的进步，海洋也承载着中华民族崛起的诸多重大安全利益和发展空间。随着我国海洋经济的进一步发展和涉海事务的不断增多，诸多新的海洋问题不断凸现，海洋管理难度极大。近年来，随着我国海洋经济的发展，在我国近300万平方公里的海洋国土上，非法占用海域、非法围海填海、污染海洋环境以及非法捕捞水产品、非法越界捕捞水产品等违法行为大量发生。这些违法行为严重阻碍了我国海洋经济的发展，危害了我国的海洋安全。我国作为海上邻国众多的国家，在岛屿归属、海洋划界等方面与邻国存在诸多争议。可以说，我国在保障海洋安全和维护海洋权益方面面临着极为严峻的挑战。

2018年6月22日第十三届全国人民代表大会常务委员会第三次会议通过了《全国人民代表大会常务委员会关于中国海警局行使海上维权执法职权的决定》(以下简称《决定》)。《决定》全文如下：为了贯彻落实党的十九大和十九届三中全会精神，按照党中央批准的《深化党和国家机构改革方案》和《武警部队改革实施方案》决策部署，海警队伍整体划归中国人民武装警察部队领导指挥，调整组建中国人民武装警察部队海警总队，称中国海警局，中国海警局统一履行海上维权执法职责。现就中国海警局相关职权作出如下决定：

一、中国海警局履行海上维权执法职责，包括执行打击海上违法犯罪活动、维护海上治安和安全保卫、海洋资源开发利用、海洋生态环境保护、海洋渔业管理、海上缉私等方面的执法任务，以及协调指导地方海上执法工作。

二、中国海警局执行打击海上违法犯罪活动、维护海上治安和安全保卫等任务，行使法律规定的公安机关相应执法职权；执行海洋资源开发利用、海洋生态环境保护、海洋渔业管理、海上缉私等方面的执法任务，行使法律规定的有关行政机关相应执法职权。中国海警局与公安机关、有关行政机关建立执法协作机制。

三、条件成熟时，有关方面应当及时提出制定、修改有关法律的议案，依照法定程序提请审议。

四、本决定自2018年7月1日起施行。

可以说，国家海洋发展战略对海洋安全与执法提出了新的诉求。为了给我国海洋安全与执法提供基本的指导与理论依据，大连海洋大学法学院、海警学院组织部分教师对海洋安全与执法工作进行研究，形成了“海洋安全与执法系列”成果。

丛书编委会主任由姚杰担任。宋林生、张国琛、胡玉才、赵乐天、裴兆斌担任丛书编委会副主任。王君、王太海、王祖峰、田春艳、刘鹰、刘海廷、刘新山、朱晖、李文旭、赵文武、高雪梅、郭云峰、常亚青、彭绪梅、蔡静担任丛书编委会编委。

丛书主要作者裴兆斌系大连海洋大学法学院院长、海警学院院长，长期从事海洋安全与执法、海洋维权与综合执法、海洋行政法、国际海洋法、渔业行政执法等教学与科研工作，理论基础雄厚。其余作者均系大连海洋大学法学院、海警学院等部门的教师、研究生及其他院校的教师、研究生，且均从事海洋安全与执法、海洋维权与综合执法、海洋行政法、国际海洋法、渔业行政执法教学与科研工作，具有坚实的理论功底和丰富的实践经验。

本丛书的特点在于：定位准确，结合国家海洋战略提出对策建议；体系完整，涵盖海洋安全与执法主要内容；可操作性强，遵循发现问题、解决问题的思路，理论联系实际。本丛书既可以作为涉海管理和执法部门的参考书，也可以作为涉海相关专业本科生、研究生的教学参考书，还可以为相关研究人员提供借鉴。

希望本丛书的出版，对完善和提高我国海洋管理和执法水平与能力提供有益的帮助和智力支持，更希望海洋管理法治化迈上新台阶！

大连海洋大学校长、教授

姚杰

二〇一八年十一月于大连

前　言①

随着《联合国海洋法公约》的生效，世界沿海各国不断调整海洋战略，制定完善本国海洋法律体系，强化海洋综合管理与执法，以维护海洋权益。党的十八大以来，以习近平同志为核心的党中央从实现中华民族伟大复兴的高度出发，着力推进海洋强国建设，提出一系列新理念、新思想、新战略，出台一系列重大方针政策，推出一系列重大举措，推进一系列重大工作，推动我国海洋事业发展，取得了举世瞩目的成就。其中，陆海统筹观念，主权、安全、发展利益相统一的海洋利益观，和平合作的海洋发展观，共建共享共赢的海洋安全观，坚持以海强国、合作共赢的发展道路等理论，为加快建设海洋强国提供了科学指导和行动指南。在此背景下，应进一步加强海洋维权执法的研究，从海洋安全与执法的不同角度出发，探讨海洋安全、海洋执法和海洋资源保护等内容，从而有助于进一步加强海洋综合管理，推动完善海洋综合协调机制，加强海上维权执法，维护海洋秩序和海洋权益。

2017 年 12 月 16 日，辽宁省社科活动月—辽宁海洋渔业资源发展与保护法治保障高端论坛和中国太平洋学会海洋维权与执法研究分会、辽宁省法学会海洋法学研究会暨大连市国际法学会学术年会在大连海洋大学召开，来自海洋、海警、渔业等部门和院校、科研机构的一百余名与会代表分两个单元对海洋安全与执法主题进行了深入交流。会后，我们从提交的论文中择优选出一部分，分为海洋执法、海洋渔业资源保护与发展、海洋环境和其他四个专题编辑成书。

① 基金项目：1. 2018 年国家社科基金青年项目“海洋命运共同体视阈下南海航行自由制度研究”(18CFX082)；2. 教育部备案 2017 年度国别与区域研究中心项目“海洋法律与政策东北亚研究中心”(GQ17091)；3. 辽宁省教育科学“十三五”立项规划 2018 年度课题“辽宁省高校优质教育资源共享机制建设研究”(JG18DB0066)；4. 2018 年度辽宁省普通高等教育本科教学改革研究项目“卓越海洋法治人才培养研究与实践”(辽教函〔2018〕471 号)；5. 中国学位与研究生教育学会农林学科工作委员会 2019 年研究课题立项项目“卓越海洋法治人才教育培养计划的探索与实践”(2019 - NLZX - YB52)。

本书的付梓得益于中国太平洋学会、辽宁省社会科学界联合会、辽宁省法学会、大连市社会科学界联合会领导的鼎力支持与指导，也受益于国内知名海洋学者、中国人民解放军海军大连舰艇学院陆儒德教授等专家学者的帮助和启迪，大连海洋大学法学院、海警学院的各位老师也给予了大力帮助，在此深表衷心的谢意！对东南大学出版社孙松茜编辑为本书的辛勤付出也表达深深的感谢！

当然，由于作者水平和能力有限，本书的不足与疏漏之处在所难免，恳请读者批评指正，不吝赐教，我们必将虚心改正。

二〇一八年十一月于大连

目　录

第一专题

海洋执法

浅析我国海洋维权执法存在的问题与对策

曲亚囡

一、中国海洋维权执法现状

随着我国海洋法律法规的制定和实施，我国主要的海上执法力量也开始形成，海监、渔政和边防等海上监察执法队伍相继建立。原中国海监主要负责对我国管辖海域实施巡航监视，查处侵犯海洋权益、违法使用海域、损害海洋环境与资源、破坏海上设施等违法违规行为，属公务员管理编制，人数约为 2 000；原中国渔政主要负责管辖海域巡航维权、执法检查、渔业管理、代表国家行使渔政、渔港、渔船检验监督管理权，属公务员管理编制，人数约为 1 200；原中国边防海警主要负责管辖海域维权执法，预防、制止、侦查海上违法犯罪活动，维护海域治安秩序，属现役警察编制，人数约为 1.2 万；原海关缉私主要负责海上缉私工作，依法查缉走私犯罪案件，属公务员警察，人数约为 800。根据 2013 年《国务院机构改革和职能转变方案》的规定，重组海洋局，将原国家海洋局下辖的中国海监队伍、农业部下辖的渔政渔港监督队伍、海关总署下辖的缉私警察队伍以及公安部和武警总部下辖的武警边防海警部队这四个海上执法队伍进行整合，统一开展海上维权执法活动，行使海上维权执法、海洋渔业执法、海上缉私和维护海上安全的执法职能。原四支队伍的海区及总队管理机构整合成中国海警局北海、东海和南海分局及 11 个海警总队，海警总队下辖 52 个支队。整合后，中国海警编制 1.6 万余人，50 吨以上船舰 218 艘，其中 1 000 吨以上船舰 57 艘，分属北海区 14 艘，东海区 21 艘，南海区 22 艘。海警局的诞生，标志着我国海上执法力量建设进入了新阶段，我国海上执法模式开始打破“五龙治海”的模式，由分散的执法模式向统合执法模式转变。目前我国的海洋维权执法主体主要是中国海警局和交通运输部海事局，二者既有明确的职责分工，又要密切合作。

二、中国海洋维权执法存在的问题

国家海洋局的重组、海警局的成立虽然重新整合了海上执法力量，但是海上维权执法队伍的建设并非一蹴而就，在不断的转型和整合过程中，仍然存在很多问题需要进一步研究和解决，执法过程仍然面临很多困境，诸多问题都亟待解决。

（一）海洋法律体系不完善

新中国成立以来，我国海洋立法经过几十年的发展，取得了令人瞩目的成就，形成了以宪法为根本，以海洋单行法为主体，以行政法规、规章等规范性法律文件为补充，囊括中国缔结或参加的涉海国际公约的海洋法律体系。虽然我国已经初步建立起海洋立法的框架，但是由于我国海洋立法经验少、研究不充分等原因，导致我国的海洋法律体系不完善，我国的海洋维权执法缺少坚实的法律后盾。

1. 海洋立法滞后，涉海法律法规适应性差、操作性差

我国很多海洋法规制定之后，基本上没有进行过修订，而且很多涉海法律颁布后，配套的条例和实施细则都没有出台，直接影响涉海法律的实施效果。例如，我国的《渔业法》虽然经过了多次修订，但是其配套的《渔业法实施细则》在 1987 年颁布后迟迟没有跟上《渔业法》修订的步伐。一部法规如果适用时间过长，必然跟不上海洋形势的发展，更无法满足维护我国海洋权益的需要。

2. 海上维权执法缺少明确的法律依据

我国海警局成立之后，无论是对外维权还是对内执法，都缺少专门的执法依据，对于海警局的职能、执法权限等法律问题缺少专门的立法。《领海及毗连区法》和《专属经济区和大陆架法》并没有明确执法主体、程序和执法权限等内容，法律依据比较分散，诸如《海域使用管理法》《渔业法》《海关法》等相关涉海法律规定中，无法为我国海上维权执法提供完整的法律依据，既导致权限交叉，又容易产生执法空白地带。

3. 在执法实践中，部分对涉海问题适用的司法解释不明确

例如，采挖砗磲涉嫌刑事犯罪，适用我国《刑法》第三百四十一条。如果采挖的砗磲为活体砗磲或者具备砗磲特征的死体，适用该法条没有任何异议。但是，实际上渔民采挖的砗磲均为埋藏在海底若干年的砗磲贝壳，如果适用《刑法》第三百四十一条，则砗磲贝壳必须解释为砗磲制品。对于砗磲制品，我国目前尚无明确的司法解释。

（二）海上执法体制不健全

中国海警局从成立到现阶段一直处于整合过渡期，一些体制性和机制性的矛盾还没有解决，海洋维权执法工作还存在很多问题和困难。

(1) 在执法模式上，中国多头分散的传统海上执法模式影响海警局内部的实质整合。在中国海警局成立之前，我国海上维权执法机构众多，职能也各不相同，权力多有重叠，呈现“五龙治海”的执法模式，各海上执法队伍都有其上级主管机关，已经形成了各自的执法体系。现在虽然各执法队伍已经统一划归海警局统一指挥，但是相应的执法机制和执法保障没有及时有效地作出调整，造成基层正常执法活动难以有效开展。各队伍仍然适用原执法依据，按照原有职责，以原单位名义开展工作，海上执法队伍难以以海警局的名义开展海上执法工作，“多龙治海”的局面并没有真正消除，无法实现海上执法队伍的实质统合。

(2) 在执法人员的编制上，不统一的执法身份影响海洋维权的执法效率。国

家海洋局将原先的海上执法队伍进行了整合,但是唯独没有整合执法人员的编制。海警局成立后,首先要解决的问题是统一海上执法人员的身份。目前,在海警局内部,海上执法人员的身份有军人、公务员、事业编制和合同工。由于原有的执法队伍的整合导致身份的不统一,往往会出现职位低但军衔高的军人不听从比其职位高的领导指挥的情况。此外,由于海警对外执法暂时不具备统一的海警执法资格证,而是拿着原单位的执法证件在执法,在执法过程中如果遇到"较真"的当事人,而海警又拿不出统一的执法证件,导致海警在行使海洋维权执法职能时非常被动。

(3) 在执法职能的划分上,海警局模糊的行政层级和不合理的机构设置影响海上执法效能。国家海洋局重组和海警局成立后,海警局与国家海洋局究竟是何关系并没有明确提出。按照我国《国务院关于部委管理的国家局设置的通知》,海洋局是国家局,而海警局并没有以国家局的身份出现,而且根据《国务院行政机构设置和编制管理条例》的规定,海警局的人员编制也不符合我国国务院行政机构设置的规定。但是,我国海警局目前是依托国家海洋局开展工作的,国家海洋局则以海警局的名义对外维权执法。海警局隶属于国家海洋局,这意味着它应当是司级单位。实际上,海警局行使的是国家海洋局的职能,那么这又意味着它应当是副部级行政单位。海警局的执行权与国家海洋局的决策权合二为一的机构设置,模糊了海警局的行政层级,不利于我国海洋维权执法的效能。此外,中国海警与地方渔政的职能分工如何划分,中国海警与地方公安机关、地方边防公安在职能上如何衔接以及中国海警局分局与总队之间的关系是上下级隶属关系还是同级别合作关系都没有明确。

(三) 海上执法资源不充足

目前我国的海上执法资源比较分散,在执法经费和海上执法装备上存在短缺的问题。中国海警局属于国家行政机构,和交通运输部海事局的自有收入不同,其经费主要来源是国家财政拨款。目前各海警支队、海关各中队执法经费有限,而船舰使用率又很高,加上使用年限较长,导致很多执法船只到了大修年龄仍然未能安排修理。而且,很多船舶由于老化经常需要维修,机器设备维护保养经费支出很大。同时,在对海上违法行为进行扣船处罚的情况下,船舶在港口停留,船舶本身和看管人员都会产生一定的费用。这些因素都在一定程度上增加了执法成本。此外,中国海警局在我国重点海域的巡航维权任务较重,经常需要从地方调配船只支援,如果经费不足以支付或者中央财政不能支付地方船舰补助经费,那么海警局将会暂停调用地方船舰执行任务,势必会对我国海洋维权产生相当大的影响。

除了执法经费有限,我国的海上执法设备也和海上维权执法的现实需要存在一定的差距,可以说已经达到"捉襟见肘"的程度。中国海警局原有的执法队伍中，海监拥有船艇400余艘，其中排水量1 000吨的29艘，3 000吨级以上的共6艘，飞机10架；边防海警在武器装备上具有优势，但其巡逻船普遍较小，很难独立承担起12海里领海之外的维权任务；海关总署的缉私船也大多是排水量300吨以下的中小型船只；中国渔政则拥有兼具综合执法和综合补给能力的大型渔政船。[①] 海警局成立后，具有千吨级以上船舰57艘，拥有固定翼飞机及直升机共17架，海警主力船舰为1 000吨级，最高航速不超过20节，续航力不超过5 000海里，缺少吨位大、速度快、续航能力强的执法舰，缺少综合补给舰和训练舰，执法设备数量少而且简陋。目前，我国的岛礁值守和重点海域巡航任务非常紧张，一旦遇到重点海域态势升级需加派力量时，必然无法兼顾我国全部海域。以南海为例，原渔政、海监和边防海警粤桂琼三省区海监渔政系统所辖的大中型船舶几乎都已安排长期执行南沙各专项任务，处于待命状态的多是小型船舶，难以应付复杂多变的执法任务，常态化渔业执法工作的开展几乎面临无船可派的尴尬局面。由于人力和设备的不足，我国与周边国家争议海域大部分处于失管、缺管状态，万安滩和曾母暗沙等敏感海域也基本处于监管的空白状态。

（四）海上执法人才匮乏

2013年中国海警局成立之后，海警北海分局、东海分局和南海分局在沿海省份设置的11个海警总队及其支队的人员编制共16 296名。[②] 根据历年《中国海洋统计年鉴》的统计，我国沿海地区有9个沿海省、1个自治区、2个直辖市，共计53个沿海城市、242个沿海区县。如果以每个沿海县直属执法队伍配置500人、每个沿海市直属执法队伍配置2 000人、每个沿海省直属执法队伍配置1 000人[③]来从事海上安全与执法工作的设想估算，我国海上执法人员实际需求超过23万人。目前海警人数不超过2万人的数量实在无法满足我国海洋维权执法工作的现实需要，在未来相当长的时期内，我国海洋维权执法人才的缺口很大。

此外，现有海洋维权执法人员的知识结构也不能满足我国海上安全与执法工作的需要，在处理涉外维权执法的案件时缺乏相应的专业知识和经验，执法队伍素质有待进一步提高。国家海洋局改组之后，沿海的省、市、县海洋执法部门也要陆续进行整合，形成统一的综合执法力量。原来的中国渔政、中国海上缉私警察从业人员、中国海监、边防海警的日常执法工作往往偏重于国内海上执法，而较少涉及国际海上执法，在开展海上执法国际合作和海上执法沟通交流等方面缺乏外事经验，在海洋维权执法的专业知识上仍然需要进一步扩展和加强，只有真正具

---

① 王琪，董鹏. 我国海上执法体制有效运行的困境与出路[J]. 中州学刊，2014(8)：70.

② 唐璐，田伟钊. 国家海洋局设3个海警分局　编制16296名[EB/OL]. 2013-07-09. http://js.people.com.cn/html/2013/07/09/240325.html.

③ 数据来源于中国海警局2016年内部统计资料。

备中国海警行业的综合知识与技能,我国的海洋维权执法人员才能切实维护好我国的海洋权益和国家主权。因此,国家海洋局重组后亟须一支高素质、复合型、应用型的海上安全与执法人才。

三、加强中国海洋维权执法的对策

法律的生命力在于实施,法律的权威性也在于实施。全面推进海上执法的重点应该是保证法律严格实施,做到"法立,有犯而必施;令出,唯行而不返"。[①] 在各国纷纷抢占海洋资源、维护本国海洋权益的大背景下,如何加强我国的海洋维权执法成为我国迈向海洋强国的重中之重。

(一) 构建完善的海洋法律体系

随着我国海洋权益不断受到严重侵犯,海洋法律在我国海上维权执法中的重要作用日益凸显,构建完善的海洋法律体系对于我国维护海洋权益具有现实的必要性和紧迫性。尽管我国自 1996 年批准《联合国海洋法公约》之后制定了大量的海洋法律法规,但是距离满足我国海洋维权的实际需要还有很大差距,我国的海洋法律体系仍然存在很多缺陷。我国海洋局已经重组,不仅重新整合后的海洋局亟须相应的法律予以规范和调整,我国严峻的海洋形势也迫切需要完善的法律。

因此,在新形势下,应当以"一带一路"倡议为指导,贯彻落实依法治国的总体部署,立足海上维权执法的实际需要和海上执法队伍的长远发展,加快推进海上立法进程,推动《海警法》《海上维权执法条例》和《海洋基本法》的尽快出台,完善海上立法及相关司法解释,在立法上明确中国海警的队伍性质、主体地位、职责权限、执法程序等内容,建立起科学合理、层次分明、行之有效、与时俱进的完善的海洋法律体系,逐步优化海洋法,从根本上解决我国涉海法律存在的问题,使海警维权执法做到有法可依、有法可循,真正为海上维权执法提供准确适用的法律依据。

(二) 建立高效的海洋执法体制

机构改革绝非一日之功,需要从理念到制度乃至技术细节的精密设计。任何改革的成功从来都不是一蹴而就的,我们不能急功近利,应当循序渐进,逐步实现海上执法体制的有效运行。促进我国海上执法体制有效运行,既需要我国立法予以明确国家海洋局整合后的机构定位和职责权限,同时又需要合理设计机构改革路径,有效整合原有多部门海上执法力量,建立高效运行的海上执法体制。[②] 当前,在深化体制改革的政策下,应当全面推进海上综合执法建设,尽快完善海上执法队伍的最终整合。

① 赵骞. 严格海上执法　维护海洋权益[N]. 中国海洋报,2014-12-15(3).

② 王琪,董鹏. 我国海上执法体制有效运行的困境与出路[J]. 中州学刊,2014(8):70.

首先,在国家海洋局的内部设计上,要妥善处理人员编制问题,优化执法力量,从而提高海上执法队伍的管理效能。其次,在管理制度上,贯彻落实我国依法治国的方针政策,建立完善执法质量考评、涉案财物管理、法律责任追究等各项规章制度,健全执法监督制约机制,制定统一的执法操作规范流程,规范海上执法人员的执法行为。最后,建立信息共享与合作机制。体制的完善不仅需要内部调整,而且需要与外部进行协调与融合。当前,我国海警局作为海上执法主体已经成为海洋维权的主要力量,但并不是唯一的力量,应当加强与我国海军、海事局等其他涉海维权主体的沟通与互动,加强与其他国家涉海部门的交流与合作,做好中央与地方海上执法力量的统筹与协调,建立海洋维权信息交流平台,互相借鉴、互相学习,促进完善我国的海洋执法体制。

(三)保证充足的海洋维权执法资源

随着各国海上执法力量的不断加强,我国的海上执法装备建设和美国、日本相比仍然处于落后阶段。加强海上执法装备建设,增强我国海上军事力量,不仅能够提高我国海上执法的效率和力度,而且能够彰显我国作为海洋大国足够和合理的威慑力,增加他国和我国海洋合作的信心。现阶段,中国海警局正处于整合发展的过渡阶段,精良的海上执法装备成为我国海洋维权执法必不可少的军事保障,而海上执法经费以及海上执法信息平台也成为我国海洋维权执法顺利进行必不可少的资源支持。

第一,我们应当做好统筹兼顾工作,推进执法基础设施建设,加强对巡逻舰艇武器装备的维护和保养,增加吨位大、速度快、续航能力强的执法舰数量,增加综合补给舰和训练舰等执法装备的数量,加强海上执法装备保障,重视空中执法力量的加强。海上执法装备是我国海上军事力量的体现,完备的海上执法装备必然能够对试图侵犯我国海洋权益的不轨国家产生巨大的震慑力,而且能够增加我国海警执法的信心。第二,建议有关部门建立海上执法专项经费安排制度与保障制度。海上执法经费的充足和合理利用能够调动地方船只支援重点海域巡航执法的积极性,大大提高我国海洋维权执法的效率。建议建立固定化和常态化的统一经费制度,统筹安排,专款专用,量入为出,保证重点。同时,健全海上执法经费保障监督机制,促使经费保障得以有效贯彻落实。[①] 第三,建立海警执法综合电子信息系统。即"中国海警局指挥中心—海区总队指挥中心—支队指挥所—舰船指挥室"四级指控体系,"天、空、海、岸、礁"五大平台的立体化、信息化的预警、通信、指挥、处置的综合电子系统。[②] 这个平台并不对外开放,而是海警局内部的信息管理与指挥系统,通过这个平台的建设,使我国的海洋维权执法信息化、智能化和

① 王杰,陈卓.我国海上执法力量资源整合研究[J].中国软科学,2014(6):25.

② 陈伟明,何煦.新时期海上执法装备建设探讨[J].通信对抗,2014(4):7.

科技化。在这个电子信息系统中,我国海上执法船只的数量、种类、使用状况、巡航执法的状态以及海上执法人员的执法装备的配备和执法情况等相关执法信息都能在这个系统中予以体现,便于统一指挥与管理。

(四) 培养复合型的海上执法人才

中国海警局成立以来,在海洋维权执法过程中,海警自身的综合素质对海上执法的作用日益凸显,人的因素成为海洋维权执法中至关重要的一环,海上执法对海警的要求越来越高,中国海洋维权亟须一批高素质的海洋执法人才。我们应当培养一批具有基础法学理论和海洋相关学科知识,掌握扎实的海上安全与执法的专业知识,具备海上安全与执法专业技能(包括外语水平),能在国家机关及海上安全、救助等社会团体组织从事海上安全与执法工作的复合型应用型人才。

首先,完善多层次教育培训体系,坚持以教育强能力,依托军地院校优质的教育资源,借助高校海洋执法专业的先天优势,让海上执法人员不断地接受再教育,主要通过高校的继续教育掌握专业的海洋知识,从而为海上执法行为提供理论基础。其次,确立科学合理的海警执法培训制度,加强海上执法资质管理,定期组织各类执法技能培训,包括外语、海上侦查、犯罪心理学等,同时制定综合执法手册,保持各项执法工作常态化、制度化和规范化,提高海警执法人员的综合执法能力。① 最后,应当扩大海洋执法专业人员的队伍,带领海洋执法人员走出国门,到国外学习先进的管理技能和执法经验,拓宽工作视野,丰富工作经验。同时海警总队与地方执法队伍之间也要加强沟通和交流,发挥各自职能优势。我国海上执法人员具备了专业的理论知识和执法技能,树立起依法执法、严格执法、规范执法、公正执法、文明执法的良好形象,不仅是我国海上执法力量增强的一种体现,更有助于我国在对外海洋维权过程中掌握主动性。

四、小结

随着世界各国"圈海运动"的不断深入,海洋权益争端也逐渐升级,如何实现本国的海洋权益,维护国家主权成为各国海洋维权执法的最终目的。我国应当尽快完善我国的海洋法律体系、健全海洋维权执法体制、加强海洋执法力量建设,探索出海洋维权执法行之有效的理论体系和实践方法,这对于我国实现海洋战略改革、规范海洋秩序、向海洋强国迈进具有重要的意义。

---

① 赵骞.严格海上执法 维护海洋权益[N].中国海洋报,2014-12-15(3).

海上维权执法行政强制措施适用研究

裴兆斌　卢政峰　解　姝

一、海上维权执法行政强制措施的理论分析

（一）海上维权执法行政强制措施界定

海上维权执法行政强制措施，是指由法律规定的涉海行政机关在海洋行政管理过程中，为制止海上违法行为、防止证据损毁、避免危害发生、控制危险扩大等情形，依法对公民的人身自由实施暂时性限制，或者对公民、法人或者其他组织的财物实施暂时性控制的行为。

（二）海上维权执法行政强制措施的适用特点

（1）海上行政强制的实施主体是依法享有行政强制措施权的行政机关或法律、法规授权的组织。只有行政机关或法律、法规授权的组织在海上行政管理过程中作出的强制措施才可能是行政强制措施。

（2）海上行政强制的对象主要是船舶及船员。海上维权执法行政强制措施针对的对象包括两类：一类是公民的人身自由，另一类是公民、法人或者其他组织的财物。在海上维权执法过程中，能够适用行政强制措施的相对人主要是在海上违反《治安管理处罚法》《渔业法》《海关法》等相关涉海法律、法规的行为人，这些行为由于在海上实施并发生，离不开对船舶这一交通工具的运用，涉嫌违法的船舶同样是海上维权执法行政强制的对象。

（3）海上维权执法行政强制措施具有暂时性。行政强制措施和其他大多数行为的区别就在于它是暂时性的，当实施行政强制措施的目的已经达到或者条件已经消失时，行政机关应当立即解除行政强制措施。

（4）采取海上维权执法行政强制措施的过程要符合法律的规定。如扣押财产，必须向相对人表明执法人员的身份，填写扣押清单，载明扣押的理由和法律依据、被扣押财产的名称和数量以及扣押日期，加盖执法机关的公章后交付当事人留存。同时，实施海上维权执法行政强制措施还必须遵守法律规定的期限，不能随意拖延和滞后。

（三）海上维权执法行政强制措施分类

根据我国《行政强制法》的规定，行政强制措施主要有限制公民人身自由，查封场所、设施或者财物，扣押财物，冻结存款、汇款以及其他行政强制措施。依据该法规定，海上维权执法行政强制措施除了上述四种具体行政强制措施外，还需要适应海上维权执法特点的其他行政强制措施。海上维权执法行政强制措施主

要分为对人身的限制和对财产的限制两类。限制人身自由的海上维权执法行政强制措施主要有继续盘问、强制传唤、强制检测、强制带离现场、遣送出境等。对财产的限制主要有查封场所、设施或者财物，扣押，扣留，先行登记保存，冻结存款、汇款等。

二、几种主要的海上维权执法行政强制措施及适用现状

（一）继续盘问

继续盘问是指经过当场盘查，公安机关依法将有违法犯罪嫌疑的人员加以留置并进行继续盘问的行为。《公安机关海上维权执法工作规定》第八条对盘问检查作了原则性规定："有违法犯罪嫌疑的人员，公安边防海警可以依照《人民警察法》和《公安机关适用继续盘问规定》行使当场盘问、检查权和继续盘问权。"由《公安机关办理行政案件程序规定》第四十五条[①]可得知，继续盘问主要适用在海上维权执法检查过程中，相对人涉嫌有违法行为或身份不明，不能排除违法嫌疑的情形中。

（二）强制传唤

强制传唤是指海警机关对无正当理由不接受传唤或者逃避传唤的违法嫌疑人，以强制力暂时约束当事人的人身自由，将其带到法定的场所接受讯问和查证的措施。《治安管理处罚法》第八十二条规定："对无正当理由不接受传唤或者逃避传唤的人，可以强制传唤。"[②]《公安机关办理行政案件程序规定》第五十三条第三款："对无正当理由不接受传唤或者逃避传唤的违法嫌疑人，可以强制传唤。"[③]在海上维权执法过程中，由于渔船民出海作业一次周期较长，作业任务较多，常发生不配合执法人员调查的情况。由于案件调查需要，往往会适用强制传唤的行政强制措施。

（三）强行带离现场

强行带离现场是指违反法律的有关规定对拒不服从命令的行政管理相对人，

---

① 《公安机关办理行政案件程序规定》第四十五条规定：对当场盘问、检查后，不能排除其违法嫌疑，依法可以适用继续盘问的，可以将其带至公安机关，经公安派出所负责人批准，对其继续盘问。

② 《治安管理处罚法》第八十二条规定：需要传唤违反治安管理行为人接受调查的，经公安机关办案部门负责人批准，使用传唤证传唤。对现场发现的违反治安管理行为人，人民警察经出示工作证件，可以口头传唤，但应当在询问笔录中注明。公安机关应当将传唤的原因和依据告知被传唤人。对无正当理由不接受传唤或者逃避传唤的人，可以强制传唤。

③ 《公安机关办理行政案件程序规定》第五十三条第三款规定：对无正当理由不接受传唤或者逃避传唤的违反治安管理、消防安全管理、出境入境管理的嫌疑人以及法律规定可以强制传唤的其他违法嫌疑人，经公安派出所、县级以上公安机关办案部门或者出入境边防检查机关负责人批准，可以强制传唤。强制传唤时，可以依法使用手铐、警绳等约束性警械。

海警机关强制将其带到一定场所进行审查的行政强制措施。由《中华人民共和国人民警察法》第八条[①]规定得知，在海上维权执法过程中，该行政强制措施主要运用在处置海上群体性纠纷案件中。例如：每年的四五月，辽冀两省执勤交界海域盛产皮皮虾，两省渔船民争相到此海域捕捞作业，常因争抢网地产生纠纷，继而引发群体性事件。2009年，在处置"404"群体性事件过程中，两省海警均派遣舰艇在争议海域附近巡逻执勤，遇有冲突苗头立即将涉案渔船强行带离争议海域，是此种行政强制措施适用的体现。

（四）扣押

海上扣押，是指涉海相关行政机关在调查、检查过程中，发现与案件有关的需要作为证据的物品，依法强行扣留的行政强制措施。其目的在于提取和保全证据，查明案情，查获违法行为人。《渔业法》第四十八条规定："对违反禁渔区、禁渔期的规定或者使用禁用的渔具、捕捞方法进行捕捞，以及未取得捕捞许可证进行捕捞的，事实清楚、证据充分，但是当场不能按照法定程序作出和执行行政处罚决定的，可以先暂时扣押捕捞许可证、渔具或者渔船，回港后依法作出和执行行政处罚决定。"[②]《治安管理处罚法》第八十九条第一款规定："公安机关办理治安案件，对与案件有关的需要作为证据的物品，可以扣押。"[③]

扣押程序主要运用在涉海部门对涉嫌违法船舶的案件办理上。在实际案件办理过程中，在对船舶扣押的同时，还有捕捞的鲜活渔获物品或其他不易保管的财物存在，在扣押期间此类货物很容易腐烂变质。多数情况下，海警机关会依据《行政强制法》第二十八条第二款[④]的规定，将此类货物当场拍卖或变卖处理，并

---

① 《中华人民共和国人民警察法》第八条规定：公安机关的人民警察对重危害社会治安秩序或者威胁公共安全的人员，可以强制带离现场，依法予以拘留或者采取法律规定的其他措施。

② 《渔业法》第四十八条：本法规定的行政处罚，由县级以上人民政府渔业行政主管部门或者其所属的渔政监督管理机构决定。但是，本法已对处罚机关作出规定的除外。

在海上执法时，对违反禁渔区、禁渔期的规定或者使用禁用的渔具、捕捞方法进行捕捞，以及未取得捕捞许可证进行捕捞的，事实清楚、证据充分，但是当场不能按照法定程序作出和执行行政处罚决定的，可以先暂时扣押捕捞许可证、渔具或者渔船，回港后依法作出和执行行政处罚决定。

③ 《治安管理处罚法》第八十九条第一款：公安机关办理治安案件，对与案件有关的需要作为证据的物品，可以扣押。对被侵害人或者善意第三人合法占有的财产，不得扣押，应当予以登记。对与案件无关的物品，不得扣押。

④ 《行政强制法》第二十八条规定：有下列情形之一的，行政机关应当及时作出解除查封、扣押决定：

（一）当事人没有违法行为；

（二）查封、扣押的场所、设施或者财物与违法行为无关；

（三）行政机关对违法行为已经作出处理决定，不再需要查封、扣押；

（四）查封、扣押期限已经届满；

（五）其他不再需要采取查封、扣押措施的情形。

解除查封、扣押应当立即退还财物；已将鲜活物品或者其他不易保管的财物拍卖或者变卖的，退还拍卖或者变卖所得款项。变卖价格明显低于市场价格，给当事人造成损失的，应当给予补偿。

将拍卖或变卖所得款项退还给当事人。

三、海上维权执法行政强制措施适用存在的问题

(一) 缺少统一的海上维权执法行政强制措施适用法律规范

根据《国务院机构改革和职能转变方案》,国家海洋局重组,将原边防海警、海关缉私处、渔政及海监部门整合,以中国海警局的名义开展海上维权执法,但由于"三定方案"还未下发,原涉海行政部门海上维权执法工作并没有发生根本性质的改变,仍沿用原来的执法依据各自开展执法工作,行政强制措施的实施也缺乏统一的规范和依据,各单位在执行过程中容易出现重复执法的状况。例如,渔政部门依据《渔业法》第四十八条的规定:"在海上维权执法时,对违反禁渔区、禁渔期的规定或者使用禁用的渔具、捕捞方法进行捕捞,以及未取得捕捞许可证进行捕捞的,事实清楚、证据充分,但是当场不能按照法定程序作出和执行行政处罚决定的,可以先暂时扣押捕捞许可证、渔具或者渔船,回港后依法作出和执行行政处罚决定。"海警机关依据《治安管理处罚法》第八十九条的规定:"公安机关办理治安案件,对与案件有关的需要作为证据的物品,可以扣押。"当一只渔船同时违反《渔业法》和《治安管理处罚法》的规定作业时,渔政部门和海警机关都可以对其船舶行使扣押的行政强制措施,应由谁来行使职权易发生争议。

(二) 相应海上强制措施配套程序空缺

由于海上维权执法的特殊性,海上维权执法行政强制措施在实施过程中与陆上一般程序应有所不同,目前缺乏统一的海上维权执法行政强制程序的规范。比如,《公安机关办理行政案件程序规定》第四十五条规定,对当场盘问、检查后,不能排除其违法嫌疑,依法可以适用继续盘问的,可以将其带至公安机关,经公安派出所负责人批准,对其继续盘问。继续盘问的时限一般为十二小时。在陆地上执法,对继续盘问这一行政强制措施的行使基本上可以在规定时限内完成,特殊情况可以延长至四十八小时。[①] 但是在海上维权执法,在时间上受海况、到岸距离和遂行任务等因素影响较大,往往不能及时将违法嫌疑人带回,且途中时间较长,限制违法嫌疑人人身自由时间也较长,是否要将此期间计入继续盘问的时间,是否要提供必要的饮食和休息,目前没有明确的程序规定,在实施过程中违法嫌疑

---

① 《公安机关办理行政案件程序规定》第四十五条规定:为维护社会秩序,人民警察对有违法嫌疑的人员,经表明执法身份后,可以当场盘问、检查。对当场盘问、检查后,不能排除其违法嫌疑,依法可以适用继续盘问的,可以将其带至公安机关,经公安派出所负责人批准,对其继续盘问。对违反出境入境管理的嫌疑人依法适用继续盘问的,应当经县级以上公安机关或者出入境边防检查机关负责人批准。

《公安机关适用继续盘问规定》第十一条第一款规定:继续盘问的时限一般为十二小时;对在十二小时以内确实难以证实或者排除其违法犯罪嫌疑的,可以延长至二十四小时;对不讲真实姓名、住址、身份,且在二十四小时以内仍不能证实或者排除其违法犯罪嫌疑的,可以延长至四十八小时。

人的正当权益无法得到保障。

（三）涉海执法部门沟通协作有待完善

在某些海上案件办理过程中，需要与其他涉海部门协调配合，案件才能继续办理，如进一步采取强制措施等。海警队伍整合仍在进行当中，各涉海部门互不隶属，执法主体未形成有效合力，在很大程度上会降低执法效率。

海上案件办理过程中，在无法断定是否有违法事实存在的情况下，需要相关涉海部门出具相关报告来断定案件性质。比如，在处置撞船案件过程中，海警机关需要通过调查涉嫌撞船的主观故意以及船损程度来判断案件性质。有时存在主观故意难以认定的情况，需要通过船损报告技术层面认定。根据《渔业船舶水上安全事故报告和调查处理规定》的规定，船损鉴定报告需要由县级以上人民政府渔业行政主管部门及其所属的渔政渔港监督管理机构予以出具。根据《渔业船舶水上安全事故报告和调查处理规定》第二十一条的规定，事故报告形成时间要求在 60 日以内，遇有特殊情况会再延长 60 日，也就是说，报告有可能 4 个月以后才能出具[①]，若协调环节出现差错，时间还会更长。海警机关由于暂时不能对案件定性，从而影响案件办理进度，极易容易引发信访事件的发生。笔者所在辽宁海警总队一支队就曾处理过这样一起信访案件：该支队于 2014 年 3 月受理了一起渔船撞船案件，由于前期调查无法认定主观故意，鉴定结论由于某种原因未能作出，该支队未采取行政强制措施并作出不予处罚决定，引发受害人上访，对支队扣押船舶行政强制措施提出质疑，并要求认定事故责任（海警机关无权限认定事故责任）。虽然经过调查，是当事人误解，实际上未采取扣押强制措施，该支队无违法办案情况存在，但此次信访案件无故牵涉了该支队大量警力，给海警机关也造成了一定影响。

（四）执法行为需进一步规范

近几年，随着海洋经济的不断增长，海上行政案件办理所涉案值较大，涉案船只等作案工具价格较高，对其采取行政强制措施的同时会影响渔船正常出海作业，每日产生的营业损失费用较多，由于没有统一的执法程序标准，执法随意性较大，行政强制措施的处置过程中存在处置不规范的情况，加之渔船民的法律权利意识不断增强，稍有不慎便会引发行政复议、上访，甚至行政诉讼。例如：2016 年 4 月 29 日，孔某（男，1957 年 4 月 7 日出生，汉族，住湖北省嘉鱼县）将广东省公安边防总队海警第一支队诉至广州铁路运输第一法院，认为被告在执法过程中将其

---

① 《渔业船舶水上安全事故报告和调查处理规定》第二十一条：渔船事故调查机关应当自接到事故报告之日起 60 日内制作完成水上安全事故调查报告。特殊情况下，经上一级渔船事故调查机关批准，可以延长事故调查报告完成期限，但延长期限不得超过 60 日。检验或鉴定所需时间不计入事故调查期限。

涉案物品予以扣押,期限届满并超期三个月后,被告既没有作出解除扣押的措施,也没有就超期问题作出任何书面答复,明显违反办案程序。经过审理,铁路运输中级人民法院于 2017 年 2 月 9 日作出最终判决,认定广东省公安边防总队海警第一支队在扣押期限届满后,没有在法定期限内及时作出解除扣押的决定,确认其行为违法。

四、海上维权执法行政强制措施适用的对策建议

(一) 统一制定《海上行政强制法》

海上维权执法必须要有专门的法律作为依据才能保证执法目的的顺利实现。[①] 虽然《行政强制法》已出台并于 2012 年开始施行,但这部法律是以陆上执法为基础设计的,其规定的内容不能完全满足海上维权执法的特殊性要求。另外,海上维权执法行政强制措施的具体规定散落于原四家涉海部门执法依据当中,海上维权执法主体需要整合,执法依据同样需要整合,因此,制定统一的《海上行政强制法》十分必要。

(二) 出台《中国海警办理海上行政案件程序规定》

有了实体法,程序立法也要逐步跟进。目前现行的海上维权执法行政强制措施的程序规定同样比较分散,而且执行标准不统一,制定时间也比较久远,存在许多执法漏洞,不能满足当前海上维权执法的需要。建议在《海上行政强制法》这一实体法制定的基础上,出台《中国海警办理海上行政案件程序规定》,严格设定海上维权执法行政强制措施的条件和程序,在程序立法上保障海上维权执法行政强制措施的顺利实施。

(三) 加强涉海部门沟通协作

中国海警局刚刚组建,履行两项重要职能,其一是海上维权,其二就是负责海上综合执法工作,综合行使海上治安、刑事、缉私、渔业、海洋环境保护、海域使用、海岛保护等执法任务。[②] 虽然执法编制和职能还在整合当中,但仍要坚持“边整合、边工作,维护国家海洋权益和海上安全稳定”[③]。由于各涉海部门还未真正整合到一起,对其他部门的执法领域较为陌生,在执法方面也欠缺相关经验和协作规定。因此,应逐步加强各部门间的沟通协调,建立执法例会和通报机制,共享情

---

① 裴兆斌. 海上维权执法体制解读与重构[J]. 中国人民公安大学学报(社会科学版),2016(1):132 - 137.

② 中国新闻网. 中国海警局举行首场记者会　明确海上维权职责[EB/OL]. 2015 - 05 - 25. http://www.chinanews.com/gn/2015/05-25/7300168.shtml.

③ 中国新闻网. 中国海警局举行首场记者会　明确海上维权职责[EB/OL]. 2015 - 05 - 25. http://www.chinanews.com/gn/2015/05-25/7300168.shtml.

报资源,避免多头、重复执法和责任推诿现象发生。

(四) 强化海上维权执法行政强制措施法律救济及执法监督

基层执法人员应严格遵守现行海上维权执法行政强制措施相关程序规定,充分尊重当事人的知情权、陈述权和申辩权,确保海上维权执法行政强制措施规范、公正地实施,确保渔船民合法权益得到充分保障,在遭受侵权损害时能得到有效的救济。同时,中国海警局应牵头各涉海执法部门制定内部执法责任制和执法过错追究制,健全执法监督制度。纪保和法制部门要联合开展督导检查活动,对检查中发现的问题,要及时提出整改和纠正意见和建议,并督导整改落实。

(五) 树立执法规范化理念,加强海警队伍执法规范化建设

在海上维权执法行政强制措施的执行过程中,涉及渔船民的人身自由限制和财产限制,这就对海警执法人员提出了更严格的要求。要在海上维权执法工作中认真抓好执法规范化建设,树立严格、规范、公正、文明的执法理念,使海警执法人员能够坚持执法原则,严格执行法律,认真保障人权,努力执法为民,防止海上行政强制权的不当使用损害渔船民合法权益。深化海警队伍执法规范化建设,在整个海上维权执法工作中居于全局性、基础性地位,对全面推进依法治国,加快推进海洋强国具有十分重要的作用。

五、结语

作为海上维权执法主体行使职权、维护海上秩序安全与海域权益的最为直接的手段,为避免出现违规滥用、侵害执法相对人合法权益的情形发生,海上维权执法行政强制措施应当加以规范化、系统化和正规化的规制。构建科学合理的海上维权执法行政强制措施体系,为海上维权执法提供明确的法律依据,在理论与实践中皆具有重要的意义。

论我国海洋维权执法体制

裴兆斌　卢政峰　翟姝影

一、引言

如今,海洋发展已经成为沿海国家战略布局中关注的焦点问题,各国对海洋法的研究更加深入,各国之间为争夺海洋权益展开的竞争也越来越激烈。党的十八大报告提出要建设海洋强国、维护海洋权益,这是我国第一次提出这样的战略目标。海洋维权执法是维护海洋权益的基本措施和必要手段,而实施强有力的海洋维权执法需要在一个完备的海洋维权执法体制下进行。

我国目前海上维权执法体制仍然为传统的分散式管理模式，尚未形成综合性海上维权执法力量，也没有将海上维权执法权统归于一个专门的机关，只不过有时针对某一海洋活动开展了临时性联合执法模式。由于《联合国海洋法公约》存在概括性与模糊性，在法律适用上，我国不能直接依据《联合国海洋法公约》等国际条约来解决海洋争议，只能将其转化为国内法适用。

在争议海域中，南海是典型的代表。南海是连接印度洋和太平洋的关键流道，蕴藏着丰富的石油和天然气资源。自二战以来，我国主张对南海内诸多岛屿享有主权，并得到了周围国家的认可。20 世纪 70 年代，南海丰富的海洋资源被越来越多的国家所发现，菲律宾、越南、马来西亚和文莱诸国对整个南沙海域或其部分岛礁提出主权要求，①宣称自己对南海享有各种权利，例如宣布专属经济区和大陆架。2012 年，美国实施亚太再平衡战略，挑唆南海周围国家与我国的关系，其中"黄岩岛事件"和"中建南事件"更加激化了中国与菲律宾、越南两国在南海争端上的矛盾。2013 年 4 月，菲律宾提出的南海仲裁案对中国的海洋争端解决能力提出了严重的挑战，它使中国在海洋维权中处于进退两难的境地。② 2016 年，海牙常设仲裁法庭对"南海仲裁案"进行了裁决，违背了《南海各方行为宣言》倡导的和平宗旨，更加剧了南海争端的冲突局势。周边国家对南海海域主张管辖权，导致我国南海主权受到了严重威胁，形成了海域争端，导致海上维权执法情势复杂。

因此，我国急需解决目前存在的执法依据不明、执法体制不健全、执法人员专业素质低等问题，借鉴国外经验，提出符合我国国情的海上维权执法体制完善构想，这对我国维护海洋主权、实现海洋强国战略目标具有极其深远的意义。

二、海洋维权执法概述

（一）海洋维权执法的概念

1. 海洋权利

海洋权利中的"权"，就是海洋权益，即沿海国主张对海洋的权利和利益。海洋权利指的是沿海国享有的国际海洋法或国内法规定的各项权利和自由。海洋利益指的是沿海国尽到对海洋海域负有保护等义务而相应获得的各种利益，例如经济利益、政治利益、科学研究利益、生态环境利益等。

2. 海洋维权执法

海洋维权执法属于行政执法体制中一项重要内容，它是指国家行政执法机关依据法定职权和程序，对海洋资源、海洋环境、海洋利用和海洋开发等海洋事物进

---

① 葛勇平. 南沙群岛主权争端及中国对策分析[J]. 太平洋学报，2009(9).

② 江河. 国际法框架下的现代海权与中国的海洋维权[J]. 法学评论，2014(1).

行管理并维护其权益的活动，主要包括海上执法机关的体系设置、职权划分、法律规定的权利义务等，对此各国存在不同的海上执法模式。①

（二）海洋维权执法的内容

海洋维权执法是维护海洋和平建设的最根本内容之一，是保护海洋资源、维护海洋和平、促进海洋资源开发利用并迅速发展的根本保障。海上维权执法的内容包括：第一，负责组织拟订海洋维权执法的制度和措施，制定执法规范和流程。第二，在我国管辖海域实施维权执法活动，具体为：管护海上边界，防范打击海上走私、偷渡、贩毒等违法犯罪活动，维护国家海上安全和治安秩序，负责海上重要目标的安全警卫，处置海上突发事件。第三，负责机动渔船底拖网禁渔区线外侧和特定渔业资源渔场的渔业执法检查并组织调查处理渔业生产纠纷。第四，负责海域使用、海岛保护及无居民海岛开发利用、海洋生态环境保护、海洋矿产资源勘探开发、海底电缆管道铺设、海洋调查测量以及涉外海洋科学研究活动等的执法检查。第五，指导协调地方海上执法工作。第六，参与海上应急救援，依法组织或参与调查处理海上渔业生产安全事故，按规定权限调查处理海洋环境污染事故等。

（三）南海争议海域执法体制现状

1. 南海海上执法机构

目前，在南海海域范围内主要的执法力量是以下四支：第一，中国海警南海分局（筹）。中国海警南海分局于 2013 年体制改革后，以中国海警南海分局名义开展南海海上执法活动，成为现阶段南海海上执法的主导力量，负责南海海上的日常巡航监管工作。第二，中国海事执法部门。中国海事部门也承担着维护南海海上维权的使命，例如海南海事局、广东海事局以及广西海事局均开展了南海海洋维权执法活动。第三，海军。《联合国海洋法公约》和我国《领海及毗邻区法》中有这样的规定："军舰或军用飞机可以行使打击海盗、登临与检查、实施紧追等权力。"该条规定赋予了海军在南海海上维权执法的权利。第四，三沙市海上执法力量。三沙市依据属地管辖原则，享有了在南海范围内的执法管辖权。具体执法主体为三沙市综合执法局海上综合执法支队。以上四种南海海上维权执法主体分别具有属于各自的执法内容和执法权限，因而南海海域并不存在统一的海上执法机构。②

2. 南海海上执法模式

目前南海海上执法活动体现为联合执法的模式，这种模式分为两种形态：第

---

① 参见：李佑标．海上执法工作实务指南[M]．北京：中国人民公安大学出版社，2013.

② 熊勇先．论南海海上执法模式的选择与建设[J]．河南财经政法大学学报，2015(3)：13－18.

一种是不同执法部门间的联合执法,如在2014年发生的15号台风"海鸥"的维权活动中,海口海事局与海警、渔政等部门进行了一次联合执法活动;第二种是同一部门执法主体中的不同层级间的南海海上联合执法,如2013年中国海事局广东、海南海事部门开展了一次南海联合执法。但目前的两种联合执法模式均具有暂时性,只是针对紧迫海上事件临时形成的联合性执法体制,不是一种常设执法机构,在临时性事件消失后各海上维权执法主体仍然行使其职权范围内的事项。虽然我国在南海问题上采取过上述两种执法模式,但是整体模式上我国的南海海上执法依旧是传统的分散式维权执法,这种模式使得执法权力分散,不能集中形成执法力量,加大了解决南海海域纠纷的难度。

二、中外海上维权执法体制现状

随着国际海洋法的发展,国际海上纠纷事件愈发增多,各国的海上维权执法体制也在不断进步,主要呈现为以下几种模式:

(一)美国"双重集中式"模式

美国海上维权执法体制的"双重集中式"表现为管理机构和执法权均集中,这种模式是全球国家普遍采用的模式,即将海上事项管理职权统归一个部门统一行使,并且执法权也统归一个部门行使。这种模式有很多优点:第一,有比较完善和明确的涉海法律规定;第二,形成了完备的海洋管理体制;第三,在管理部门的管理下形成了统一的海洋执法队伍。在美国,美国海岸警卫队是对国家管辖范围内进行海上维权监管的唯一海上执法机构,负有维护海洋资源、保护海域生态环境、整治海上违法行为等职责,是美国海上维权的综合执法力量。美国海岸警卫队与其他国家同类机构相较而言,最大的不同在于它需要随时保持备战状态,而不是配合其他军事力量的需要时才做好准备。①所以美国的海上管理机关和执法权均集中于美国海岸警卫队,这种管理和执法体系可以更好地处理涉海纠纷,值得世界各国借鉴。②

(二)日本"管理部门分散—执法权集中"模式

日本的海上维权执法体制表现为"管理部门分散—执法权集中"模式,即在管理部门上没有统一的管理机关,只有分散于其他管理部门中的各个海上维权管理部门,但执法权统归一个机关行使的执法模式。在日本,全国没有统一的海洋管理职能机构,涉海管理的职权分别由不同的部门行使。在涉海相关问题上,日本于2001年进行了改革,建立了海洋管理决策机构和协调机构,最重要的海上执法

---

① 姜秀敏,刘光远.美日俄海上维权机构设置及对我国的启示[J].东北亚论坛,2013(6).

② 参见:李景光.国外海洋管理与执法体制[M].北京:海洋出版社,2014.

机构为海上保安厅，其执法职权没有美国海上警卫队那样综合[①]，但是其作为国家军事力量的一部分，对海上维权执法起到了重要作用。在国际海洋法不断发展的进程中，这种模式必然向“双重集中式”执法模式发展。

（三）加拿大“双重分散式”模式

加拿大在海上维权执法体制上采取的是“双重分散式”模式，即管理部门和执法权均为分散的模式，这种模式具体指国家未形成统一的执法体系，也没有统一的海上维权管理部门，海上维权管理职能和执法主体分散在国家行政部门，即海洋管理权分散在交通运输部、渔业与海洋部、能源矿产资源部等部门。其执法部门主要分散于渔业与海洋部、交通部、环境部等，也未形成集中的综合执法部门。这种模式没有一套完整的海上维权执法法律规范或海域政策，在海上争议频发的今天这种模式是具有局限性的，目前各国也很少采用这种模式。

（四）中国“分散管理为主，临时性联合执法为辅管理”模式

从上述南海争议海域的海上执法体制我们可以看出，我国目前海上维权执法体制仍然为传统的分散式管理模式，尚未形成综合性海上维权执法力量，也没有将海上维权执法权统归于一个专门的机关，只不过有时针对某一海洋活动开展了临时性联合执法模式。因此，我国的海上维权执法体系表现为以各海洋产业管理部门监管为主，临时性联合执法为辅的分散型管理体制。目前我国海上执法主体包括海关缉私、渔政、海事、边防和海监五支执法队伍。其中，国家层面的海关缉私警察、中国渔政、公安边防海警和中国海监已经整合并统称为中国海警；并且增设国家海洋局南海分局及所属海监支队；而地方层面的海监和渔政并没有整合，仍然是分属两个执法机关；公安边防管辖的是海岸线范围的海洋纠纷。同时也有部分地区自行组建了海上执法机关，并且国家海洋法赋予了军队、国资部门、石油部门等海上维权执法的职权。政府还设立了很多海上维权执法管理协调机构，以协调海上执法工作，加强不同部门间的相互配合。虽然目前设立的协调管理机构可以缓解执法冲突，但是海洋执法模式仍然是分散式模式，执法活动中仍存在多头执法、职权重叠、职权划分混乱的情况。

---

① 日本海上保安厅（日本海岸警卫队），隶属于日本国土、基础设施与交通省，是日本的主要海上执法机构。日本《海上保安厅法》第 25 条规定：“本法的任何内容均不应被解释为允许对日本海上保安厅及其工作人员作为军事组织或类似目的而进行培训，或将他们组织成军事组织，或让他们履行军事职能。”因此，日本海上保安厅不是军事组织。但根据《自卫队法》第 80 条规定，在特殊情况下，遵照内阁总理大臣令，可以将海上保安厅划归防卫大臣指挥。

三、我国海上维权执法体制存在的问题

（一）海上维权执法相关法律法规不健全

1. 国内法中没有专门法律规定

目前我国尚无一部专门的海洋法，海上执法机关仅能依据《行政处罚法》《行政诉讼法》、地方性法规及其他法律文件中的涉海规定进行执法活动。同时，我国对涉及海上违法行为的惩治少之又少，多以惩治大陆违法行为为主，导致执法时缺乏法律依据。目前，美国、日本等国家已经对海上执法活动进行了专门的立法，来明确海上执法主体的资格与职权划分。例如，日本制定了《海上保安厅法》《海上保安厅组织规则》；美国通过了《海岸警卫队成立法》《海岸警卫队与海上安全战略》以及《海岸警卫队授权法》，而《美国法典》设专章对海岸警卫队进行规定。[①]相比之下，我国没有对海上执法主体的法律地位和职权范围进行规定，例如重新组建的中国海警局在行使海上执法权时的法律依据仍然是《渔业法》等行业性法律，而在行业利益的影响下可能给海上执法带来很多困难。

2. 涉海法律规定含糊不清

涉海法律规定含糊不清体现在管辖权的认定方面，《中华人民共和国领海及毗连区法》中规定了我国有权对在毗连区内的违法行为行使管制权，[②]《中华人民共和国刑法》中规定了属地管辖原则，[③]领域包括领土、领空、领海以及内水。由于领海是领海基线以内的海域，所以海警只能在领海基线以内享有绝对管辖权，这使得海警海上执法权被削弱，不能达到执法目的。在海警执法实践中往往会出现越权管辖的问题。例如辽宁省尚未规定领海基点，这时当发生了违法行为时执法机关的职权能否行使成为争议问题。

3.《联合国海洋法公约》不得直接作为海上维权执法的依据

《联合国海洋法公约》是国际上对有关海洋权利的规定，可以作为在国际上确定我国海洋主权的依据，但是该公约不能直接作为海上维权执法的依据，对其采取的是转化适用的方式，因为其规定较为笼统、宽泛，各国国情又不尽相同，可能会使得我国海洋权益受损。

---

① 于杰，赵薇．“海洋强国”背景下中国海警局之设立与展望[J]．世界海运，2014，36(1)．

② 《中华人民共和国领海及毗连区法》第十三条规定：中华人民共和国有权在毗连区内，为防止和惩处在其陆地领土、内水或者领海内违反有关安全、海关、财政、卫生或者入境出境管理的法律、法规的行为行使管制权。

③ 《中华人民共和国刑法》第六条第一款规定：凡在中华人民共和国领域内犯罪的，除法律有特别规定的以外，都适用本法。

（二）海上维权执法机构设置不合理

1. 执法部门繁多分散、职权范围交叉

目前我国海上维权执法机制上存在执法主体繁多且分散的现状，并且执法主体不明确、职权范围含糊不清。我国现阶段有海监、海事、渔政、边防、海关缉私五支海上执法队伍，但是实际行使执法权的还有区域执法部门，使得执法人员分散繁多，不仅不能达到好的执法效果，并且造成了一种资源浪费。同时，分散式执法模式使得不同的执法主体享有不同的执法职权和范围，但在实践中往往会出现交叉管辖、职能模糊的情形，有些领域重合，产生执法主体间执法权归属纠纷；而有些领域空缺，导致违法行为得不到制裁，对我国海洋权益产生不利影响。

2. 执法人员编制少

海警部队作为我国主要的海上维权执法机关，负有维护国家海上安全和和平的义务，预防并惩治海上一系列违法活动（例如走私、贩毒、偷渡），维权执法是其最根本性的职能，而目前海警部队中存在执法人员所占比重小的现状，例如辽宁海警一支队中，执法人员编制仅为整个队伍的 6%，这种情形可能导致执法人员任务繁多并且警力协调不开。

（三）缺乏高效健全的海上维权执法体制

1. 没有形成统一的联合执法体制

目前我国的海上执法模式依旧为分散式，这种模式使得全国执法力量存在分离，没有相互协调，不利于全国海上执法力量的发展进步，将每个执法机关的执法行为局限于特定管辖、特定类型的事件上，难以相互借鉴和学习。例如中国海警局自身建设发展缓慢，其下属派出机构及下级机关尚未建成，例如海警总队、海警支队、中国海警南海分局、广西总队等。

2. 执法设备经费不足、配置落后

目前，我国海上维权执法普遍存在着经费不足的现象。如，据我国渔政部门统计，海洋渔政船数与机动渔船数之比约为 1∶460。[1]在处理南海争议中可以看出我国执法舰艇存在数量少、型号小、机电设备不先进、续航力不足并且改进装备的经费少的现状，在执法设备的配置方面远远落后于美国等海洋强国。因此，我国急需加大资金投入力度，及时更新执法设备，提高执法效率。

---

① 王森，生万栋，董春梅，等. 我国现行海上执法体制的弊端与改革对策[J]. 软科学，2006，20(1).

（四）海上维权执法主体理论知识储备有待提高

1. 专业知识培训开展不深入

目前海上执法机构对其执法人员不注重理论知识的培训，给予分散式的管理模式，各执法机关存在仅注重对繁多的违法事件的处理，而忽视了理论知识的培训。理论是实践的基础，只有从根本上将有关海上执法的专业知识灌输于执法主体，才能更好地在实践中得到运用。

2. 执法人员执法素质有待提升

执法人员素质低下也是目前我国海上维权执法活动中普遍存在的问题，这无疑影响到海洋维权执法水平，致使不能高效地解决海上纠纷。执法人员整体上文化素质偏低，导致执法水平也偏低，并且在执法过程中存在谋私利、滥用主权、玩忽职守等问题，严重有损我国的国家形象。

四、我国海上维权执法体制完善构想

（一）完善海上维权执法相关法律法规

1. 制定具体海上维权执法法律规范

海上执法机关行使执法权的前提是有法可依，目前海上执法机关行使执法权的依据有《行政处罚法》《治安管理处罚法》《领海及毗连区法》和《专属经济区和大陆架法》等。但是《行政处罚法》《治安管理处罚法》虽然可用于海上执法活动中，但是其规定是以陆地执法为基础的，很多情况不能适用于海上执法；而《领海及毗连区法》和《专属经济区和大陆架法》没有明确规定海上维权执法的主管机关和配套法规及实施细则，不能保证执法实践的顺利进行。对此，我国应当制定《海警法》，明确海警执法的法律地位、执法依据、执法权限；同时制定《海上维权执法条例》，制定符合海洋执法特征的具体执法程序，方便海上执法人员行使执法权。

2. 海上执法理念与国际海洋法接轨

我国不仅应迅速出台具体法律法规，也应当深入剖析国际海洋法的立法宗旨，参考国际海洋法案例，在实践中缓解《联合国海洋法公约》的抽象性与海上执法具体规则适用的矛盾，以《联合国海洋法公约》为宗旨，对海上执法具体规则进行细化，形成一套完整的符合当前执法要求的执法程序。

（二）合理配置海上执法机构体系

1. 建立分权配置体系

针对我国海上维权执法职权配置中存在的重叠现象，应形成三分制的管理体系。这种管理模式是指行政机关在行使执法权能时决策、执行与监督权分开行使的模式。目前我国海洋局的行政职权是负责起草海洋管理法规与政策，并且具有海上维权执法的权力，其具有决策和执行的双重权能，这样的职权设置不能使权力得到良好的监督和制约，所以我国应该改变这种体制，将国家海洋局的权能变为只享有决策权。同时将执法权归于海警局，推进海警分局的建设，将决策与执法分离，以便相互制约、相互监督，更好地开展海上维权执法活动。例如，海警南海分局的"三定"方案中，将机构设置、职权和执法权限进行明确规定，推进了我国分权配置体系的改革进程。

2. 扩招海上执法人员

我国应改变执法人员分布混乱的状态，成立单独海上执法部门，扩招执法人员，将执法人员分成不同部门，分别负责刑事侦查、行政处罚、突发事件的应对、登记审核、监督保障等职能，形成有序的海上执法体制，防止执法混乱、人员不够。同时地方和中央执法人员在执法中也应该相互配合、相互协调，保障执法活动顺利进行。

（三）形成独立、统一的海上维权执法体制

1. 构建统一、独立的执法体制

在海上纠纷频繁发生的今天，构建一元化海上执法模式迫在眉睫。目前我国法律只赋予了中国海警局海洋执法权，但是海事执法权仍然属于海事局，这种分权模式会使得权力的行使发生冲突，不能形成统一的海上执法体制，因此，建议我国将海上执法权整合于海警局，构建统一、独立的执法体制，并且借鉴美国海岸警卫队、日本海上保安厅的法律性质，赋予海警局准军事化特征，使其具有行政和军事双重属性，以利于我国维护海洋合法权益。

2. 加大资金投入，提高执法设备水平

要想提高我国海上维权执法的整体水平，首先要具备先进、机动性强的执法仪器与设备，以满足执法需要。针对目前我国海上维权执法的设备落后的现状，国家应当加大资金的投入，注重研究和开发先进的执法舰艇和飞机；配置现代化通信、指挥、取证、监察、侦查等设备；提升信息收集装备的水平，充分收集海上活动的信息以便及时应对执法需求；研发建造吨位较大的执法舰艇，使其可以在长时间内进行执法活动，从而提高执法设备整体水平。同时执法设备也应当及时更新，满足新时代海上维权执法任务的需要。

（四）加强海上维权执法队伍建设

1. 加大对执法人员的培训力度

海上执法涉及多学科的专业性知识，对执法人员专业知识掌握的要求很高。因此应当重视对执法人员专业知识的培训，应当采取先进的管理技术，借鉴外国管理方法，加强高科技的运用，提高执法人员的知识水平。并且定期进行执法资

格考试，检测执法人员的执法水平。执法人员只有具备了完备的执法知识才能更好地行使执法权，解决海上纠纷。[①]

2. 提升执法人员执法素质

海上维权执法人员自身也应当具备较高要求的职业素质，深刻贯彻学习习近平新时代中国特色社会主义思想和党的十九大精神，认真学好、学通《渔业法》《海域管理使用法》《环境保护法》，领会法律的基本精神，在执法过程中注重将理论知识运用到实践中，不断增强自身法制观念、不断吸收和借鉴国内外的相关执法理念，行使处罚权时依照法定程序，做到恪尽职守、公平公正，真正成为海洋与渔业管理的忠诚卫士。[②]

五、结语

在科技不断发展的今天，海洋权利的纠纷也越来越多，我国作为拥有重要海区的国家，海上维权执法已经成为我国需要完善和发展的一项重要任务。从南海问题来看，我国海上维权执法体制上存在很多不足。因此为了满足执法需要，我国需借鉴国内外执法模式，完善海上维权相关法律法规，合理配置海上执法机构体系，形成统一独立的维权执法体制，加强海上维权执法队伍建设，以便维护我国海上合法权益，构建安全和平的海洋秩序，推进海洋强国战略。

私人安保公司纳入我国海上维权体系建设初探

梅真硕　王雪萌

随着“海上丝绸之路”倡议的实施，越来越多的企业通过海洋走向世界。在当今海运承担我国大部分贸易运输的背景下，海上非传统安全因素对我国海运的威胁与日俱增。海盗、海上武装抢劫事件频繁发生在重要航道。在国际社会的共同努力下，自2010年以来海盗基本呈连续减少趋势，其中2016年海盗事件总数为191起，为进入21世纪以来的最低值，首次低于200起。但是海盗抢劫成功率呈上升态势，其武器装备有高端化发展的趋势，打击难度越来越大，而且相关数据的统计还没有包括发生在一国海域内的海上武装抢劫事件。除了海盗威胁外，恐怖主义也有向海洋扩张的趋势。[③] 海上恐怖主义是陆上恐怖主义以海洋为目标的扩展延伸。在伊斯兰教极端组织如马来西亚的伊斯兰教祈祷团、菲律宾的阿布沙

---

① 王守泰，李寿伟．对新时期海洋与渔业执法工作的几点建议[J]．海洋开发与管理，2003，20(5)：38－40．

② 王守泰，李寿伟．对新时期海洋与渔业执法工作的几点建议[J]．海洋开发与管理，2003，20(5)：38－40．

③ 曹玉墀，范中洲．2016年全球海盗事件分析[J]．世界海运，2017，40(5)：1－5．

耶夫组织等的主导下,海上恐怖主义在东南亚地区日益频繁。[①] 与日益增长的海上威胁相对应的,是世界各国打击海盗行动规模的不断扩大。而在民间,近些年世界安保市场在护航业务上也有急剧扩张,许多海运船舶通过私人安保公司随船护卫等方式来应对海上威胁。就我国实践来看,军舰护航是商船应对海盗问题的主要方式,并且也取得了很好的效果。但是军舰护航并不能完全满足商船应对海上威胁的需要,而在我国法律缺乏规制的情况下确实也有一些民营安保公司进行海上武装护航。这说明我国海运对民营安保公司存在客观需求。如何更好地通过民营安保公司来维护我国海上权益已经成为一个现实问题。

一、研究现状

目前我国并不重视私人安保力量的建设,学界也很少在海上维权的高度对此进行研究。我国对民营安保公司的研究较少,且主要集中于私人安保公司发展所面临的社会问题和法律问题。例如有学者认为私人军事和安全公司打破了国家对于暴力手段的垄断,给国际安全局势带来深刻影响。这些公司在很多方面都不同于传统的雇佣军,大多数也难以符合国际人道法中的"战斗员"定义,而其平民地位也经常受到质疑,因而其国际法地位比较模糊,使国际社会在对它们进行监督管理时遇到很多困难。[②] 私营军事安保公司的活跃,对现有国际法,尤其是国际人权法、国际人道法和国际刑法等造成了不小的冲击。此外,私营军事安保公司缺乏国际、国内层面的有效规制,也是一段时间以来困扰国际社会的问题。对此,国际社会已经意识到,对于这一特殊的行业,需要为其制定一套完整的法律规范。[③]

就具体的海外利益保护而言,有学者从全球整体形势出发,认为中国应从海外安全保障的供给侧角度出发,在国家安全委员会的统筹下建构"五位一体"的海外安保体系,以领事保护机制为核心,以企业、私营安保公司、保险公司、海外侨团为支柱,相互配合、相互支撑,形成一个官民结合、体系完备、运转有序、反应快速的横向协作型互动架构,从而实现海外安全供给的长期性、稳定性和连续性。[④] 对于专门的海上护航,有学者对不同的护航模式进行比较,认为随船护航在中国语境下面临法律风险,应在新型国家安全法律观的统合下,加强法律保障,与军舰(机)护航齐力协作共同构建中国海运安全的最佳模式,确保中国海上核心利益的

① 查攀. 浅议"一带一路"下境外中资企业安保体系的构建[J]. 政法学刊,2017,34(2):123.

② 宋世锋. 私人军事和安全公司的国际法地位述评[J]. 青年论坛,2009(3):67-69.

③ 白雪涛. 私营军事安保公司对国际法的冲击及其规制[J]. 国际法研究,2016(1):100.

④ 崔守军. 中国海外安保体系建构刍议[J]. 国际展望,2017(3):78.

实现。[1]

目前海上维权执法问题是学界研究的热门领域,非传统安全威胁,特别是海盗和海上恐怖主义更是引人注目。在研究治理方式上,很少有人将私人安保公司视为我国海上维权力量的组成部分。实际上,私人安保公司的护航行动已经有一定成效,在国外也有较成熟的做法,有必要将其纳入我国海上维权力量体系中进行规划。

二、国家力量应对海上非传统安全威胁的不足

目前我国应对海盗、海上恐怖主义的是军舰、民兵船只以及海警等有关力量。自 2008 年年底,我国海军开始执行索马里海域护航任务,为打击该地区的海盗作出了卓越贡献。我国民兵、海警等也参与到邻近水域的反海盗任务中来。可以说,我国国家军事武装力量在打击海盗方面取得了较大成就。但与此同时,我国船舶依然遭受着各种威胁。例如,2013 年 8 月底苏伊士运河上,恐怖分子试图袭击悬挂巴拿马国旗的"中远亚洲"号中国货轮。[2] 当前海上暴力活动领域、作案手段等发生了很大变化,海盗袭击更具规模、更加迅速,袭击目标日趋多样,方式也更加隐蔽,增加了海军护航的难度。我国的护航行动主要存在以下困难:一是海军的本质功能是应对战争,用来应对非传统海上安全威胁不符合比例原则。海军舰艇维护费用高昂,并且许多功能设计并不是专门针对海上执法维权,作战效益有待考量。二是我国护航力量有限。当前海军护航采取的主要是伴随护航的方式,商船需在定期指定位置集合。此种方式对商船来讲缺乏灵活性,影响经济效益。[3] 三是海盗现在呈全球蔓延趋势,近年来已经出现不少新的海盗活动区域,我国很难将护航行动覆盖到全部海域。四是护航缺乏灵活性,在一些突发事件中我国海上力量很难及时赶往现场。例如在 2009 年,中国籍散货轮"德新海"号在摩加迪沙东偏南 980 海里处被索马里海盗劫持,出事地点距离我国海军护航编队汇合点 1 080 海里。[4] 在实践中我国也有武装人员随船护航的方式,这种方式效果很好,但由于有关单位人员力量有限,不能成为主要护航模式。当国家力量在治理海盗过程中出现能力不足时,商船武装自卫和安保公司随船护航就成为许多私人船主的选择。

---

① 李卫海.中国海上航运的安保模式及其法律保障——以应对 21 世纪海上丝路的海盗为例[J].中国社会科学,2015(6):131.

② 中国巨轮苏伊士运河遇袭[N].中国水运报,2013-9-4(4).

③ 梁春辉.中国海军索马里护航大事记[J].当代海军,2010(1).

④ 何涛."德新海"被劫背后中国海运业困境浮出水面[N].广州日报,2009-10-29(A8).

三、安保公司随船护航的优势及可行性

对于商船武装自卫，2011 年 11 月，国际海事组织通过的第 A1044(27)号决议坚持“船员不应携带武器，是否携带武器予以自卫应交由船旗国决定”的原则。但是，目前大多数国家特别是一些较大的船旗国，对此采取不提倡不禁止的原则。很多国家规定船舶携带武器时必须获得特许证书。[①] 由于我国缺乏民间使用枪支的传统，这一模式在实践上跨越较大，在国际法上也面临极大障碍，可行性不足。

相较于商船武装自卫，私人安保公司在武器流通范围、人员素质把控方面有较大优势。由于我国海运对海上自卫能力的极大需求，在实践中已经有聘请私人安保公司的做法。与公务船舶护航相比，私人安保公司随船护卫有以下优势：

（一）提升船舶自身应对风险能力

据有关统计，极少有聘请私人安保公司随船护卫的商船被海盗攻击的案例。此种方式可以有效缓解军舰护航力量不足的问题，并能在第一时间有效震慑海盗，即使不能立即驱散，也能够为其他力量增援争取宝贵时间。

（二）符合市场经济规律

与军舰护航不同，船主可根据自身需求灵活定制安保服务，不需要在指定地点集结，小船主也能享受到针对性的安保服务，而不存在“大船东和大商船比较容易获得军事安全分队和武装保护分队的护航，而对于小船东和小商船而言，获得此种模式护航的机会很少”的情况，更符合市场经济规律。

（三）灵活性强，适用范围广

军舰是一国的武装力量，在许多敏感海域并不适合进行护航，并且许多地区海盗背靠他国水域，随时能够利用地理优势逃避军舰打击。在此类水域，私人安保公司的护航效果反而要好于军舰护航。

我国私人安保公司起步较晚，就海上业务而言，2012 年我国才有第一家私人安保公司进行海上远航武装护航。[②] 这与我国对枪支和民间武装力量的严格限制有很大关系。目前在相关领域我国法律制度尚属空白，也极少有专家学者从国家战略高度出发，对私人安保行业进行规划。但是从国际社会法律环境、舆论环境和实践来看，私人安保领域极具发展潜力，且符合我国未来发展的战略需要。

（四）私人安保公司国际地位趋向合法

2008 年 10 月，包括中国在内的 17 个国家签署了第一个规范私营军事公司

---

① 李卫海. 中国海上航运的安保模式及其法律保障——以应对 21 世纪海上丝路的海盗为例[J]. 中国社会科学，2015(6)：133.

② 姚亚平. 华信中安——探路中国武装保安护航[J]. 中国远洋航务，2015(7)：24.

和私营安保公司的国际法文件，即《武装冲突期间各国关于私营军事和安保服务公司营业的相关国际法律义务和良好惯例的蒙特勒文件》(以下简称《蒙特勒文件》);欧盟发布《关于私营军事和安保公司及对国家垄断武力使用的破解的报告》，除了对《蒙特勒文件》背书外，还倡导建立证照登记制度，提请成员国通过内国立法加强对私营军事公司和私营安保公司的监管;2011 年 11 月 9 日，由 58 家大型私营安保公司发起签署并通过了《私营安保公司国际行为守则》。这一系列国际文件意味着私人安保公司国际地位的合法化。

(五) 世界各国对私人武装安保支持者居多

法国、日本明确表示反对商船经营人雇佣海上保安配备私人武装，英国、美国、德国等持支持态度。但对此持反对态度的日本也允许本国船主雇佣他国私人安保公司。而在海盗猖獗的东南亚地区，各国政府对私人安保公司的态度则显得复杂得多。这与私人安保公司参与当地政治活动有很大关系，但是近些年各国政府也在逐步承认私人安保在应对海盗威胁等方面的积极作用。[①]

(六) 我国已有私人安保公司武装护航的成功实践

我国在该领域的制度尚属空白，然而就是在这种背景下，仍然有我国的私人安保公司成功地拓展了武装远航护卫业务。在 2012 年以前，我国远航商船一般会雇佣外国安保公司进行武装护航，但费用高昂，实属无奈之举。2012 年我国民营企业开始承接该业务后，大幅度降低了雇佣费用，并在国内外获得了良好声誉。目前中国籍的私人安保公司在国际市场上已经极具竞争力，业务能力非常成熟。

目前私人安保公司已经成为我国海上维权的重要力量，将私人安保公司的发展纳入我国海上维权体系建设的考量中来迫在眉睫。我们应当从国家战略的高度出发，将私人安保公司视作国家治理能力的海外延伸，从国内法和国际法两个方面来保障海上私人安保行业的发展壮大，探索国家治理体系和治理能力的创新路径。

四、海上私人安保行业法律制度构建

法律制度构建不仅要规范行业，还应当从国家安全战略出发，通过法律保障行业发展，通过行业发展来提升国家海外风险应对能力和治理能力。

(一) 以国家总体安全观为指导，将私人安保公司视作国家治理体系的一环

目前国际海洋局势总体平稳，但局部存在动荡局势，传统国家力量难以进行干预，不能满足我国海外利益的安全需求。因此，必须改变以国家力量为主导的

---

① 邢瑞利，郑先武. 私人安全公司与东南亚海上安保[J]. 东南亚南亚研究，2015(2):4-5.

传统观点，在加强传统公权力部门能力的同时，重视社会私人力量的作用，在海上构建军民融合协同应对威胁的防范体系。在行业规制上，建立一整套法律保障体系，并通过国家的制度性扶持使该行业走向世界，进而提升我国海上核心利益维护能力。

（二）建立健全法律体系，使行业发展走向法治化道路

目前我国规范私人安保行业的文件主要是《保安管理服务条例》。该条例属行政法规，在制定时并没有针对护航等问题进行专门规定，适用性不强。国家海事局在 2015 年出台了《私人武装保安在船护航证明签发管理办法》。该文件就私人安保公司武装护航进行了专门规定。但是该文件法律层级较低，并且将护航区域限定为“西印度洋及索马里海域等海盗活动频发的海域”，范围较小，且只涉及了护航武器装配资格，对于如何管理、携带武器出入境等并未提及，可能涉及与上位法冲突的问题。目前急需从法律层面入手，结合刑法、民法、海洋法、海上劳动法、国际人权法、国际人道法和国际海事组织的相关规定，制定武力使用规则，针对武装护航的特点，对行业准入资质、武器适用与管理、人员培训与考核等问题进行详细规定，以改变行业“法外之地”的尴尬状态。

（三）构建军民协同制度，延伸国家治理能力

《突发事件应对法》坚持在一切突发事件应对上都要遵循“统一领导、综合协调”的基本原则，《国防动员法》规定了单位和公民应当履行“国防勤务”，规定“单位平时应当按照专业对口、人员精干、应急有效的原则组建专业保障队伍，组织训练、演练，提高完成国防勤务的能力”。应当将私人安保公司的护航业务视作国防勤务的一部分，在平时以市场经济为导向，在紧急状态下按照“统一领导、综合协调”的基本原则，接受有关部门的统一领导。同时军队、海警部门可以在人员培训、考核等方面为私人安保公司提供指导和帮助，同时安排有相关经验的复转军人对接就业，加强人才利用。海事部门应当与私人安保公司建立海上情况信息共享机制，对紧急情况做到及时通报、及时指挥。在武器装备方面，可以通过军民合资的方式研制符合私人护航行动需要的专门武器。

（四）国际法律保障

除了国内法律，私人安保公司也应当遵守国际公约、国家间协定以及当地法律。目前来讲，私人安保公司面临的较大法律障碍是世界各国对有关问题规定的不一致。以我国为例，外国安保公司可能在当地合法地装配枪支，但是当其进入我国领海时就变成了非法持有枪支。在将国内法律与国际法相协调的同时，我们也要注意到不同国家对相同问题的不同规定。在明确遵守当地法律原则的基础上，我国应当积极与有关海域国家展开协商，在国家间建立相对协调的私人安保

武装护航国际法律制度，在武器携带与管理、公司登记备案、防卫行为、追责机制和航行自由等方面签订协议，为私人武装护航扫清国际障碍。同时我国可以牵头成立相关行业协会，制定行业准则，扩大我国在该领域的影响力。

五、结语

私人安保在我国尚属新兴行业，其保护我国海外利益的能力也才刚刚进入学界视野。作为一种新兴的安全治理模式，私人安保行业对地区安全和政治局势的负面作用也不容忽视。我们要在整体国家安全观的指导下，创新海外利益维护机制，在推动私人安保行业发展的同时，通过该行业来提升我国在海洋安全治理上的能力，进而保障国家海洋核心利益的实现。

转化博弈视阈下争议海域内执法合作法律问题研究

裴兆斌　杨斯婷

一、引言

中国和日本在钓鱼岛问题上一直存在领土争议，虽然无人居住，但由于钓鱼岛所在的海域拥有大量石油和天然气储备，导致近年来中日在东海的局势逐渐紧张；在俄罗斯吞并克里米亚半岛以及发生和乌克兰的冲突之后，黑海一度成为地缘政治的紧张地带；波斯湾作为世界上最重要的水道之一，通过霍尔木兹海峡连接阿曼湾和阿拉伯海，自 2013 年以来也逐渐变成伊朗、美国以及阿拉伯海湾国家的争议海域；中国、菲律宾、越南、马来西亚等国家在南海的争议也曾导致各方外交关系变得异常紧张。尽管世界上众多海域争议不断、冲突普遍存在，但当今社会，在以国际法原则为基础的前提下进行海上执法合作已经逐步成为各国达成的共识。

二、争议海域内执法合作的概念界定

（一）争议海域的概念界定

海域，即“海的区域”的简称，本意是指包括水上、水下在内的一定海洋区域，是某个国家内水、领海的水面、水体、海床和底土的总称。“争议海域”在概念上主要是指因岛屿的主权归属、划界主张重叠、条约解释等产生不同性质争议问题的海域。除此之外，争议海域还包括国家之间尚未划界的专属经济区和大陆架主张的重叠水域。通俗来讲，“争议海域”的实质就是海上邻国对同一海域的主权归属各执一词，但均未对该海域进行实际有效的控制。随着 1982 年《联合国海洋法公约》的生效，海洋权益争端日益凸显，沿海国的管辖海域范围逐渐扩大，导致国与国之间的争议海域不断增多。

（二）海上执法合作的概念界定

海上执法，即海上行政执法，主要是指有权的涉海机关依照法律规定的程序和权限，对在有管辖权的海域上发生的活动进行管理的行为。执法合作，在当今国际社会格局的形成和发展过程中起着重要的推动作用，同时也是大部分国家所奉行的处理国际、国内事务的基本原则。本文所称的海上执法合作，即指各国政府中具有海上行政执法权的职能部门在遵循国际法基本原则的前提下，通过签订公约、条约、备忘录以及建立信息共享平台等其他方式，在海洋环境和资源保护、海上交通、渔政管理、海上安全、打击海上犯罪以及水下文化遗产保护等领域实现相互之间的交流与合作。

三、争议海域内执法合作的必要性

（一）有助于加强相关国家间的交流合作

争议海域作为相关国家的敏感海域，尽管在权利主张、资源需求、管辖权等方面存在矛盾和冲突，但它们面临的共同利益需求始终大于相互之间的矛盾和冲突；同时，共处相邻海域的特殊地理位置也决定了相关国家对争议海域开发和利用将存在天然的密不可分的联系。因此，在争议海域内的执法合作有助于加强国家间的交流合作，缓和在此领域的矛盾纠纷，平衡各方利益，促进共同发展。

（二）有助于提高本国的海上执法能力

世界上的海洋强国在立法、执法等方面较一些海上执法能力相对落后的国家而言具有一定的前瞻性，执法经验也相对更加丰富。通过研究其海洋立法情况，吸取先进的海上执法经验，与这些海洋强国进行执法合作，有助于提高本国的海上执法能力。此外，在有争议的海域进行执法合作也是维护共同的海上秩序的基础，是海洋体系进一步发展的必然选择。

（三）有助于完善后续的海洋划界

海洋划界是一个相对复杂并且成本高昂的过程。截至目前，全球海洋疆域的划分并不完整。以中国为例，直到 2004 年才有第一条毗邻确认的海上边界线（中国—越南北部湾边界）。放眼全世界，其常态也是大部分资源富集区域仍然属于未定界海域。因此，在争议的海域进行执法合作，不仅能够加强国家间对彼此海上执法体系的了解，而且能够有效地缓解因主权重叠冲突产生的矛盾，从而进一步完善后续的海洋划界问题。

四、争议海域内执法合作的现状分析

（一）中国与越南

目前中越两国进行海上执法合作最主要的问题是南沙群岛的主权争端问题。但双方积极谈判，在2000年年底，越南与我国签署了《中华人民共和国和越南社会主义共和国关于两国在北部湾领海、专属经济区和大陆架的划界协定》以及《中华人民共和国政府和越南社会主义共和国政府北部湾渔业合作协定》。随着双方国际国内环境的变化，在争议海域内的执法合作也随之更新。虽然两国开展海上执法合作的时间不长，内容也并不丰富，仅存在为数不多的条约与协定，但在争议海域内两国既有争端又有合作。

（二）中国与韩国

中韩两国毗邻黄海海域，因海洋资源问题也必然产生争端。我国和韩国均加入了《联合国海洋法公约》，这是两国处理海洋权益争端的基础条约。在争议海域产生的冲突问题为中韩海上贸易活动带来了阻碍，使两国加强海上执法合作变得十分迫切。2007年4月，我国与韩国签订了《中华人民共和国政府与大韩民国政府海上搜寻救助合作协定》，这一协定成为中韩两国的海上执法主体间进行执法合作的重要里程碑。

（三）中国与朝鲜

随着对海洋资源的不断开发，相关海洋产业迅速发展使近海渔业资源锐减。中朝黄海北部海上权益的形势受到朝鲜国内外政策的不断影响，已经发生了很大变化，这为中朝两国在海上执法的合作奠定了一定基础。但由于朝鲜未批准生效《联合国海洋法公约》，中朝在领海界限上始终不能达成一致，这就导致中国渔民与朝鲜方面时常发生冲突。一直以来在有争议海域不能有效地进行执法合作，更主要原因是没有设立一个由双方共同监督进行的执法机构。在中朝双方的海上合作中，合作的主体目前还主要局限于企业间的经济往来，执法部门间的交流明显不足，这使海上执法合作的难度加大。

五、争议海域内执法合作的困境

（一）争议海域的性质特殊又复杂

以我国为例，除北部湾以外，我国尚未与其他海上邻国划定明确的海洋边界，尤其中国与日本在东海问题上，与越南、马来西亚、印度尼西亚、菲律宾、文莱等国家在南海问题上的争端都异常复杂，地区敏感度呈现上升趋势。放眼全世界，以鄂霍次克海、阿拉伯海、波罗的海、黑海为代表的海域也都属于典型的争议海域。

无论从主观上还是从客观上来看,各国均主张自身利益的最大化,海洋划界任务短期内很难完成,这就使得争议海域的性质变得特殊又复杂。

(二) 缺少执法合作的国际法依据

国际上对于争议海域内的执法合作问题目前没有统一的国际法依据,即便是《联合国海洋法公约》也尚未对此作出明确规定。争议海域由于存在主权归属尚未确定的特殊性质,各国在进行海上执法合作时,目前主要依据其国内法对该争议海域或海域周围的岛屿、资源等主张权利,从而认为自己对争议海域具有管辖权,排除其他国家的管辖权。由于没有统一的国际法依据,各方依照不同的国内法进行海上行政执法,自然会产生冲突。因此,在争议海域进行执法合作需要寻求国际法依据,使得各国在有争议海域的权益得到公平的维护、减少因各自适用国内法而产生冲突。

(三) 海上执法人员能力参差不齐

一国海上执法人员能力的高低以及是否接受过系统的培训决定着其在争议海域内与邻国进行执法合作的水平。以美国为例,其设置了海上执法的专门学校,在执法技术层面对执法人员进行严格训练,目的是加强与他国执法人员合作的协调性。然而,目前只有少数海洋大国、海洋强国能够加大对海上执法人员培训的资金注入,大多数国家的基层、一线海上执法人员的能力与海洋强国海上执法人员的能力存在一定的差距,这就会在联合执法合作的过程中产生阻碍。

六、争议海域内执法合作的解决对策

(一) 加强执法合作的法律基础

国际法的渊源主要包括国际公约,国家之间的双边条约、多边条约等。在争议海域内进行执法合作的过程中,由于各国法律体系发展不平衡,签订的公约、条约的数量屈指可数,因此有必要积极促进在维护海上环境污染、海难救助、海洋划界以及资源开发等方面的国际条约的签订,使得国与国之间的合作紧密相连,减少合作冲突。此外,通过论坛、会议、媒体信息等方式加强国家之间的信息交流对于争议海域内各国的执法合作也起到重要的作用:一方面能够有效地加强国家间对对方海上执法领域的了解,针对自身不足进行有针对性的提升,缩短国与国之间执法合作水平的差距;另一方面也有利于提高国家间执法合作的积极性,使在争议海域内出现的问题得到及时有效的解决。

(二) 对海上执法合作主体进行联合培训

在有争议的海域中发生的问题往往比较特殊、复杂,因此需要对海上执法合作主体进行联合培训,充分发挥其在执法合作过程中的主观能动性。联合培训是加强各国人才培养、加强各国与周边国家人才培养交流合作的有效方法。借鉴日本的经验，通过定期召开海上执法论坛，增强沟通和互信，在海上反恐、搜救、打击海盗、防治污染等领域，召开专题论坛或综合各领域的论坛，交流经验，互通信息，与邻国进行执法人员的联合培训，为促进海上安全和秩序共同努力。

（三）构建争议海域内执法合作机制

争议海域内的国家为实现共同维护海上秩序、共同进行经济合作的目的，有必要依据其缔结的相关条约或公约建立双边或区域性的合作机构。同时，针对执法合作过程中产生的争端，各国应当以不违背国际的友好合作为基础，设立相应的争端解决机制，促使各国以和平方式解决争议海域内出现的纠纷。

七、结语

在争议海域内进行执法合作已然成为国际上的普遍趋势，各国都应当从执法合作入手，在以国际法原则或规定为基础的前提下，逐步探寻更加有效的方式和程序进行执法合作，进而提高自身参与国际事务的实力和水平。

中日海上执法体制比较研究

庞　薇

21 世纪是海洋的世纪，随着陆上自然资源的日益枯竭，越来越多的国家将目光聚集在海洋这个资源宝库上。自《联合国海洋法公约》顺利施行以来，各大强国纷纷沉迷于海洋主权的争夺之战。各国在海上利益争夺上的矛盾也日趋激烈，各国纷纷依据各自国情和自身利益需求，制定和完善各自的海上执法体制，从内在体制上获取海上争夺上的竞争力。日美《冲绳返还协定》将我国的钓鱼岛毫不犹豫地划到了日本的板块当中的做法，无疑是对我国领土主权的侵犯，更是对我国海上执法的蔑视。因此，我们要将发展的眼光聚焦到海洋上。2013 年《第十二届全国人民代表大会第一次会议关于国务院机构改革和职能转变方案的决定（草案）》的出台，标志我国海洋体制由分散型向综合型转变，方案中提出重组海洋局，中国海警局由此应运而生，海上执法职权就此有了新的主人。

中国海警局，作为我国海洋执法的一种重要力量，自 2007 年被授权开展海上执法以来，在维护国家安全、维护海洋治安秩序、保护公共财产、保护公民人身和财产安全方面发挥了其他海上执法力量不可替代的作用。但由于其具体的机构、职权、编制工作尚待落实，因此在实际的施行过程中，随之暴露出种种问题和我国相关体制机制的弊端。近年来，关于海上执法体制深化改革的研究在我国政府和学术界广泛展开，政府官员、高校科研院所的研究人员纷纷从不同的角度提出有关我国海上执法体制的相关意见。同时，在国家层面上，公安部、国家海洋局等相关中央部委，甚至部分地方政府虽然普遍意识到现行海上执法体制的弊端已阻碍了我国海洋事业的发展，也尝试进行了一些体制机制的改革，但对于如何切实有效地深入推进改革、构建适合我国国情的海上执法体制等问题仍缺乏全面深刻的认识。

一、海上执法体制的一般理论

（一）海上执法的概念

海上执法是指国家海上执法主体，依法定职权和程序，对本国领海范围内海洋环境、资源、海域使用和海洋权益等海洋事务实施监督、检查的专门活动的行政执法行为，是执法机关据以实施依法治国方略的重要职能，是国家整体执法活动中的重要组成部分。[①]

纵观世界各国的海上执法主体，从隶属关系上看，一部分国家的执法主体隶属于国家行政部门，一部分国家的执法主体隶属于军事部门。例如，美国海岸警卫队由国土安全部统管[②]，北欧的瑞典国防部授权于海岸警卫队，荷兰的军事部门掌控荷兰皇家海军组织海岸警卫队。从执法方式角度看，各大国海上执法主体包括两类：集中统一单独执法，诸多机构分散执法。集中统一执法又包括行政部门执法和军队执法。

（二）海上执法体制的概念和模式

海上执法体制指的是一个国家管理涉及海洋行政职能的有关行政执法主体结构、法定执法职权和义务、执法程序和运行机制等构成的有机体系及其相关法律制度。[③]

随着海上执法体制的不断变化，世界各国逐渐形成了各自独特的海上执法体制机制，主要有以下模式：

一是“海上管理部门集中—执法权集中”模式。美国海岸警卫队是该种模式下的佼佼者。美国海岸警卫队与美国国家海洋和大气管理局、美国国家海洋委员会共同代表了美国海洋管理的执法、决策、议事三个层次。美国海岸警卫队不仅自身是美国唯一一支具有独立执法权的军种，而且也是目前世界上规模最大、设置最完善的海上执法组织，其主要职责就是维护美国的各项海上权益及巡航等，同时也维护美国在其他国际水域及其他涉及国家战略意义的重要海域的国家利

---

① 参见：丰雪．论我国海事行政管理职能转变——基于政府职能转变的理念[J]．青年科学（教师版），2014，35(1)：135.

② 傅崐成．美国海岸警卫队海上执法的技术规范[M]．北京：中国民主法制出版社，2013.

③ 杨永健．谈公安交通执法体系建设——以嘉兴市为例[J]．浙江警察学院学报，2015(4)：102－105.

益。而完成这些任务的海岸警卫人员主要由现役、文职、后备役和自愿辅助队这四部分人员组成。

二是“海上管理部门分散—执法权集中”模式。日本海上保安厅是该种模式的典型代表。日本改组后的海上执法部门主要由通商产业厅、文部科技省、农林水产厅、环境海上保安厅和防卫厅这六个主要部门组成。由于受历史因素、政治体制的影响,日本海上保安厅承担日本全部的海上执法工作,维护日本的海洋权益不受侵犯。日本海上保安厅是日本的准军事机构,在日本的海上武装力量中占举足轻重的地位。

三是“海上管理部门分散—执法权分散”模式。加拿大的海岸警卫队在该种模式中脱颖而出。加拿大的海岸警卫队是绝对的非军事机构,隶属于渔业与海洋部,主管海上执法的各项工作。此外,加拿大皇家骑警和海军也承担部分海上执法任务。加拿大海岸警卫队为其他海上执法部门提供各项服务与支持,以及执法人员的人力资源支持等后勤服务。加拿大海岸警卫队统管着加拿大海军之外的所有政府船只,具体负责加拿大海上执法及维护北极主权权益等任务。

二、日本海上执法体制述评

日本是典型的岛国,四面环海,位于太平洋西部,与中国隔海相望,本州、九州、四国、北海道四大岛和周围接近 7 000 个小岛屿构成日本的陆上领土,面积约为 38 万平方公里,GDP 为 5.96 万亿美元(2011 年),是全球最富裕和经济最发达的国家之一。[①] 日本国土面积狭小,但其海岸线长达 35 000 公里,其领海和主张专属经济区面积达 447 万平方公里,约为陆地面积的 12 倍,领海和主张专属经济区面积居世界第六位。日本大约 50%的人口居住在沿海地区,依赖海洋相关产业的人员达 18.8 万人,海洋对于日本的发展起着至关重要的作用,这也是日本如此重视其海洋问题的原因。为了维护其海洋权益,保护其海洋资源,实现可持续发展,经过多年的探索和研究日本形成了较为完备的海上执法体制。

(一) 日本对海上执法的重视程度

1. 系统完善的海上执法法律体系

由于日本自然资源匮乏,日本的发展振兴在于海洋,日本积极推进海洋强国战略,逐步由岛国向海洋大国转变。为有效推进海洋强国战略,日本制定了一系列相关法律法规,保障国家战略的实施。主要包括:

(1)《海洋与日本:21 世纪海洋政策建议》,日本海洋政策研究财团于 2005 年 11 月 18 日发表。

---

① 张聪义.日本海岸带管理[J].海洋科学,1999(5):22-23.

(2)《海洋基本法》和《海洋构筑物安全水域设定法》，日本国会众参两院于2007年4月3日和20日先后通过。《海洋基本法》是日本迈向海洋大国的基石。而《海洋构筑物安全水域设定法》不仅弥补了一些国际海洋法的空白，还占领了法律高地，最大化地维护和扩大了日本的海洋权益。

(3)《海洋基本计划》(2008年3月出台)，日本2008—2012年间海洋事务的行动指南。

(4)《海上保安厅法》(2012年修订版)和《外国船舶在领海和内水的航行法》，给予了海保厅这个"新生儿"以新的海上执法权力。

除日本制定的《海洋构筑物安全水域设定法》(2007年7月20日起施行)之外，还包括其他一些有关日本海事、渔业、海运等方面的法律。这些法律的出台与实施为日本实施海洋立国战略和肆意扩展海洋空间与利益奠定了坚实的国内法律与体制基础。

2. 强大的海上执法力量

截至2013年，日本海上保安厅的总职员数高达12 808人，财政年度经费1 764.79亿日元。与此同时，其海上警力装备更是令人震撼，海上保安厅拥有各类船舶446艘——117艘巡逻船、238艘巡逻艇、特别警卫与救护艇63艘、水道测量船13艘、灯塔服务船12艘、训练艇3艘；各类飞机73架——固定翼飞机27架、直升机46架，助航设施5 327套，等等[①]，难以想象如此的一个"弹丸之国"已成为全球最大的海上警备力量之一。

(二) 海上执法机构——海上保安厅

日本海上保安厅(日本海岸警卫队)，隶属于日本国土、基础设施与交通省，是日本的主要海上执法机构。由于成立时日本不允许拥有军事组织，因此英文译名为"Maritime Safety Agency of Japan"。随着海洋事务的发展和海洋与岛屿问题的日益突出，日本海上保安厅职责范围不断扩大，装备日益增强。

1. 海上保安厅的历史沿革

1948年5月1日，日本成立了旨在管理日本海上交通安全、排除二战日本近海水雷为初衷的日本海上保安厅。由于受朝鲜战争的影响，朝鲜半岛大量的朝鲜人和韩国人为生活所迫偷渡到日本谋生，日本与朝鲜半岛之间的走私活动十分猖獗。同时，日本也有大量人员偷渡到美国和欧洲，维护日本海上治安也成为日本海上保安厅的职责。后来，救灾、护渔、防止污染也纳入日本海上保安厅的职责范围内。由于业务范围的拓展，2000年，日本海上保安厅将英文译名从原来的"Maritime Safety Agency of Japan"改为"Japan Coast Guard"。

---

① 李励年.菲律宾：计划购买27艘海洋巡逻艇[J].渔业信息与战略，2012(3)：256-257.

2. 海上保安厅的组织机构设置与职能

日本海上保安厅是日本管理与控制海洋的专门机构，包括行政部、装备与技术部、警备与救助部、水道与海洋学部、海上交通部五个职能部，其中，行政部主要负责公共关系、国际交流、人事管理、预算和财务等工作；装备与技术部主要负责船舶、飞机的建造与采购等工作；警备与救助部主要负责海上秩序的维护、石油污染防治和搜救等工作；水道与海洋学部主要负责海洋测绘等工作；海上交通部主要负责航行安全措施方面的工作等。

海上保安厅的主要职责是：维护海上治安、维护领土主权、维护海上交通安全、海上救灾、海洋环境保护等。维护海上治安，在日本管辖海域内进行海上警备巡逻。维护领土主权，在与他国有领土争端的海域如针对中国、俄罗斯、朝鲜、韩国设立特别警戒区。维护海上交通安全，打击海盗、武器走私、非法偷渡、海上毒品交易等违法活动。海上救灾，在自己管辖海域内对遇险船只进行紧急救援。海洋环境保护，在自己的管辖海域内预防、治理海洋环境污染，保护海洋渔业环境。

（三）日本海上执法新动向

近几年，日本在其十一个管区内，不断加强基础设施建设，海上保安厅的装备也不断更新强化，预警机制不断完善，确保其在发生险情时，迅速做出反应，及时处理险情，确保管区内海上航线安全。随着日本海上执法强度越来越大，日本海上保安厅的规模不断壮大，在海上治安管理中发挥的作用也日益重要。

1. 拓展对外合作渠道

积极参与国际上各类海事活动，加强与沿岸各国国家海岸警备队通力合作，一直被当作日本海上保安厅最重要的工作方向之一。在积极参与国际海事机构、联合国教科文组织的海上交通安全、防止海洋环境污染、加强航道标识管理等方面的各项海事活动的同时，还积极主办亚洲地区的多边、双边海上执法合作活动等。这些活动不仅可以加强其自身的海上执法防卫意识，还可以提高其在国际社会上的影响力。尤其是全球瞩目的海盗问题，海上保安厅在处理这个问题时，不仅加强同其他国家的联系和合作，还援助别国打击海盗组织的势力，既起到了防止猖獗的海盗势力进一步扩大，也提高了自己的国际地位，更重要的是借助海上联合演习和实际操作提高了针对海盗的自身海上防御能力。

2. 扩大执法权限

日本政府近两年在执法权限方面赋予海上保安厅更大的执法权限。从对部分船只采取射击、现场逮捕到部分岛屿实行警察官的逮捕权，海上保安厅在日本政府的包庇下，愈加猖狂，在海洋治安管理方面显得更加灵活。相对于日本海上保安厅的灵活自由，我国在海上执法管理和海洋权益维护等方面必然受到来自日本的挑战。

3. 不断强化救助调查能力

日本海上保安厅充分利用DGPS系统和GMDSS系统对日本海上船只进行定位，当发生险情时利用卫星通信技术，迅速将险情传送给就近的管区，迅速做出反应，根据应急预案派遣最近的救援飞机赶赴现场收集海上灾情资料，将灾情资料第一时间传送给指挥部，为海上救援提供宝贵的时间。指挥部对灾情资料进行分析，有针对性地派遣救援船只，提高了海上救援的针对性和有效性。

三、中国海上执法体制评析

我国是世界上的海洋大国之一，大陆海岸线长达18 000公里，近40万平方公里的领海和内水，200多万平方公里的大陆架和6 500多个岛屿，可管辖海域共约300万平方公里。海洋渔场总面积为281万平方公里，其中，水深200米以内的大陆架渔场面积达150万平方公里①，仅次于澳大利亚、美国、俄罗斯，位居世界第四位。由此可以看出海洋经济在我国国民经济体系中居于不可替代的地位。

（一）中国海上执法体制的发展历程

中华人民共和国成立以后，我国的海上执法体制随着我国经济体制架构历经变迁，使得我国的海上执法力量逐步建立和完善。由最初的简单复制陆地相关部门管理办法到成立现在的中国海警局，纵观我国海洋事业的发展历程，大致可以将其分为四个阶段。

1. 分散管理阶段

第一阶段为1949年至1964年左右，我国实行的是分散行政管理体制。在这一时期，由于我国刚成立不久，对于海洋的战略价值和机构设置均认识不深，只能处于一种摸索前进的状态，效仿苏联，重陆轻海，导致海洋资源得不到有效利用，海洋政策不明确，海洋管理不受重视，海上执法建设落后，加之海洋事务冗杂，海洋管理规模被迫扩大，各部门与各区域出现职权交叉重叠又相互推诿，久而久之，我国依法享有的海域管辖权面临被分割的危险。

随着我国各种海洋管理的问题逐渐暴露，周边一些国家开始趁火打劫，掠夺我国海洋资源，侵犯我国海洋主权，严重损害我国的海洋权益。由此，国家开始重视海洋事务的防护工作。自1950年始先后设立渔政司、水产部，负责渔业管理、税收及渔业的相关经济政策等各项工作，此时关于海上资源的保护工作才轰轰烈烈地开展起来。但在这一时期，我国并没有专门的执法队伍和相应先进的装备，海上的渔业管理和治安管理工作也主要由公安部负责，海上巡逻机制就此有了一个雏形。真正对海洋工作引起重视是在1963年，全国人大第二次会议决定成立

① 李培志.我国海上综合执法存在的问题及对策[J].公安教育，2004(3)：31-35.

国家海洋局，直属国务院，由海军代为管理，标志我国开始有了系统化、专门化的海洋事务管理部门，同时也表明我国对于海洋的管理工作进入了一个新的时期。

2. 海军统管阶段

第二阶段为 20 世纪 60 年代中期到改革开放前后，这是一个特殊的历史时期——我国成立了国家海洋局（直属于国务院），主要通过集中全国的海洋管理力量统一部署海洋管理工作，促进我国海洋科学研究工作的加强，推动我国海洋事业的发展，为我国的国防建设提供强有力的支撑。虽然取得一些成效，但由于对海洋工作的管理主要是海军代管，军事色彩过于浓重，与当时的国际海洋管理趋势格格不入，加之“文化大革命”覆盖全国，各类管理机制与海洋管理要求不符，导致了海军统管机制既阻碍海洋事业发展、扰乱海上管理治安、妨害我国维护海洋权益，又容易导致外交工作被动受限产生国际争端。最重要的是海军统管并没有从实质上改变我国的分散管理模式，因此，很快就被另一种模式取而代之。

3. 成长探索阶段——“五龙治海”阶段

改革开放以后，我国对海洋资源的开发和利用相继进入了一个全新迸发的时期，一些海水养殖、海水淡化与综合利用等新兴海洋产业兴起，海上部门管理机构相继成立。随之凸显出各类海上矛盾、资源环境遭到严重的破坏。为了更好地维护海洋权利，加强对海洋环境和资源的监测与管理，捍卫我国蓝色海洋经济，海洋环境监视监测大队应运而生。这就是中国海监最初的雏形。1988 年，国务院机构改革后，决定将海洋综合管理职能正式划归国家海洋局，组建了中国海监总队，承担大部分海上执法和巡逻职能。之后，相继又成立了边防海警部队（隶属公安部）、海关总署缉私局、国家海事局、渔政局（隶属农业部）、交通部搜救中心部门。由此形成了海事、海监、渔政、海警和海关缉私“五龙治海”的格局。这一阶段虽然组建了相对专业的海上执法队伍，海上执法能力也得到大幅度提升，但各个执法队伍分别负责一部分海上执法任务，职能单一，机构之间的职能存在重叠。

4. 相对集中管理阶段

2013 年 3 月 14 日，《国务院机构改革和职能转变方案》提出了要在国家海洋局的现有基础上重组海洋局的方案。方案中指出新的国家海洋局将包括中国海监总队和地方海监执法队伍、各海区渔政局及渔政执法队伍、公安边防部队、海关缉私队伍进行重新编制，统一合并组建中华人民共和国海警局。① 这一举措使我国海上执法更上新高。这一阶段虽然将几个主要的海上执法部门统一为中国海警局，但是仅仅在名义上统一了各个执法机构，统一了各执法部门执法船艇的涂装。中国海警局成立的这几年，并未成立独立的机构，而是依附国家海洋局和公

---

① 毛寿龙. 国家海洋局重组背后的逻辑[J]. 中国报道，2013(4)：32－33.

安部行事，同时在人员编制体制上、隶属关系上、执法职能上并未予以明确，中国海警局深入改革前途渺茫。同时对担负重要海上职能的中国海事局及其海巡队伍、交通搜救中心、救助打捞局的海救队伍并未予以整合。

（二）中国现有海上执法部门的设置和职能

我国目前的海上执法体制是以中国海警局（整合了原中国海监、边防海警、海关缉私、农业渔政的职能）为主、中国海事局、交通搜救中心、救助打捞局、国家质检总局的通关业务司、环保部的海洋污染防治处为辅的相对集中的海上执法体制。[①]

1. 中国海警局

中国海警局整合了中国海监、边防海警、海关缉私局、渔政局四大主要海上执法力量。但实际施行中仍未建立相应独立的机构。中国海警局成立后仅仅是统一了各执法部门执法船艇的涂装，在人员编制整合、执法职能明确等方面没有丝毫动作。原有的四支队伍在编制体制、人员组成、执法装备上差异极大。中国海监、渔政属于公务员编制和事业编制，海监、渔政在四支执法队伍中执法装备最好，近年来先后接收了多型号海军退役的大型舰船，同时自行设计建造了多型号的大型海上执法舰船，同时还装备有执法飞机，但受制于公务员编制的性质，所辖装备均未装备武器，人员也未进行过武装训练。公安边防海警属于武警编制的公安现役部队，是四支队伍中最为正规化的单位，也是唯一一支武装队伍，边防海警的执法船艇均配有标准化的舰载武器，但是现有执法船艇主要是排水量千吨以下的小型船艇，不能执行中远海巡逻任务。海关缉私局属于警察编制的执法部门，主要是在海关周边执行缉私任务，受装备的限制也并不能执行中远海任务。[②]

2. 中国海事局

该机构隶属于国务院交通运输部，主要负责我国海上安全航行的管理和督查、监督和制止海上船舶的污染、船舶和海上涉及航行设施的检查、海上航运的后勤管理和执法，同时代替国家交通运输部履行法律赋予的相关管理职能。

3. 交通部搜救中心、救助打捞局

该机构主要负责组织、协调和指挥重特大海上或内水失事船舶的救援、海洋船舶污染等突发事件的应急处置，指挥地方相关部门处置地方性海上突发事件。

---

① 张建松. 管理体制改革与海洋记者报道思路调整[J]. 中国记者，2013(4)：39－40.

② 张云博，黄耀东. 论海警部队处置海上突发事件的“统一领导、集中指挥”原则[J]. 科技信息，2009(10)：47.

4. 环保部海洋污染防治处

该机构主要负责指导、协调和监督海洋环境保护工作，监督海岸工程和滨海重污染行业海洋污染防治，拟定国家重点海域污染防治规划。

5. 国家质检总局通关业务司

该机构主要负责管理出入境检验检疫工作，管理口岸及法律允许的监管区域出入境检验检疫业务。

（三）中国海上执法体制存在的问题

从“五龙治海”到“双龙戏珠”，尽管整合后的中国海上执法体制对海洋管理而言意义深远重大，却也面临许多新问题，而根深蒂固的旧矛盾在向新体制转换过程中受惯性影响还会延续，因此我们面临的将会是一场持久战。目前的改革方案只是搭建了房子的边框，要想使房子不坍塌、更牢固，还有许多工作要落实。重要的是，一次的整合不会一步到位，顽固的问题仍需要进一步通过深化改革来解决。

1. 执法权限分散

尚未实现彻底整合的繁杂海上执法机构，使得我国目前的海上执法权限分散于不同部门之间，这种执法模式可能出现部门间执法权限重叠或执法领域权限空白的情况，海上执法部门队伍彼此独立，互不隶属，难以集中人力、物力、财力办大事，造成人员冗杂、资源浪费的现象，执法能力参差不齐，执法效率低下。不同执法队伍分属不同管理部门，部门规章多，执法依据角度不同，被执法对象的困惑不解……加之各执法队伍均以各自利益为重，因而有利大家上、无利各自推的情况实在难以提高执法效率。

2. 执法装备较差

我国每年用于海上执法的经费预算较少，加之受传统执法体制的影响和管理模式的限制，各个部门分摊之后，各个部门同样面临经费不足的困境，对于海上执法装备更新都存在心有余力不足的尴尬局面。不论是海监、渔政、海警还是缉私和海事，现有的执法装备都是接收海军退役舰艇为主，这些不能适应海上执法需要的老旧设备也是导致我国海上执法效能低下的主要原因之一。以船艇为例，从吨位上看，中国诸多海上执法队伍中五千吨级以上的船艇仅有 3 艘，一千吨级以上的仅有不到 20 艘，主力船艇都是一千吨级以下的小型船艇。同时除公安边防海警配有武器，其他执法队伍均无武器舰船。在空中执法装备发展上，仅仅海监装备有为数不多的执法飞机，且性能较差，海上续航能力、执法效能方面都存在问题。

3. 立法方面存在缺陷

由于我国立法、司法起步较晚，法制体系不健全，缺乏统一的海上执法的程序法律等规范性文件。我国目前的当务之急是制定具有我国特色的海上执法的基本程序法，而对可疑船舶的理性检查程序、对违法情况依法进行行政处理的程序、对我国的海洋利益的维护和海洋权益损失依法追偿的程序等则是海上执法基本程序法的重要组成部分。海上执法的基本程序法的出台只有配合行政执法责任制、执法过程追责制和行政执法的监督制才能更好地发挥海上执法的最大作用，才能保证海上执法的公正性和公平性，才能保证行政执法主体强化责任意识。海上执法程序基本法健全与否直接关系到我国海上执法效率的高低。若海上执法程序不健全，海上执法则可能无的放矢，在执法中被涉嫌违法一方牵制，处于被动地位，对涉嫌违法犯罪行为缺乏有效的应对手段，执法效率将会受到影响。

4. 执法人员专业素质较差

当前我国各海上执法队伍人员多数来自公开招考公务员，入职后缺乏相应的专业知识和法律知识的培训。同时，原有执法队伍除了边防海警建立了公安海警学院的专业院校，其他执法机构均未建立相应的院校，无法为执法队伍提供强有力的后备人员保障，且公安海警学院刚刚由大专升格为本科，其在相关专业上的教育能力和水平还有待提升。专门化海上执法人才培养学校的建立是中国海上执法队伍下一步发展的重要动力，只有充足的专业人才才能真正推动中国海上执法队伍的长足发展。

四、中日海上执法体制比较

（一）执法方式方面

日本海上保安厅由国土交通省管理，并且其大部分海上执法工作均由海上保安厅负责，执法权的高度集中使得日本海上执法工作完善高效。中国的海上执法权责不明确，执法主体较多且多以行业单位为核心，执法队伍隶属于不同的单位，执法分散且各执法队伍享有的执法权限或重叠或对于涉及的部分领域出现权力空白，这种执法方式虽然有一定的便利，但面对国家建设海洋强国的实践以及日益复杂国际形势，该种执法方式已与现实脱节，不能够满足当前的执法需要。

（二）立法规范方面

2007 年 4 月，日本国会众参两院通过日本《海洋基本法》，2007 年 7 月，该法正式生效。日本历史上曾是海洋强国，如今在海洋竞争中占有较大优势，海上力量较强，从日本《海洋基本法》的制定和生效来看，日本对海洋权益十分重视，从全局着眼，协调安排，通过立法，以法律的形式协调各个部门之间的工作和利益冲突，将各个部门的职责划分和权限进行规定，将部门的执法效率发挥到最大，避免执法资源的浪费。日本《海洋基本法》的颁布和实施成为日本海上执法的坚强后盾。经过多年的发展，我国海洋意识的增强，依法治国理念的传播以及我国法律制度的健全，立法、司法的完善，也让我国海洋立法不断完善，一部综合性海洋基本法呼之欲出，将会对我国的海洋执法进行统筹。与日本若干年前就有生效的日本《海洋基本法》相比，我国明显处于劣势，制定一部具有中国特色、符合中国国情的《海洋基本法》显得尤为重要。

（三）执法武器装备方面

目前日本海上保安厅在执法武器上较中国有较大优势，如在执法船舶方面和执法飞机方面我国与之相差甚远，具体数据见表 1－1。在舰载船载武器方面，日本海上保安厅的执法舰船装备有高压水枪、机枪、制式火炮等杀伤力较大的武器，而中国舰载武器多为威慑性高压水炮，不具备大规模杀伤性。

表 1－1　中日海上执法武器装备对比

	千吨以上执法船舶	3 000 吨以上执法船舶	海上执法飞机
中国	62 艘	19 艘	38 架
日本	80 余艘	30 余艘	75 架

（四）执法人员培训方面

海上执法队伍建设是一项长期的工程，而在这个过程中，海洋警察学校的建设硬件和海洋警察学校课程设置软件发挥了至关重要的作用。日本海上保安厅的工作人员在正式执法前需要经过各项海上执法业务的培训，执法能力较强。中国目前海监、渔政、缉私等执法队伍人员主要来源于公开招考公务员，人员缺乏相应的专业素质。目前，中国海警方面的专业院校较缺乏，执法人才的培养、执法队伍的建设缺乏长期的规划和后续发展的持久动力，只有边防海警建有专门培训学院及基地，人员教育训练比较好。

五、完善我国海上执法体制的对策与建议

（一）明确执法主体

经过 2013 年的整合，我国结束了“五龙治海”的局面，但是海洋经济发展、海洋权益维护、海洋环境保护等问题也对我国的海上执法能力和效率提出新的挑战。我国应明确国家海警局为中国海上执法的唯一主体的地位，创建一支业务水平过硬、装备精良的海上执法队伍，执行中国法律规定的所有海上执法权限；明确中国海警局采用现役部队编制，列入武警部队序列，在全国三大海区分设三个海警总部，实行中央垂直管理体制。

（二）提升执法装备水平

执法装备水平是执法的前提条件。日本海上保安厅完善的执法装备，保障其具备强大的海上执法能力。我国目前应当在装备发展方面实行分步走战略，首先应当整合各执法队伍的现有装备，进行适应海上执法的装备改造，充分发挥现有装备的效能；逐步建造大型先进执法舰船和执法飞机，提升海上执法装备水平，装备海上执法数字化设备，逐步实现海上执法的数字化水平，提升执法效率。同时所有装备的发展全部采用海军标准建造，配备轻量级海上武器，保证海警部队在一些重点海上冲突海域的执法斗争能力。①

（三）完善海洋立法体系

中国海警局成立于 2013 年，初步形成了一个综合统一的管理机构和海上执法部门。但由于没有一套系统完整的海洋法体系，我国海上执法机构在具体执法时有很大的困难。基于这种情况，首先要从体制入手，加快制定我国的《海洋基本法》，解决我国海洋管理和执法中存在权限重叠、缺失及衔接等问题，明确海上执法主体及法律责任，规避责权不明等问题，为我国的海洋权益维护和国际海洋维权合作提供法律依据。其次，在具体执法部门上，我国海警局进行海上执法时也应当制定《海警警卫队法》，将海警局的海上执法地位、权限、责任范围进行明文规定，切实做到海上执法有法可依。

（四）改善教育训练体制

应创设中国海警学院和海警部队士官学校等专业化高等院校。缺少专业化的海上执法从业人员，是我国海上执法体制改革的一个巨大瓶颈。中国海警学院应主要整合原有执法队伍的执法院校，承担海警部队指挥军官和技术军官的培养任务。海警部队专业性较强，士官是一支部队的中坚力量，因此应组建海警部队士官学校负责全国范围内海警部队专业士官的培养任务。此外，在每个海区总部分别组建一所海警专业兵训练基地，负责新入伍士兵的技能训练任务，从而形成一个完善的海警部队人员教育训练体制，从军官、士官到士兵都能够得到专业知识和法律知识的完整教育，培养大批专业化的海上执法人员。

六、结论

21 世纪是海洋的世纪，各涉海国家不约而同地将发展方向转向海洋，欲将本国打造成海洋强国，我国海洋强国战略应运而生。从体制上入手整合海上执法力量，加强海上执法队伍建设，统一海上执法主体是建设海洋强国的首要条件和必

① 李航. 从分散式到一体化[D]. 上海：复旦大学，2011.

由之路。我国欲实现从海洋大国到海洋强国的跨越,必须要做好深化海上执法体制改革工作,走出一条符合国情的海上执法之路。只有这样才能发展好我国的海洋产业、维护好海上治安、保护好我国的海上权益。

现阶段以美国为首的西方国家,对中国的和平崛起耿耿于怀,联合中国周边与中国存在海域争端的国家对中国进行海上封堵。由于现实执法环境的特殊性,日本、美国等国家的海上执法体制虽然有很多的优点,但我们不能简单地搞拿来主义,必须坚持实事求是的原则,以我为主、为我所用,根据现实情况创新改革执法体制、创新执法形式,以当前海上执法形势和安全形势为参考,快速反应、灵活机动、短时高效促成我国海洋强国战略早日实现。

第二专题

海洋渔业资源保护与发展

发达国家海洋发展法律与政策体系研究[①]

官玮玮

在国际法不断完善和发展的过程中，海洋法是一个既传统又新兴的法律部门。海洋法最初兴起时只是少数国家能够利用法律来开发海洋资源，现阶段来看，广大发展中国家海洋安全意识的逐步增强使得它们与发达国家对海洋利益的争夺愈加激烈。在这种现状下，各国的海洋法需要不断地改进以解决各国在海洋利益冲突中出现的问题。借鉴发达国家的法律和相关政策体系，同时结合自身实际是我国海洋法发展完善的重要方式。

一、与发达国家海洋法律与政策体系相比我国海洋管理体制存在的问题

（一）海洋生态安全治理体系不完备

近些年来我国的海洋主权频频受到邻国的威胁，维护我国的海洋利益安全是一个迫在眉睫的问题。一些老牌的资本主义发达国家由于很早便有了海洋利益争夺的意识，在相关的法律法规上拥有较为完备的体系。例如美国早在20世纪50年代末就制定了世界最早的海洋学规划，自此以后随着美国称霸世界的野心逐渐增大，还设立了海洋法的专门研究部门以及海洋的咨询委员会。这些部门的成立推动了美国海洋法的进步，使得美国在海洋权益的争夺中处于有利的地位。加拿大和日本都属于典型的沿海型国家，海洋的安全在很大程度上关乎着它们的国家安全。在立法方面，加拿大和日本都根据发展的现实形势不断地出台法律政策。在管理方面，日本不断实行政府的机构改革，强化海洋行政以及协调各部门的工作，从国家政府层面对于海洋安全提起高度重视。[②]

反观我国在海洋方面的法律法规体系，我们不难看出我国法律法规的欠缺之处。第一，缺少整体性和全局性的法律法规，我国法律偏向于侧重一个领域或者是一个行业，这样的现实状况与现代海洋管理方式和理念有出入。第二，与海洋安全有关的法规条例仍然存在许多漏洞和不足，这样会严重影响我国的海洋安全。

（二）海洋安全管理部门不健全和职责不清

我国目前实行的海洋管理模式较为分散，相对于美国这类发达国家实行的管

---

① 基金项目：2017年度辽宁经济社会发展立项课题，项目名称：辽宁海洋发展法律与政策研究，课题编号：2017lslktjd－013。

② 江帆，刘晓峰，林煦旻. 发达国家海洋发展战略对我国海洋管理的启示[J]. 海洋开发与管理，2013(5)：5－8.

理模式来说属于综合型，每个主管海洋的部门机构大部分是按照区域和条块进行划分，每个部门之间职能分散，联系程度较低，这在一定程度上妨碍了海洋安全管理的系统化发展。尽管我国在20世纪60年代建立了国家海洋局用来协调管理我国的海洋系统，但是部门之间职能分散、缺乏联系，因此明确地划分各个部门的职责并且协调高效开展工作成为一个棘手的问题。

我国海洋管理部门还存在职责不清的问题。部门间职责划分不清，会大大降低海洋执法管理体制的正常运行。我们可以借鉴和学习他国的经验。例如：俄罗斯在近些年的海洋发展规划上愈加合理化和规范化，政府层面设立了海洋学委员会，设立了海洋资源、军事、战略、外交和交通等部门来协调管理海洋。各个部门间协调统筹管理，明确职责来开展海洋的综合管理，充分维护了本国的海洋利益。

（三）海洋管理方面的生态补偿和修复监测机制存在漏洞

我国在海洋管理上属于大国但不是强国。与美国、日本等发达国家相比，我国在海洋生态的保护和修复方面还存在着许多不足，仍处在初始阶段。目前我国在生态补偿方面较多地侧重于大陆的生态补偿，在海洋生态补偿方面尽管涉及海洋生态补偿方面的法律法规很多，但是缺少一部专门关于海洋的补偿法律。[①] 海洋生态补偿机制是一种制度安排，它通过内化各个与海洋生态环境相关的利益主体的成本来对海洋进行保护。我国在现阶段没有设立相关的生态税，这使得对海洋生态的补偿缺少了一定量的资金作为物质保障。缺少资金会严重影响相关部门对海洋环境推行有效的补偿，不能及时恢复已经受到破坏的海洋生态环境会进一步对我国的海洋发展产生不利影响。

另外，近些年来我国将海洋生态修复技术的重点放在了学科建设和技术方法上，侧重于这些学科的应用和技术的转化。对于海洋灾害的预报、管控以及修复技术的研发和利用缺乏相关的高科技技术和方法，这也是我国生态修复技术发展一直很缓慢并且缺少技术突破的原因。在海洋生态技术修复监测的资金投入上，缺少相关的政策和资金支持，修复监测设备落后、不完善，我国在海洋管理人才的供给和培养上都与发达国家存在着很大的差距。

（四）海洋安全管理执法体制急需革新和发展

我国海洋部门管理体制呈现的是较为分散的局面，相比来讲美国的海洋管理模式显示出综合高效的特点。美国在海洋事务的管理层面分设了多个部门，每个部门各司其职，分工明确并且相互配合。在多个部门的管理上实行综合统一管理，这样的综合管理模式大大提高了安全管理的效率问题。在海洋执法团队的建设上，我国也存在很多不足之处。各执法团队之间缺少协调和职责分散的形式会

---

① 谢丽威.发达国家推进海洋经济发展的经验借鉴[J].环渤海经济瞭望，2014(2):52-55.

对海上的安全管理产生不利后果。我国最近几年经常面临各个邻国的挑衅，一些受大国操纵的小国也时常侵犯我们的海洋主权。加强海上执法和巡逻，同时建立一个高效率、科学化的海上执法机制迫在眉睫。海上执法团队的进一步建设不仅对我国的海上安全是一种保障，同时也可以在我国海洋资源的保护和开发利用方面产生积极作用。

二、发达国家海洋法律和政策体系给我国带来的启示

（一）建立健全海洋方面的法律法规

在 20 世纪 80 年代后，我国颁布了一系列的法律法规来保护和管理海洋，但是相关的法律体系还是不健全，尤其是和一些发达国家的相关法律法规相比，我们起步晚并且法律的操作性和可行性都比较差。要想从根本上维护我国的海洋利益和保护我国的海洋安全，就要尽快完善我国海洋方面的法律法规。

首先，要推动海洋立宪。在我国最早的宪法中并没有涉及有关海洋的法律条款，因为那时我国对海洋主权的保护意识和利益敏感度还不够。将海洋法写入宪法中既可以体现我国现阶段的国情，提高海洋法律的地位；同时还可以提高海洋安全管理的制度性以及规范性。顺应时代的变迁，我们可以借鉴他国在海洋立宪中的做法。譬如，我们可以借鉴俄罗斯的做法，在海洋管理中采取分层管理构建海洋权力的体系，在法律中严格规范我国在海洋方面的各个细节权力和利益。

其次，建立基础和系统的海洋法律。我国目前虽然存在一些海洋方面的法律法规，但大部分法律都是针对一些特定领域和行业方面的专门法规，没有较为基础和系统的法律。海洋管理是一个复杂庞大的管理工程，我们要尽快完善海洋的管理机构进行统一高效的管理，在基础法律的指引下更好地维护我国基本的海洋权益，更好地维护海洋主权和国家主权。①

（二）建立生态恢复补偿机制和应用检测技术来保护海洋生态

海洋生态环境的恶化已经成为一个亟待我们解决的问题，如何避免破坏海洋生态环境行为的发生以及如何在海洋环境遭到破坏后及时补偿是现阶段我们需要进行研究的重要方面。② 对于海洋污染我们要防患于未然，我们应该应用较为高效的检测技术，如卫星遥感技术、全球的定位技术以及地理信息技术等现代高科技来进行大范围的海洋污染监测和小范围的具体的海洋资源退化情况分析。运用各种技术对海洋进行全方位的监测，由此得出的各个环节的数据我们可以收

---

① 全永波. 海洋循环经济立法：模式比较与制度选择[J]. 浙江海洋学院学报（人文科学版），2010(4)：13 - 17.

② 刘惠荣，刘秀. 国际法体系下南极生物勘探的法律规制研究[J]. 中国海洋大学学报（社会科学版），2012(4)：9 - 13.

集起来进行进一步的研究，建立起专门管理海洋生态环境的数据库。这样可以促进海洋生态环境改善过程中工作的有效性。[①]

（三）在海洋管理中明确各部门职能，完善执法管理机制

一个综合性高效性的管理体制离不开各个部门间的协调配合，我们在各个部门的职责划分上要科学合理，行政管理部门要处理好海洋行政中出现的问题，海事局和渔政渔监等部门也要各司其职。我国的海洋生态管理部门应该对各个部门的工作进行监督和管理，定期定时地对各个部门的工作进行评估，使得他们在工作中遵守严谨高效的习惯，形成自下而上的高效的工作习惯。在海洋的执法过程中，加强海洋事务的相关管理和计划，建立一个合理的方案使得公安部边防海警等执法监察部门可以更好地贯彻执行。[②]

（四）加大保护海洋生态相关知识的宣传力度，提高公民的海洋生态意识

海洋生态意识的教育目的是让保护海洋的观念深入每个公民的内心，并做出维护海洋利益的行为。现阶段由于我国海洋知识教育的缺乏，公民对于保护海洋缺少自觉性。对于海洋生态教育更是没有相关的政策进行扶持。我国应设立一个专门的日期来宣传海洋知识，让每个人都知道海洋对于我们的主权、环境和权益的重要性。培养公民的海洋生态意识可以在一定程度上减少破坏海洋环境行为的发生。除了宣传外还要对一些实施不法行为的个体进行适当的处罚，促进海洋生态环境保护工作的开展。

（五）规划海洋整体发展战略

我国是一个多部分地区临海的国家，对于广东、江苏等这种较为发达的沿海地区，我们应该采用可持续发展的战略，不再仅仅依赖海洋资源的开发来取得经济效益，而要规划一个更为顺应时代发展的高科技战略，充分利用地区优势在海洋旅游和港口建设方面以保护环境为基础开展经济活动。对于一些近些年来兴起的沿海地区则是要因地制宜，由政府进行自上而下地管理，开展具有中国特色的发展战略，以便于我国更为有效地保护海洋权益，维护海洋主权。

三、结语

在海洋利益争夺如此激烈的今天，我们不但要借鉴发达国家治理海洋的经验来不断完善我国相关的法律和政策，同时还要结合我国的特点推动海洋综合型管理模式的建立，不断提高海洋治理工作的有效性和科学性，维护我国海洋的合法

① 孙彬生. 我国海洋工程污染防治法律制度的完善[D]. 哈尔滨：哈尔滨工程大学，2013.

② 王敏敏. 国外海洋自然保护区的法律保护研究及对我国的启示[D]. 青岛：中国海洋大学，2010.

权益,保护我国的海洋安全,促进我国海洋事业的良好发展。

利益相关者视角下辽宁休闲渔业发展路径研究[①]

李伟侠

2016年农业部发布的《关于加快推进渔业转方式调结构的指导意见》中明确提出"十三五"期间持续推进"两减两提三转",农业部副部长在首届全国休闲渔业会议上指出:"发展休闲渔业,建设美丽渔村,可以吸纳更多的劳动力,有效地为捕捞转产、养殖转型提供出路,缓解过度捕捞、养殖给资源、环境和质量安全带来的压力。"由此看来,发展休闲渔业是顺应我国推进渔业转方式和调结构的重要的战略选择。休闲渔业(Recreational Fishery)作为一项世界范围内的流行活动于20世纪60年代在加勒比海地区产生,之后在美国、加拿大、日本和欧洲国家等发达国家以及中国台湾等发达地区开始发展。休闲渔业作为一种新型产业形态和新型消费业态,在服务社会、改善渔业结构、繁荣地区经济、保护生态环境、传承渔业文化等方面具有不可替代的地位和作用,与我国正在实施的发展战略密切关联、高度契合,是我国沿海地区前景广阔的一项朝阳产业,是今后一段时期内沿海城市发展新型产业的一个极具潜力的增长点,是渔业经济发展的一个重要方面。本文首先对休闲渔业的内涵、特征进行界定,在此基础上构建辽宁休闲渔业发展的利益相关者构成及不同利益相关者的利益关注点,再从利益相关者的视角来审视辽宁休闲渔业发现的现状,为辽宁休闲渔业的发展提供政策建议和发展路路径。

一、休闲渔业的基本概念和相关理论概述

(一) 休闲渔业的含义和特征

休闲渔业是一种新的渔业发展模式,学者从不同的角度来界定休闲渔业的内涵。例如,欧洲委员会(The European Commission)将休闲渔业定义为:"不以商业为目的而进行的捕鱼活动。"而目前大家公认的对休闲渔业的定义是指利用渔村设备、渔村空间、渔业生产的场地、渔法渔具、渔业产品、渔业经营活动、自然生物、渔业自然环境及渔村人文资源,经过规划设计,以发挥渔业与渔村休闲旅游功能,增进国人对渔村与渔业之体验,提升旅游品质,并提高渔民收益,促进渔村发展。换句话说,休闲渔业就是利用人们的休闲时间、空间来充实渔业的内容和发展空间的产业。休闲渔业具有独特的产业特点。第一,休闲渔业发展的动力应该来自渔业休闲爱好者,休闲渔业发展空间的大小与休闲渔业爱好者的探索意识、

---

① 2017年度辽宁经济社会发展立项课题(2018lslktyb-015)。

冒险精神、创意密切相关。如果没有休闲渔业爱好者参与其中，要想促进该产业的发展将会是空想。第二，休闲渔业是一、二、三产业融合发展的结果，是传统渔业与文化、科技、生态和旅游、教育等领域的有机融合的结果。第三，休闲渔业的发展受到自然因素和社会因素的综合制约。

（二）利益相关者理论

利益相关者理论的提出一般以弗里曼(Freeman)的《战略管理——利益相关者方法》一书的出版作为标志。[①] 弗里曼在《战略管理——利益相关者方法》开篇就这样写道："管理者与利益相关者之间具有一种信托关系，而不是传统公司所持有的观点，即完全对股东承担信托责任。"弗里曼把利益相关者界定为能够影响组织目标实现或在组织实现目标过程中受到影响的所有个人和群体。利益相关者理论规范的核心建立在两种思想基础之上：第一，利益相关者是那些在法律程序上或者是事实层面上拥有合法利益的人或团体。利益相关者是通过他们企业中的利益来确定的，无论企业是否真正回应了他们的利益，他们都是实实在在存在的。第二，所有的利益相关者的利益具有内在价值，即每一个利益相关利益都要关注，而不是仅仅因为他能给其他团体带来利益。利益相关者理论可以作为我们识别辽宁休闲渔业发展的利益相关者及其利益关系的关键理论。

二、辽宁休闲渔业利益相关者构成及其利益关注点

（一）辽宁休闲渔业利益相关者构成分析

利益相关者理论为我们识别影响辽宁休闲渔业发展的关键因素提供了重要的理论基础。休闲渔业作为一种新的渔业产业，与传统的渔业产业的不同之处在于它需要多元利益相关者参与其中才能够真正得以发展。本文根据利益相关者理论对利益相关者的划分标准，将辽宁的休闲渔业的利益相关者划分为主要利益相关者和次要利益相关者。主要利益相关者包括政府、渔业从业人员和休闲渔业爱好者，例如辽宁几十万的休闲垂钓爱好者。政府能够为休闲渔业的发展提供基础的设施，渔业从业人员类似于企业的关键人力资源，休闲渔业爱好者是该产业的最大的消费群体。他们是休闲渔业发展的最主要的推动力。而次要利益相关者并不表示他们不重要，而是在该产业的未来发展中他们能够锦上添花，在主要利益相关者的努力基础之上为该产业的壮大和可持续发展带来更多的支持。

（二）辽宁休闲渔业利益相关者的利益关注点

任何新产业的发展都会涉及不同的利益相关者，当然，不同的利益相关者对休闲渔业发展的影响和受休闲渔业发展影响是不同的，具体差异如表 2－1 所示。

---

① 弗里曼.战略管理——利益相关者方法[M].王彦华，梁豪，译.上海：上海译文出版社，2006.

地方政府作为主要的利益相关者在休闲渔业的发展中扮演着制定政策、完善法律制度、建立市场准入标准等角色；同样，海洋渔业的发展对政府实现经济转型、环境保护以及海洋文化塑造等整体社会经济和社会发展的目标也至关重要。辽宁的渔业从业人员数量庞大，是未来发展休闲渔业的潜在人力资源，但是目前受海洋环境破坏以及海洋渔业资源较少等因素的影响，其经济收入受到极大的限制，不过如果能够实现渔业方式的转型，便能够为辽宁的渔业从业人员增加更多的就业机会和经济收入。辽宁作为沿海省份，海洋渔业的旅游资源并没有得到有效的开发和利用，不仅不能够满足辽宁休闲爱好者的需求，更难以吸引其他省份的游客。休闲渔业的发展是一种多元综合的产业形态，仅靠政府和休闲渔业爱好者以及渔业从业人员并不能得到有效的发展。新经济增长理论认为产业经济长期增长的决定性因素在于供给侧的各个资源配置。① 因此，辽宁海洋休闲渔业的发展还必须实现渔业与旅游业、生态保护、商业保险业、文化发展领域的交叉与融合。海洋休闲渔业的发展离不开商业保险所提供的安全保障，这里的安全保障除了休闲渔业的爱好者或者消费者的安全问题，还包括渔业从业人员以及休闲渔业资源(生态环境、游艇等)的保险问题。此外，海洋休闲渔业的发展离不开旅游业的发展，而海洋休闲渔业的旅游开发相对于一般的旅游资源的开发难度更大、收益却很难保障，所以如果能够吸引旅游类企业加入海洋渔业资源开发的队伍便是破解海洋休闲渔业发展的关键所在。由此看来，海洋休闲渔业的发展也需要风险投资行业的支持。

表 2-1　不同利益相关者在休闲渔业发展中的利益

	对休闲渔业发展的影响	受休闲渔业的发展的影响
地方政府	政策、制度、法规、市场准入	经济转型、环境保护、塑造和发展海洋文化
渔业从业人员	人力资本	增加就业机会和经济收入
休闲渔业爱好者	可持续化发展	快乐和幸福以及冒险精神
旅游企业	旅游市场拓展	旅游市场拓展
保险公司	快速发展的保障	保险业务拓展
非政府组织	渔业资源和环境的监督和监管者	促进非政府组织的健康发展
科研机构	提供更多的知识	提供更多的科研资金

综上所述，如果没有旅游业和商业保险业、风险投资行业的参与，仅靠政府无法真正地促进辽宁休闲渔业的发展。

---

① 金海年.新供给经济增长理论：中国改革开放经济表现的解读与展望[J].财政研究，2014(11)：2-7.

三、辽宁休闲渔业发展现状的SWOT分析

国家早在渔业的“十二五”规划中已经提出发展休闲渔业，目前形成了“东高西低，南高北低，沿海地区发展优于内陆地区”①的发展态势。但是辽宁作为沿海省份没有抓住这个机会，其休闲渔业的发展潜力尚未得到充分挖掘。辽宁渔业“十三五”规划明确提出要发展辽宁的休闲渔业，使辽宁迎来了休闲渔业发展的机会，但是目前辽宁发展休闲渔业面临很多难题。我们从辽宁休闲渔业发展的外部机会、外部威胁、内部优势和内部劣势出发，对辽宁的休闲渔业的发展现状进行全面的分析，为辽宁休闲渔业发展的路径的构建奠定基础。

辽宁休闲渔业发展的外部机会分析。第一，休闲垂钓风靡全球，在日本、美国等国家已经发展成熟，每年休闲渔业带动的装备制造、影视等行业相关的产值数十亿元，而休闲垂钓在我国还处于起步阶段，发展潜力巨大。第二，海洋经济是下一个经济增长点，国家大力振兴辽宁经济，恰是辽宁渔业转型的好时机。第三，发展休闲渔业所需要的装备、设施获取容易。第四，辽宁省政府高度重视。

辽宁休闲渔业发展的外部威胁分析。第一，休闲渔业发展的经验缺乏。虽然目前我们国家南方的一些省份在休闲渔业发展方面已经积累了丰富的经验，但是不同的城市有着不同的发展背景，不能把其他城市的发展经验直接照搬，而且休闲渔业具有不可复制的特点，必须结合本地的渔业资源有选择地开发利用。此外，作为休闲产业，它的最吸引人之处就在于它一定要特色明显、优势突出，所以不能按照一般的产业发展的路径走下去，而是要做到量体裁衣。第二，目前于休闲渔业开发的专业人员严重缺乏。

辽宁休闲渔业发展的内部优势分析。第一，辽宁具有得天独厚的海洋资源，大力发展休闲渔业对经济发展十分有利。第二，辽宁拥有众多的钓鱼爱好者，是休闲渔业的固定消费群体。以大连为例，海岸线、海域、海洋渔业的从业人员数量大，休闲垂钓爱好者已达到60多万，居全国前列，钓鱼已经逐渐成为这个海滨城市一种新的休闲运动。

辽宁休闲渔业发展的内部劣势分析。辽宁休闲渔业发展的劣势也特别明显，主要体现在相关的政策法规和制度的不完善。第一，相关的政策法规不完善，法规的缺失严重影响了休闲渔业的发展。第二，海域权责不清晰，公用开放海域与私人养殖海域存在冲突。第三，缺乏统一规划和系统性的管理。“辽宁省虽然海域广阔、资源丰富，但始终处于民间自发探索阶段，缺乏统一规划和系统性管理，更没有指定扶持资金投入。这些问题直接导致辽宁休闲渔业产业缺乏具有规模

---

① 徐奕，狄瑜，李姗敏. 从文化渔业的角度谈休闲渔业发展的新路径[J]. 安徽农业科学，2015，43(15)：388－389.

的特型、特色、特体、特质。”[①]

四、辽宁休闲渔业的发展路径

目前国内的一些城市发展了休闲渔业，但是采用的是传统的产业发展模式。结合休闲渔业的特点提出辽宁休闲渔业的发展出路是本文的研究目标。目前有关休闲渔业发展的路径基本上强调的是政府的规划，其造成的结果是发展没有特色，破坏了体验者对整个“休闲渔业市场”的体验兴趣，产生“体感疲劳”“心理疲劳”，形成了全国有水之处都可体验“住在水边、食有水鲜、观景垂钓、观光游玩”的这类相似度极高的旅游休闲方式。要想真正地促进辽宁休闲渔业的发展，必须在不同利益相关者之间构建关系、学习休闲渔业发展的先进经验以及提升政府决策者的想象力。

休闲渔业的发展过程不是由单一的利益相关者主体就能够独立完成的，而是需要不同的利益相关者参与其中、共同决策。利益相关者参与是促进辽宁休闲渔业发展的关键。与利益相关者管理的本质不同，利益相关者参与是指基于一种透明及参与的原则，在利益相关者沟通和对话的基础上，通过这种合作关系进行休闲渔业的发展。积极的利益相关者关系能够“让利益相关者共享共同的意义和目的，理解系统和他们各自在系统中的位置”。

五、结论

传统渔业的发展已经逐步面临困境，休闲渔业作为传统渔业的一种突破，其发展能够实现渔业资源的综合利用以及产业结构的调整，同时能够不断满足国民休闲的需求。休闲渔业发展涉及不同的利益相关者，他们既对休闲渔业发展产生重大的影响，也在很大程度上受休闲渔业发展的影响。只有在利益相关者之间建立一种关系，才能够打破制约休闲渔业发展的因素，从而创造和激发出休闲渔业发展的各种有利资源，促进辽宁休闲渔业的健康发展。这个多元利益相关者的参与过程也是实现经济转型、塑造海洋文化的关键所在。

---

① 贾晓东.辽宁：百亿休闲渔业市场亟待开启[N].中国经济时报，2016-07-14。

新常态下“蓝色粮仓”建设研究

刘　洋[①]　裴兆斌

一、引言

我国经济已步入“新常态”这一全新时期。“新常态”是经济发展的独特模式，是经济发展的客观规律。“新常态”已“随风潜入夜，润物细无声”，是我们无法规避的现实。全面认识新常态、增强经济发展信心、适应新常态、挖掘和培育新的经济增长动力成为推动我国经济健康、可持续发展的首要任务。“新常态”对社会各方面提出了全新要求，尤其是对土地资源这一重要生产要素，要求在配置方面更加有效、合理，在开发利用方面更加集约、可持续。然而，我国陆地资源开发及利用总体特征是总量大、人均少、利用率低、浪费严重、粗放型发展。在占世界耕地面积7%的土地上养活着占世界22%的人口，在不断走向富裕过程中资源消耗过大，同时，后备资源开发补充有限。这不仅与新常态发展不相适应，而且为事关国计民生的粮食问题带来巨大挑战。

粮食问题在国家发展中的战略意义不言而喻。进入新常态，土地、资源供需形势发生变化，人们的食品消费需求更加多样化，陆地生态资源环境约束加强，粮食供给形势将日益严峻，世界各国把解决粮食危机的目光转向了辽阔的海洋。十八大报告首次提出“海洋强国”战略，将海洋产品纳入国家粮食安全的战略视野，从陆海统筹视角充分挖掘海洋在食物供给方面的潜力；十八届五中全会再次强调“拓展蓝色经济空间，坚持陆海统筹，科学开发海洋资源”；“十三五”规划更是提出拓展蓝色空间，科学开发海洋资源，建设海洋强国。一系列政策和规划说明国家对蓝色资源的粮食供给潜力高度重视，也充分说明发展海洋产品是缓解粮食安全压力的重要途径。与此相呼应，有效开发“蓝色资源”，创新发展“蓝色粮仓”建设将成为今后海洋发展的重点。“蓝色粮仓”建设不仅是我国粮食安全的保障，而且是海洋经济发展的重要动力，更是我国实施“一带一路”构想、海洋经济“走出去”战略的重要产业。

二、“蓝色粮仓”及其发展

随着经济发展和人们需求的多样化，可持续开发“蓝色资源”成为全球新趋势，世界各国纷纷采取措施、制订计划，确保海洋粮食供给和营养安全。美国坚持

---

① 刘洋(1985—)，女，汉族，黑龙江人，经济学博士，大连海洋大学法学院副教授，主要研究方向：海洋管理、渔政管理。

“保护在前、开发在后”的理念，通过法律和科技等手段历经 6 年多的时间改善渔业生态系统；英国通过财政支出、建立海洋数据网络等方式对海洋实施管理和保护；日本通过建设海洋牧场、推进远洋开发等措施有效开发和利用“蓝色资源”；韩国、挪威、印度、墨西哥等国家都制定了相关措施保护和管理“蓝色资源”，创新发展海洋渔业。我国对“蓝色资源”开发管理起步较晚，但是“蓝色资源”潜力巨大，比较优势明显，“挖掘蓝色资源发展潜力，深耕蓝色土地，建设蓝色粮仓”成为发展海洋的首要任务。我国耕地面积比海洋面积小，耕地资源约束加强，海洋产品增长速度高于陆地产品的增长速度，而且充足的“蓝色资源”为“蓝色粮仓”建设提供了基础和保障。率先发展“蓝色粮仓”不仅有利于拓展粮食生产空间、解决粮食安全问题，而且有利于发展低碳经济、构建特色海洋经济发展格局。

（一）“蓝色粮仓”的内涵

“蓝色粮仓”是继“蓝色经济”“蓝色革命”“蓝色产业”等诸多海洋开发概念之后的新的关键词，它与陆地的“绿色粮仓”相对应，我国学者对这一概念的理解由不确定到确定，基于不同视角提出了相应见解。基于资源开发视角，将“蓝色粮仓”视为以可利用海洋生物资源为劳动对象，以蓝色海域和近海滩涂为主要作业场所，通过增养殖、捕捞和加工海洋生物资源，为人类持续提供初级及加工类海产品。[①] 基于产业链视角，有学者认为“蓝色粮仓”建设的直接关联产业包括海水养殖业、海洋捕捞业和海产品加工业；除此之外，还包括在整个产业链条中与海水养殖、海洋捕捞和海产品加工具有紧密经济关联的上下游细分行业，如资源保护与增殖业、海产品市场贸易等。[②] 基于空间系统视角，韩立民教授认为，“蓝色粮仓”是在国家粮食安全和海洋强国建设背景下，以保障国民食物供给、优化膳食结构、推进海洋渔业健康发展为目标，以海洋空间为依托，以海洋生物资源开发利用为手段，以现代海洋高新技术应用为特征，以海洋水产品生产及其关联产业为载体的海洋食物供给系统。[③] 也有学者认为“蓝色粮仓”即海洋渔业，我国近海、外海渔业资源都很丰富，“蓝色粮仓”泛指海洋中一切可供人们食用的鱼、虾、蟹、贝、藻等海洋生物资源。

综合学者的相关研究及对相关文献的综合梳理，本文将“蓝色粮仓”概念界定为：在国家粮食安全和海洋强国建设背景下，以保障国民食物供给、优化膳食结构、推进海洋渔业健康发展为目标，以“蓝色资源”为依托（包括海域、沿海滩涂和

---

① 卢昆，周娟枝，刘晓宁．“蓝色粮仓”的概念特征及其演化趋势[J]．中国海洋大学学报（社会科学版），2012(2)：35－39．

② 赵嘉，李嘉晓．“蓝色粮仓”的内涵阐析及其建设设想——以青岛市为例[J]．海洋科学，2012(8)：70－74．

③ 兰圣伟．深耕“蓝色土地” 建设“蓝色粮仓”[N]．中国海洋报，2014－7－30(A3)．

海洋生物资源),利用海洋高新科学技术对“蓝色资源”进行充分开发、保护和利用,以保证国民食物安全的海洋产品及其关联产业的海洋食品供给系统(详见图 2-1)。

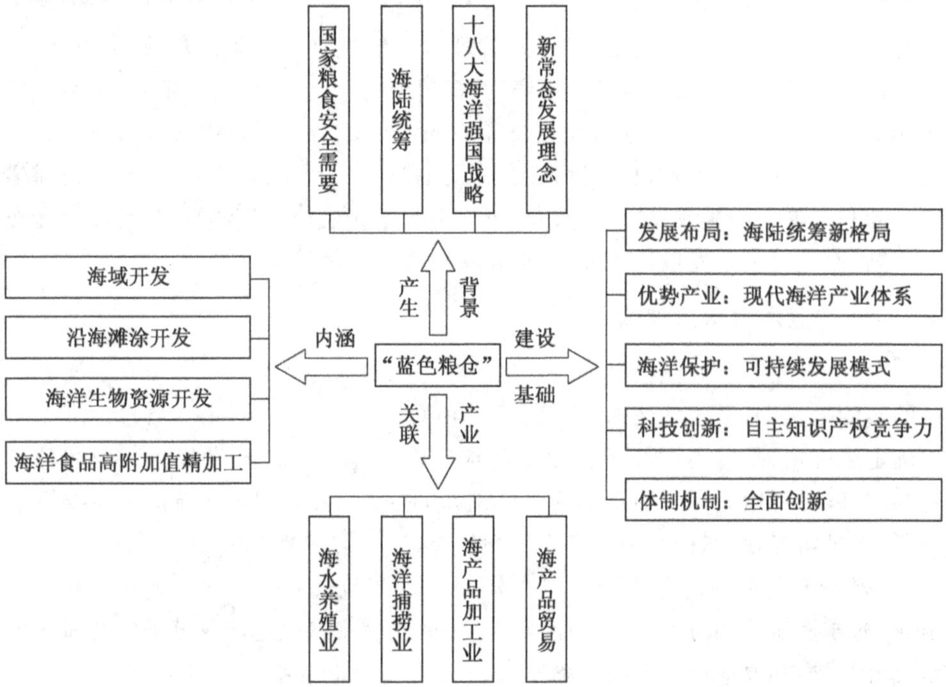

图 2-1 “蓝色粮仓”内涵解析图

(二)“蓝色粮仓”的特点

“蓝色粮仓”主要有如下特点:(1) 系统性。“蓝色粮仓”是对海洋资源整体的开发、利用和保护。“蓝色粮仓”是一个开放性、协调性、多样性、高科技的综合整体,是由海洋捕捞、海洋养殖、海产品加工和生态保护等各子系统构成的,各个子系统间既互相制约,又互相促进。这要求“蓝色粮仓”建设不能超越海洋资源在开发条件下的自然资源与生态环境的承载力。(2) 区域性。受地理环境、行政区划和开发模式的影响,“蓝色粮仓”具有明显的区域性特点。海洋气候、洋流、水质、地理环境和开发模式都会形成多样化的生物群落,导致“蓝色粮仓”区域性差异。区域性决定了渔业资源有分布的广泛性和跨区域性,为我国海洋产品多元化提供了基础,保障了我国居民膳食结构的优化和健康水平的提升。(3) 规模性。规模性是“蓝色粮仓”的最重要属性。广阔海域和适宜的海洋环境为“蓝色粮仓”进行规模建设提供了可能。“蓝色粮仓”是利用优质海洋资源通过人工培育、营造生物生存和繁殖环境以及现代生物控制技术形成规模发展。规模发展更加注重资本密集型、技术密集型产业的产出能力，不仅有利于提高产出水平，而且有利于降低产品成本。(4) 波动性。“蓝色粮仓”波动性较大，主要来自两个方面的影响。①人为因素：受人为捕捞、环境污染、科技水平等因素的影响，“蓝色粮仓”的发展受到一定的制约。②自然因素：气象、水文环境、自然灾害等会给“蓝色粮仓”建设造成极大的危害，会给“蓝色粮仓”建设带来风险。

(三)“蓝色粮仓”建设存在的问题

目前，“蓝色粮仓”建设已逐渐开展，但在发展中面临海洋自然灾害、生态环境、开发模式、产业结构和管理水平等瓶颈的制约，问题依然比较突出。

1. 资源环境约束加强

我国在对“蓝色资源”利用理念方面，主要突出“开发”，逐步转变为“边开发边保护”，粗放型开发和过度捕捞造成了海洋鱼类不能形成鱼汛，进而导致种群减少。生态系统受损较重，近岸海域生态功能有所退化，生物多样性降低，海水富营养化问题突出，赤潮等海洋生态灾害频发，环境污染问题突出。入海河流污染物排放总量大，近岸海域水质恶化趋势没有得到遏制，局部海域污染严重。一些典型海洋生态系统受损严重，海洋渔业生态系统结构与功能失调，一些自然形成的优越水产生物产卵场、索饵场、越冬场和洄游通道等水域生态功能逐渐退化或丧失，部分岛屿特殊生境难以维系。资源供给面临挑战。随着沿海地区经济社会的快速发展，生产、生活、生态用海需求日趋多样化，对传统海洋资源供给方式提出了新的挑战。

2. 管理体系不健全

首先是产权不明。我国的“蓝色资源”目前存在两种性质：一种是公共资源，主要是远海部分，这一部分的所有权是归国家所有，具有公共产品的性质，资源公有成为事实上的无人所有。在开发和利用过程中会产生使用者间的博弈和“公地悲剧”，进而导致开发效益降低或者成本增加以及渔业资源总量的下降。另一种是非公共资源，主要是近海部分，这一部分的使用权归个人或企业所有。当前，普遍认为海洋资源是自然力量形成的，是没有商品价值的，而且是可循环利用的，在开发和使用过程中基本是采用无偿使用或低价使用的方式，这极易造成对海洋资源的过度使用，进而造成资源衰竭。其次是多头管理。虽然我国已经制定相关的海洋管理法，但因不同法律法规的制定背景和目标不同，依然存在多个政府部门交叉管理的局面，这增大了海洋管理部门的管理和协调难度，降低了管理效率，甚至造成管理失控等。

3. 应对灾害能力不足

海洋自然灾害是“蓝色粮仓”建设中的重大威胁。虽然我国海域地处太平洋西岸，海洋活动相对稳定，大规模自然灾害并不频发，但是，每年风暴潮、海浪、海冰等海洋灾害比较频繁，破坏力极强。2015年，我国各类海洋灾害共造成直接经济损失72.74亿元，死亡30人。其中，造成直接经济损失最严重的是风暴潮灾害，占总直接经济损失的99.8%；造成死亡人数最多的是海浪灾害。这对“蓝色粮仓”建设是巨大的考验。然而我国在“蓝色粮仓”建设中应对灾害的能力明显不足，在灾前预警、灾中保护和灾害抢救方面都反应滞后，效率不高，硬件设施灾害管理方面问题也十分严重，这都会对“蓝色粮仓”建设造成巨大损失。

4. 产业结构不合理

“蓝色粮仓”建设中的产业结构主要是渔业结构，目前我国渔业发展整体上是规模扩张和资源消耗的粗放模式，渔业结构中三个产业的比重失衡问题严重。首先，第一产业占总产值绝对比重较高，产能过剩。这主要是由过度捕捞、低端产品大规模养殖和布局趋同化造成的。其次，第二产业科技含量低，产品附加值较低。海洋开发活动集中在近岸海域，深远海开发不足，海洋产业以资源开发和初级产品生产为主，高端产品开发不足，竞争力不足。水产品加工业单一化、粗糙化和结构低值化，同时，海产品加工企业规模较小、技术更新缓慢都严重制约着第二产业发展，降低了第二产业在渔业经济总产值中的产业地位。最后，第三产业发展缓慢，绝对比重较低。渔业经济发展配套的各类服务业质量不高，水产品海洋捕捞、养殖业区域布局不合理，水产品流通和运输设备不完善。渔业国际合作互通领域狭窄，沟通相对闭塞，以重点渔港为主的集交易、仓储、配送、运输为一体的水产品物流中心不健全。

三、“蓝色粮仓”建设分析

（一）“蓝色粮仓”的功能定位

“蓝色粮仓”建设作为新常态下经济发展的重要支撑，其发展对国家粮食安全、“一带一路”的海陆统筹起到了重要的联动融合作用，因此，准确定位新常态下“蓝色粮仓”建设意义深远。

1. “蓝色粮仓”建设是粮食安全的重要保障

海洋生物多样，是人类生活的食物来源之一；海洋产品富含各种蛋白质、维生素和矿物质，高营养、低脂肪是人体健康的重要需求。随着海洋开发和科技进步，我国海洋产品总量日益提高，特别是海水养殖和远洋渔业产量稳步增长，海产品产量由2007年的2 550.9万吨增长到2014年的3 296.2万吨，增长了745.3万吨，增长幅度约为29%，海洋产品增长速度和边际产量明显高于陆地产品，高产量、高品质的海产品为人们带来“食品红利”。目前，我国土地过度开发和生态污染加剧，陆地可利用空间逐渐减少，产出效率急剧下降，这严重制约了粮食生产总量、质量和空间。加快“蓝色粮仓”建设将有效保障粮食安全和拓展粮食生产空间。

2. “蓝色粮仓”建设是经济增长的新动力

“蓝色粮仓”建设依据优势地理区位、产业基础和科技资源，建设海洋食品生产基地，不仅能够形成规模经济，增加就业，而且能够辐射周边地区的经济势能，形成区域产业交流态势，带动腹地（尤其是陆地）区域联动；“蓝色粮仓”建设可以有效整合跨国、跨校科研团队技术力量，优化渔业科技资源布局，形成渔业产业链和主功能区优势服务格局，这有利于挖掘海洋资源的生产潜力，提高人民生活所需的海洋生物资源的初级及精加工产量和质量，优化产业结构，形成经济发展的重要支撑点。

3. “蓝色粮仓”建设为“一带一路”保驾护航

“一带一路”构想要求地区间的互联互通、非零和博弈，为世界各国提供了经济交流和合作的新平台。建设“蓝色粮仓”是海洋经济发展的重要组成部分，有利于加强国际交流与合作，更好地吸收和借鉴国外在渔业方面的技术与管理，同时有利于国内海产品走出去，特别是增强海产品深度加工、高端加工与多元化种类开发上的优势，可以为“一带一路”提供贸易支撑，促进各个地区间的经济融合，有效推动互联互通的实现和“一带一路”构想的实施。

（二）“蓝色粮仓”的建设基础

1. 海洋资源丰富

我国海洋资源丰富：濒临四大海域，纵跨三个气候带，拥有大陆岸线 1.8 万多公里，深水岸线较长，内水和领海面积 38 万平方公里；海洋生物拥有 2 万多种，其中海洋鱼类 3 000 多种；海洋石油和天然气资源储量丰富，海洋可再生能源理论蕴藏量 6.3 亿千瓦，滩涂面积 3.8 万平方公里；拥有世界海洋大部分生态系统类型，具有各异的环境特征和生物群落。目前，我国海洋空间资源开发涵盖近海海洋表面与深海海底，已从传统的交通运输业拓展到海上油气开发、海洋牧场、海上机场及海上游乐园等。海洋空间资源稳步开发，呈现出快速化、立体化和国际化趋势。因此，广阔的海域面积和滩涂资源，丰富的岛屿资源等自然禀赋以及优越的区位条件，都为我国建立“蓝色粮仓”提供了坚实的资源基础。

2. 海洋基础设施完善

我国是一个渔业大国，也是渔船大国，截至 2014 年末渔船总数 106.54 万艘，总吨位 1 070.43 万吨。其中机动渔船 68.68 万艘，总吨位 1 021.44 万吨；非机动渔船 37.86 万艘，总吨位 48.99 万吨。2015 年海洋船舶工业产业增加值达到 1 441 亿元，比 2014 年增长 3.4%。世界造船大国地位继续巩固，造船完工量、新接订单量、手持订单量以载重吨计分别占世界市场份额的 38.3%、34.0% 和 36.2%，三大指标市场份额继续保持世界领先。海洋工程建筑业快速发展，重大海洋工程稳步推进，2015 年全年实现增加值 2 092 亿元，比上年增长 15.4%。海洋交通运输业 2015 年全年实现增加值 5 541 亿元，比上年增长 5.6%。基础设施网络化加快，特别是港口集疏运网、能源保障网以及水资源保障网逐渐完善。近年来，我国海洋基础设施建设加快，这为海洋“蓝色粮仓”建设提供了良好的外部环境。

3. 海产品需求扩大

当下，随着经济的不断发展，人们收入不断提高，特别是中等收入人群逐渐扩大，人们的消费意识也随之转变，更加追求食品的安全、品质和性能，消费需求呈现出向多样化、高端化、服务化发展趋势。数据显示，我国居民对海产品需求总量从 2007 年的 2 700.6 万吨发展到 2014 年的 3 283.9 万吨，海产品消费量一直稳步上升，年均增速超过 3%。保守估计，到 2020 年，海产品消费量将增长至 4 150 万吨左右。人均消费也由 20 世纪 90 年代的 11.5 千克上升到 2014 年的 47.24 千克，增长了 3 倍多，预计到 2020 年，这一数字会进一步提高 40%，达到人均 66.14 千克。近几年，随着中国消费者对进口海鲜的青睐，海鲜进口量不断增加，我国海产品的消费量进入增长快车道。近 30 年复合增长率仍为 8.47%。极大的海鲜需求为“蓝色粮仓”建设提供了内部基础。

4. 海产品供给充足

我国海产品供应量逐年提升，2000 年产量为 2 203.9 万吨，到 2014 年海产品已达到 3 296.2 万吨。2015 年，我国海洋渔业克服了自然灾害频发、国内外经济环境复杂多变的不利因素，保持稳步发展态势并推进产业结构升级。海洋渔业 2015 年全年实现增加值 4 352 亿元，比上年增长 2.8%。近海捕捞保持稳定，远洋作业海域拓展，亚洲最大拖网加工渔船赴南极开展磷虾捕捞，远洋渔业全年产量稳步增长。海水养殖业稳步增长，“海上粮仓”建设势头正旺，首批 20 个国家级海洋牧场示范区获批。中国—东盟海产品交易所正式对外公开挂牌交易，促进了我国与东盟国家海洋渔业互联互通。财政部、农业部联合发布国内渔业捕捞和养殖业油价补贴调整措施，推动渔民转产转业、渔船更新改造。

（三）“蓝色粮仓”的建设理念

新常态下，“蓝色粮仓”发展形态更高级、分工更复杂、产业结构也更加合理化，建设理念不断创新。

1. 创新理念

新常态下，生产要素成本趋于上升，支撑经济发展的主要驱动力由生产要素高强度投入转向提高生产效率，提高劳动生产率、投入产出率和全要素生产率成为经济发展的主旋律。在这个阶段，制约经济发展的最大瓶颈是创新能力不足，必须把发展基点放在创新上，因此，“蓝色粮仓”建设中创新理念显得尤为重要，要从产业间分工合作为主转向产品价值链分工合作为主，从松散型合作转向机制化合作推动经济新常态下的区域合作。应依据国家的一系列海洋法律法规，积极创新管理模式、转变海洋渔业发展方式，尤其是要以海洋渔业的需求和供给为着力点，创新培育和发展新的海洋经济增长点。在扩大需求方面，鼓励和引导海产品消费，创造健康有序的市场环境；在供给侧，加强生产要素投入和提高全要素生产率，对渔业进行结构性改革提升海产品的质量和数量。供给侧管理重在海洋产业升级，通过鼓励企业创新扩大增殖养殖规模、合理优化养殖品种结构、降低生产成本，提供优质服务，对落后的企业进行并购和重组，推动海产品发展，从而保障“蓝色粮仓”建设。

2. 绿色理念

“蓝色粮仓”建设是生态建设的重要环节，应坚持绿色发展。绿色理念注重发展和生态的双赢性，这既是发展理念又是发展举措。资源丰富的海洋是人类重要的“粮食宝库”，我们不能仅对其无限索取，还应顺应其发展规律合理利用，绝不能竭泽而渔。粗放型、消耗型的传统海洋发展理念已不适应新常态的发展要求，质量效益集约型成为新常态的发展中心，因此，在建设“蓝色粮仓”过程中，不仅利用科技提升突破、追求海洋为我们提供优质丰富的海洋食品，而且更应该注重科学规划、绿色发展和可持续发展多措并举，促进海洋生态优化，实现海洋发展和生态安全双赢。推进海洋经济绿色发展，提高产业准入门槛，积极开发利用海洋可再生能源。

3. 协调理念

“蓝色粮仓”建设应坚持的另一个重要理论是协调发展。要明确协调既是发展手段也是发展目标，协调注重发展的整体性、联动性，注重当前发展和长远发展；当下是全面建设小康社会的攻坚期，也是建设海洋强国的重要阶段，新型工业化、城镇化逐渐深化必然会加快对海洋的开发利用。新常态下，在建设“蓝色粮仓”过程中对海洋资源要有敬畏之心，创新开发理念，摒弃传统的粗放、低端开发，创新海洋产业，以高科技引领中高端产品生产，对海产品进行深加工，增加产品附加值，促进结构高质化，努力延伸海洋生物食品上下游高端关联产业的链条，不断增强海洋蓝色食品的综合生产能力；在海洋空间开发层面，结合海洋资源、环境和生态之间的差异化进行合理布局，打破布局趋同化，根据海域开发内容对海洋进行功能区划，同时，逐渐扩大海洋开发活动范围，向深远海进军。对于近岸海域，应充分发掘利用现有海洋资源潜力和发展基础，对可利用岸线、滩涂空间和浅海生物资源进行合理规划，科学养护，促进大部分经济鱼类形成鱼汛，这既能保障海洋生物多样性和海洋生态系统健康，又能保障“蓝色粮仓”安全、优质、充裕和可持续。注重近岸与远海综合发展，既要改善近岸浅海传统的生产方式和设施，强化渔业资源增殖放流和人工鱼礁建设，又要做好深远海渔业资源的开发利用，打造集养殖、冷藏、加工于一体的远海“养殖产业链”；要注重质量与安全协同发展，既要加强质量品牌建设，又要加大违法惩治力度；要注重生产与生态和谐发展，既要改变传统掠夺式、毁灭式的收割方式，又要加大生态环境、自然岸线的保护力度，实现海洋渔业生产和海洋生态环境的持续协调发展。

4. 开放理念

“一带一路”构想的核心要求是互联互通，“蓝色粮仓”作为其重要的组成部分，必须与之相适应，坚持开放理念，加强国际交流与合作，摒弃传统思想，丰富对外开放的内涵，提高对外开放的质量和水平，促进资源高效配置，完善海陆联运集疏运网络。扩大开放领域，要放宽准入限制，在完善的法律保障下引进国外先进管理经验和技术，吸引国内外投资，推动产品、技术、标准、服务走出去，深度融入全球产业链、价值链、物流链，提高海产品的国际竞争力。

5. 共享理念

共享成为当今社会发展的新趋势，已经渗透到社会的各个领域。首先，“蓝色粮仓”建设必须摆脱惯性思维，树立共享发展理念，以共享的理念驱动产业创新和技术进步。国内外巨大的创造力为“蓝色粮仓”建设提供了强大的创新动力和技术支持，促进国内外先进技术和信息的利用。其次，建立信息共享平台，提高效率。共享的本质是资源优化配置，庞大的信息在完善的共享平台上可以高效地流通，降低信息不对称性，方便快捷地辐射到相对薄弱的地区，促进国内“蓝色粮仓”共同发展。最后，共享理念中的关键是共建、合作和互助，要层层负责，人人担当，积极推进机会平等、规则平等，提高劳动参与率，激发生产要素活力。

四、“蓝色粮仓”建设策略与政策支持

在新常态下，“蓝色粮仓”建设机遇与挑战并存，必须优化建设策略，遵循经济发展规律，因势而进，提高海洋科技创新能力，促使海洋资源为粮食安全作出更大贡献；必须完善政策支持体系，遵循现代科学管理原理，合理规划，保障海产品有效供给，推进“蓝色粮仓”健康有序发展。

首先，创新驱动策略。进入新常态，耕地资源和生态环境约束进一步加强，海洋产品的供需形势发生深刻变化，加快创新，推动发展动力转换势在必行，创新是“蓝色粮仓”建设的核心驱动力。“蓝色粮仓”建设应立足于科技创新、制度创新、理念创新、实践创新等方面，推进渔业科研布局、“蓝色智库”、渔业制度和渔业管理建设，通过“政企合作”“校企联合”“企研组合”，整合科技力量和管理经验进行重点瓶颈攻关，积极发展生态渔业，降低资源消耗，提高渔业产量，保障渔业产品安全；发展增值渔业，不断提高产品科技含量和附加值，利用科技投入增加经济效益，提高全要素生产率，满足需求的优质化、高端化、服务化要求。建设海洋牧场，我国“蓝色粮仓”建设主要依赖于以传统渔场、海水养殖区和海洋资源保护区构成

的海洋渔业保障区。这一渔业保障区为“蓝色粮仓”提供了养殖海产品与捕捞海产品的源头，这也为“蓝色粮仓”建设的上下游行业——海水种苗行业、海水养殖、海产品捕捞、海产品增养殖行业、海产品冷链物流产业等，提供了丰富的生产要素。随着生活水平的提高，人们对海产品的营养及附加价值关注程度与需求程度愈来愈高，因此对“蓝色粮仓”的产业链建设更要关注每个环节：海水种苗行业要注重养殖物资的选择；海水养殖业要注重“因海制宜”、多品种、多模式发展；海洋捕捞业应该注意海洋自然资源的可持续性、捕捞技术与装备的升级与捕捞作业的周期性；海产品增养殖加工业应注意提高其经济附加值、物流配送体系升级、资本技术密集性等。

其次，空间拓展策略。现代“蓝色粮仓”的建设必须要依靠科技的不断创新，通过现代科学技术，不断地发掘海洋资源，拓展海洋业的发展空间，具体可以从以下方面入手：首先，要大力发展远洋渔业，将地区近海渔业拓展到深海区域。比如青岛市的渔业企业主要以中小型的民营企业为主，所以整体装备以及设施的现代化水平较差，为此，多数渔业企业都是在近海作业，在政府的大力倡导后，企业加大了科技投入，对渔船进行改造后进行远洋渔业作业，拓宽了作业范围。其次，做好渔业人员的培训。在以渔业经济为主的城市，渔业从业人员相应较多，要通过定期专业培训，提高从业人员的技能以及渔场探寻能力，突出从业人员捕捞经验，充分发挥地区人才优势，有效地带动本地区的渔业的发展。

再次，信息科技助推策略。积极开展相关科技创新与技术培训。基于海洋生物资源及海区滩涂等资源的有限性，科学技术的应用成为解决这一发展桎梏的利剑。我国海洋产业规模和经济效益都能在世界处于领先地位，很大程度上依赖于科研机构的雄厚实力和高新技术力量。因此，我国“蓝色粮仓”建设应充分重视渔业科研布局、“蓝色智库”建设、技术推广的方向与重点攻关领域；通过“政企合作”“校企联合”“企研组合”，整合科技力量，研发升级技术，围绕海水养殖、海洋捕捞、海产品加工等核心产业进行重点瓶颈技术攻关。与此同时，要注重创新技术的推广与培训，尽可能提高从事海洋渔业相关人员的业务素质，进而有效地推动我国“蓝色粮仓”的有序发展。

最后，海陆统筹策略。我国有着优越的区位和资源禀赋，狭长的岸线及丰富的滩涂资源、优质的海水水域环境、多样的海洋生物和领先的科技基础是发展“蓝色粮仓”建设的先天优势条件。近海方面，对传统海洋捕捞和海水养殖业要集中进行合理规划，降低成本和扩大规模，提高质量和效率。深远海方面，以产业升级转型为契机，以高科技为引领，重点放在远洋捕捞、精品养殖和深水大网箱养殖等方面。在整体方面要加强对海水质量的监测工作，建立健全海洋渔业水质的安全预警机制，加强对海洋渔业资源的养护与修复工作，严格执行国家的休渔期制度，严格控制捕捞强度与养殖密度，改善和保护渔业的可持续增长。此外，“蓝色粮仓”的建设结构依靠于本地的资源禀赋、价值导向、劳动力资源状况和市场因素等多重要素。其中,资源禀赋为最根本要素。未来,我国还应重点扶持和发展海洋规模产业,形成集聚经济,促进海洋水产品养殖单产水平稳步提升,对于一些低端、粗放的渔业企业要进行技术改造,并购重组,要培育新兴力量,近海和深远海双向开发,带动我国海洋产业的全方位发展。

五、结论

“绿色”作为重点发展理念之一,是对我国经济发展和生态建设的精准定位,也是对我国社会发展规律的全新认识,更是对建设海洋强国实践的重要指导。新常态下,我国针对海洋渔业资源与海洋食品安全发展环境,适时提出建设“蓝色粮仓”的新战略。从一定程度而言,“蓝色粮仓”建设能够缓解资源和环境压力,发展壮大我国海洋经济;“蓝色粮仓”的有效建设需要海水养殖业、海洋捕捞业和海产品加工业的均衡发展作为保障;同时,需要相关政府管理部门、产业经营主体、涉海高校和科研机构、上下游关联企业等多方参与主体的通力配合与协作,积极学习与借鉴国内外先进海洋渔业技术,加强开放、交流与合作,吸引外来资金注入,创新管理理念,助力新常态下我国“蓝色粮仓”合理、健康、永续的建设发展。

再论竞争法范式下我国航运产业政策

蒋亚男

产业政策一般包括产业技术、产业结构、产业布局和产业组织,追求最有利于产业发展的产业结构。与产业政策相比,竞争政策则侧重于保护市场的竞争秩序,旨在实现最有利于竞争秩序存续的市场结构。反垄断法是竞争政策的主要代表,反垄断豁免制度是竞争政策与产业政策的平衡点,运用竞争的活力抵制垄断的停滞性,利用垄断的组织性克服竞争的无序性,真正实现“有效竞争”。航运产业是典型的规模经济行业,在依赖经济规模发展的同时,势必挑战反垄断法所规制的市场份额,因此在航运产业中,竞争政策与产业政策的矛盾自始至终都存在。如何解决这一逻辑悖论,是探讨竞争法范式下航运产业政策的研究意义。

一、竞争法范式下我国航运产业政策分析

在很长的历史时期内,航运产业在世界范围内都惯例性地享受着扶持航运产业发展的航运产业政策带来的反垄断豁免的特权,但是随着时代的发展,欧美等先进国家逐步缩小了航运产业反垄断豁免的范围,只是程度不同而已。航运产业在反垄断法中是否豁免、如何豁免的争论实际上是航运产业政策与竞争规制之间的张力与冲突。在这样的理论争议中,我国的反垄断法规则应该做出怎样的价值

选择呢?

(一) 我国航运产业反垄断豁免制度的合理性分析

1. “一带一路”时代背景下我国航运规模发展的现实需求

我国一直都是海洋航运大国,但是这样的地位不是通过航运产业规模体现的,而是通过航运需求展现的。反观我国航运经济,据世界贸易组织数据统计,我国的进口贸易海运运输服务世界份额为4.5%,约占欧盟的2/5;而出口贸易海运运输服务世界份额为2.6%,约占欧盟的1/6。在2015年我国政府提出了“一带一路”的经济发展构想之后,作为其重要组成部分,海上丝绸之路的发展与航运产业紧密相关。我国需要通过航运输出大量商品,却不具备发达的国内承运市场。

目前占我国出口贸易90%份额的商品是通过航运输出的,而在航运市场中,我国航运公司的市场份额只有12%,绝大多数的航运市场是由外国资本控制的。在中国海运服务业中服务贸易长期处于逆差状态,海运费赤字每年估计高达450亿美元。南方THC事件对于中国货主的影响就是用切身的感受认清了航运逆差的现实。

随着上海、天津、大连、沈阳等自贸区的建成,在我国设立的外商独资国际船舶管理企业越来越多,使本就悬殊的贸易运输关系雪上加霜。客观现实需要我国尽快发展出强大的航运产业,以配合“一带一路”经济发展构想的快速实现。具有扶持性质的产业政策无疑是我国航运业发展的最佳选择。

2. 航运产业特性的内在需求

航运产业自产生以来,就存在着较高的进入壁垒。一方面,高固定成本使其具有明显的规模经济效益,长时间的造船周期使得航运运输产品的储存性极低,而高成本和长周期更使得航运产业呈现刚性供给、需求弹性较小和调拨困难的特性,这些都是航运产业享受反垄断豁免特权的基础。

经济合作与发展组织在其2002年研究报告《班轮运输的竞争政策》中指出,国际航运组织可以为国际航运市场避免由于航运市场供需失衡而导致的运费率震荡,将省下的防范风险的资金投入提升运载能力和技术的研发之中,同时使货主获得相对稳定的船期。也就是说,此类国际航运协议可以保证充足的运力供给的同时避免运力过剩,防止航运业的过度竞争。

另外,对于拥有海岸线的国家来说,航运不是一般的产业,它直接关系到国家级经济战略的实施,所以它对所属国家的国民经济安全起到至关重要的作用,具有不可忽视的国防储备性、国际创汇功能,因此对于这样的一个特殊产业进行产业扶持、给予反垄断豁免特权也是理所应当的。

（二）我国航运产业废除反垄断豁免制度的必要性分析

1. 大数据时代改变了航运产业中的信息不对称问题

最初航运产业发生的运力过剩和过度竞争的问题都是承运人和发货人之间信息不对称造成的。航运产业作为服务业，只有服务过程完全结束，发货人才可以对服务质量做出评价，发货人只能提供事后信息。与一般产品具有可以通过对外观分辨、判断好坏的事前信息不同，事后信息无法为发货人对是否接受本次航运服务提供什么有价值的信息，也无法及时准确地传递给下一位发货人。如果信息的传递不畅通，那么海洋运输的质量提升严重缺乏动力。同时，由于过去技术条件所限，发货人对于承运人的数量、舱位信息并不清楚，所以难以对承运人的价格作出适度判断，发货人不知道自己需要等多久才能够接受航运服务，不知道这班航运错过之后还能否及时等到下一班航运。这些信息不对称的特征使得市场调节机制难以正常发挥作用。

互联网技术的发展使得航运产业对瞬间产生的大量数据的加工能力和传导能力大大加强，航运产业中的信息不对称问题迎刃而解，以市场调节机制为基础的竞争机制的引入也有了现实的可能性。

2. 改善高度集中的市场结构

班轮公会和航运联盟是航运产业中十分重要的两种组织。班轮运输市场中，全球排名前 20 的集装箱班轮公司运力约占全球班轮总运力的近 80%，市场高度集中的结构成为班轮运输市场长期而稳定的特征。

另外，全球主干航线已由四大联盟所占据。它们分别是：马士基航运与地中海航运组建的 2M 联盟；美国总统轮船、赫伯罗特、现代商船、商船三井、日本邮船和东方海外组成的 G6 联盟；中远集运、川崎汽船、阳明海运、韩进海运和长荣海运组成的 CHKYE 联盟；中海集运、法国达飞海运和阿拉伯联合航运所组成的 O3 联盟。此四大联盟的市场份额约占全球市场份额的 95%以上。

市场结构性变化使航运经营者数量锐减，若法律再鼓励这些有限的航运经营者进行联合，可能会使国际航运市场最终走向寡头垄断或完全垄断。这无疑不利于航运产业的发展。因此市场高度集中的客观情况需要我国制定出应对我国航运市场完全垄断发生的、有利于航运产业发展的反垄断适用制度。

3. 顺应全球放松管制的趋势

虽然上文论述了航运产业具有自然垄断的经济属性，但是世界经济发展的历史告诉我们，自然垄断经济的范围并不是一成不变的，许多国家在解除了电力、航空、铁路等行业的管制之后，拥有类似属性的航运产业继续享受反垄断豁免的制度遭受了严重的质疑。放松管制在国际航运产业中悄然发生，继欧盟、新西兰取消航运反垄断豁免后，美国各界也表示了对班轮公会滥用竞争优势、控制价格，最终损害消费者利益的担忧。若我国继续采用航运业整体性反垄断豁免理论，就意味着对于我国航运企业在世界多数航线上的反竞争行为会被处罚，而我国对外国航运企业类似行为进行规制处罚，却成为无法律依据的越权行为。

（三）我国航运产业中竞争政策与产业政策的冲突

我国现有《反垄断法》所设定的行业整体豁免必须依据“法律和国务院特别作出规定”，而我国关于航运产业的法律法规主要有《海商法》《国际海运条例》（以下简称《条例》）及其实施细则以及国务院于2014年9月3日印发的《关于促进海运业健康发展的若干意见》（以下简称《意见》）。这些法律法规中都没有明确航运产业的反垄断豁免特权，但是从我国反垄断执法机关在南方THC事件和P3联盟事件上的态度，可以推测出我国并不认为航运产业仍然适用一般的竞争规则。《意见》中首次将海运产业发展上升为国家战略。面对我国弱小的航运产业，我们不得不承认，并非所有的垄断行为（或者限制竞争行为）都是百害而无一利的，往往很多阻碍竞争的行为都由于其所产生的利益抵消或超越了对竞争的损害而为法律所包容。因此，促进我国航运产业的发展，势必进行政策倾斜性扶持，同时又要寻找克服垄断弊端的一个法律平衡点，我国航运产业中的产业政策和竞争政策的冲突由此产生。

随着我国《航运法》立法进程的不断推进，建构适合我国航运产业发展的反垄断豁免体系变得迫在眉睫。如果没有在国际航运反垄断豁免制度国际变革的环境下重新审视和评估该制度，不但会导致国内与涉外海运反垄断法律制度适用上的差别待遇，还会使国际航运组织实施运价垄断、损害我国货主利益的行为不受规制，甚至架空《反垄断法》在调控规制该问题上的效力。这就需要我们科学构建竞争法范式下我国的航运产业政策。

二、航运产业反垄断豁免制度之二维考查

发达国家在弥合反垄断法豁免体系与航运产业政策脱节的问题上，经历了从豁免到规制的发展过程，并根据各自的航运产业发展程度构建了不同的解决路径。通过在航运产业政策、竞争监管、国际航运服务贸易自由化之间探求最佳平衡点，保障有序开放海运市场，同时维护各自的海洋权益。

（一）航运产业反垄断豁免制度之时间维度考查

在航运市场中，班轮公会的一个重要特征就是在成员船公司之间制定共同运价、统一运输条件、实施运费公摊来维持成员船公司的利润，因此班轮公会被称为“海上的卡特尔”。虽然航运行为受到政府的管制和调整，但是赋予班轮公会反垄断豁免，似乎很早就已经成为各国通行的做法。美国《1916年航运法》首次确立了航运产业在反垄断中的豁免制度；日本、韩国在《海上运输法》中也有相关规定；

1974年联合国贸易和发展会议(UNCTAD)制定的《班轮公会行动守则公约》也赋予了班轮公会反垄断豁免权。

此外,海运产业的兼并问题,尤其是集装箱运输行业自20世纪末出现了大规模的兼并和重组,如马士基并购铁行渣华、赫伯罗特收购加拿大太平洋航运,都使得航运市场集中程度在不断加强,因此也对竞争法下如何规制航运领域的经营者集中提出了挑战。尤其是到了21世纪,国际航运市场发生了根本性的变化,其鲜明的特征是市场结构发生了从"班轮公会"到"航运联盟"的整体性演变。

《欧共体条约》在欧盟的法律体系中具有首要的地位,它的适用除非条约自身明确排除或者限制了自己的适用,否则不能被轻易排除或者限制,而《欧共体条约》第36条只规定农业领域排除了竞争规则适用。因此,《欧共体条约》一般竞争规则是适用于航运领域的,而此时欧共体理事会为了欧洲航运业的发展,在1962年颁布了《豁免运输业适用第17号规则的141条例》,明确排除了一般竞争法规则在航运领域内的适用。这就从根本上架空了前述将一般竞争法适用于海运市场的判例法制度。1983年,欧洲议会将欧共体理事会颁布违反《欧共体条约》的共同海运政策的举动诉至欧洲法院,欧洲法院因欧共体理事会未能采取措施确保运输领域的服务提供自由而判定其败诉。欧洲法院的这一判决促使欧共体委员会开始采取行动为海运市场设定行为规则,于1986年通过了《海上运输领域适用〈欧共体条约〉第85条和第86条的4056/86号条例》(以下简称《4056/86号条例》),该条例在豁免航运产业垄断地位的同时,适当干预其滥用市场支配地位的行为,其最核心的内容就是对技术性协议及班轮公会协议的豁免。欧盟于2006年出台的1419号条例取消了反垄断豁免,并于2008年在欧洲对定价和运力控制的垄断行为完全禁止,对联营体和联盟暂允保留。

美国的航运反垄断豁免制度始于《1916年航运法》。与欧盟相比,虽然美国海运政策倾向于优先保护货方利益,但是迫于现实,美国当时也急需建立庞大的美国商船队,所以需要航运反垄断豁免制度平衡船货双方利益。然而,实施过程中的《1916年航运法》由于航运反垄断豁免的批准程序可操作性不强,其过于复杂的规定反而使承运人在没有得到豁免的同时还有遭受反垄断审查的危险性,因此在1984年对其进行了修订,主要落实公共承运人享受反垄断豁免权的条件和简化有关报备程序。但是美国国内对航运反垄断豁免制度怨声载道,人们都期待将这一制度废除,但是美国相关部门考虑到本国的航运经济尚不成熟,取消反托拉斯豁免会降低运输生产效率,所以在《1998年航运改革法》中对班轮公会的反垄断豁免权进行了严格的限制以作妥协。美国《2010年航运法》取消了班轮公会的集体定价权,规范了承运人协议及服务合同。

（二）航运产业反垄断豁免制度之空间维度考查

1. 欧盟

2003—2004年，欧盟对授予班轮公会反垄断豁免的第4056/86号条例进行评议，以决定继续保留、取消还是修改该条例确立的班轮公会豁免政策。2006年9月25日，欧盟理事会颁布第1419/2006号条例，取消班轮公会反垄断豁免及其相关规定，理由在于其不符合《欧盟条约》规定的享有反垄断豁免的四个条件，即促进技术进步或经济发展；消费者公平分享利益；对竞争的这种限制是必不可少的；并没有取消竞争。最终，从2008年10月28日起，班轮公会协议组织在欧洲被完全禁止，也就是说，任何通过班轮公会进行的行为，包括定价和运力控制等都将被彻底禁止。并且，欧委会已于2014年6月24日决定将第1419/2006号条例的实施期限延长至2020年，其理由是目前的集体豁免规定能够为消费者带来利益，并且提供了稳定的法律环境。

同时，欧盟法采取"事后调整"路径，因此船公司之间达成的各种合作协议，事先都无须向反垄断监管机构进行报备，更无须审批，而是由船公司进行自我审查。欧盟反垄断执法机构可根据相关利益方的申请或主动介入以确定相关协议或行为是否涉及垄断。

上述欧盟法的改革理念是要从整体上取消国际航运产业在反垄断方面的特殊待遇，但依然留下一个"尾巴"——继续赋予航运联营体反垄断的集体豁免权。其主要原因在于其拥有雄厚的海运经济实力。同时，事后调整的路径选择致使反垄断监管机构无法及时掌握国际航运市场的整体运行状况与具体信息；而另一方面，也会放任船公司之间从事有违竞争规则的行为。

无论怎样，欧盟取消班轮公会反垄断豁免权的这一举措令世界震惊，但是航运进程的不断推进或许会证明这是航运法制发展的里程碑。

2. 美国

美国《1998年航运改革法》并没有因此而废除航运反垄断豁免制度，对国际航运采取了灵活的规制路径：第一，航运组织成员具有独立行动权，即有独立订立服务合同之权利，甚至为避免航运组织滥用其市场优势地位，要求各成员必须独立与其他第三方(例如，码头经营者)订立合同。第二，设置"安全阀"条款，即航运协议不能"因减少竞争而导致运输服务产生不合理的减少，或者对运输费用产生不合理的增加"。第三，由美国联邦海事委员会监管航运协议从报备到履行的全过程。

可见，美国也对除统一运价、控制运力以外的联营协议及联营体等新型航运联营组织的反垄断豁免采取了较为宽容的态度，同时还积极引导班轮公会协议向上述联营协议转变，甚至引导班轮公会组织向新型航运联营组织转变，这在美国联邦海事委员会《1998 年美国航运改革法实施情况报告》中得到了一定的体现。据不完全统计，美国联邦海事委员会在最近 30 年批准了 1 600 多个承运人协议，而未否定其中任何一例。

3. 日本

日本从 1949 年颁布《海上运输法》以来就给予班轮公会和运价协议反垄断豁免，但从 20 世纪 70 年代开始，日本逐渐弱化产业政策的作用，转向重点实施竞争政策，并在二者之间建立了较为完善的协调机制。《海上运输法》经过 4 次修订后对豁免要求日趋严格，审核经营行为的公平性和正当性。根据日本最新修订的《海上运输法》的相关规定，航运产业不适用反垄断法。但前提是企业必须事先向国土交通大臣申报所达成的协议，并由国土交通大臣告知公平交易委员会。同时，协议必须满足不得以不当方式损害消费者利益、不得存在不当的差别待遇行为、不得对加入或退出进行不当限制、应属于为实现协议目的而必需的最低限度这四项条件限制。

日本在重点实施竞争政策的基础上，通过法律对特殊行业的特定行为予以豁免，并明确豁免条件，扶持该产业发展，但相关行为需报告反垄断执法机构，以此达到产业政策与竞争政策协调的目标。

（三）结论

通过上述的梳理，从世界各国对不同时期的航运反垄断豁免政策以及同一历史时期内不同规制路径的选择中，我们可以看出，航运业的反垄断豁免范围逐步由全体缩小为局部，制度规制核心由“班轮公会”逐渐转向至“航运联盟”。

欧盟取消了对班轮公会的反垄断豁免，保留了对垄断程度低的协商协议组织、联营体、战略联盟等的豁免；美国保留了对班轮公会的反垄断豁免，但规定了严格的限制条件，两者都有可取之处。无论选择何种规制路径，都是以各国的航运发展水平为基础的。欧盟、美国、日本也选择了不同的执法机构和执法方式。美国和日本都选择了事前报备的规制路径，欧盟则选取了事后监督的规制路径；另外美国将航运产业中的竞争执法权交给了美国联邦海事委员会，而日本和欧盟则将相同事项的执法权交予反垄断执法机构。

三、竞争法范式下我国航运产业政策优化路径探寻

我国关于航运业限制竞争问题的规定主要集中于《国际海运条例》（以下简称《条例》），该条例于 2001 年颁布实施，主要规定了班轮公会协议、运营协议、运价协议等协议的备案制度，而对相关“协议组织”是否可以享受反垄断豁免权没有予以明示。在程序方面，《条例》颁布之初，将整个有关国际航运市场的公平竞争的审查权授予国务院交通主管部门，但这一授权，被 2013 年国务院公布的《国务院

关于废止和修改部分行政法规的决定》删除了。自此,中国国际船舶运输经营者之间或者中国国际船舶运输经营者与外国国际船舶运输经营者之间的兼并、收购无须再报交通运输部审核。由此可见,在不损害公平竞争的情况下,《国际海运条例》肯定了国际船舶运输经营者之间的部分经营者集中,然而同协议垄断行为类似,《条例》并没有明确给予前述经营者反垄断豁免权。这与欧盟和美国或明令禁止或在许可的同时附加严格限制的做法形成鲜明对比。除此之外,从法律位阶来看,《条例》只是行政法规而不是法律,没有规定对各类垄断协议的审查制度,也没有规定其信息披露的义务,留有操作的漏洞。这些规定的不明确之处和漏洞使我国航运产业的主要法律规制存在内容不完善、可行性较小、法律位阶较低等不足之处。

除了《条例》,航运市场的限制竞争的规制就散见于交通部《关于加强对班轮公会和运价协议组织监管的公告》等部门性法律规范当中,而在我国航运领域发生不多的限制竞争性案例中,南方 THC 事件由行业主管部门执法,而 P3 联盟则遭到了中国反垄断执法机关的拒绝。

综上,不完善的法律规定、分散的执法主体显然不能满足我国航运产业发展的现实需求,限制竞争行为不断发生约束着航运产业政策的功效发挥,寻求竞争政策的保护又缺乏明确的指引,如何在竞争法范式下优化我国航运产业政策这一命题亟须解决。

(一) 确立竞争法一般优先的基本原则

《反垄断法》被誉为"经济宪法",在完善的市场经济体制影响下,一旦竞争政策和产业政策发生冲突,竞争政策一般都是优先的,因为市场经济的本质就是市场机制,市场机制的功能发挥必须依赖竞争机制,丧失竞争的市场机制是无法久存的,所以再好的产业政策都需要竞争政策作为前提性保障才能得以实现。当然,我们也无法否认,在促进产业经济发展的过程中,产业政策的效果是直接的、迅速的,因此竞争政策的优先地位都是相对的,而非绝对的。所以在解决竞争政策和产业政策冲突的问题上,必须确立竞争法一般优先的基本原则。在反垄断法的框架内,竞争政策对产业政策的兼容和协调是通过多种制度途径进行的。其中,《反垄断法》中规定豁免制度在本质上其实就是竞争政策与产业政策为解决冲突协调和妥协的产物,主要体现的是竞争政策对产业政策的让步和妥协。

我国《反垄断法》第十五条在借鉴外国经验的基础上规定了个别豁免[①]和集

---

① 为改进技术、研究开发新产品的;为提高产品质量、降低成本、增进效率,统一产品规格、标准或者实行专业化分工的;为提高中小经营者经营效率,增强中小经营者竞争力的;为实现节约能源、保护环境、救灾救助等社会公共利益的;因经济不景气,为缓解销售量严重下降或者生产明显过剩的;为保障对外贸易和对外经济合作中的正当利益的。

体豁免[1]的情况，并规定“经营者还应当证明所达成的协议不会严重限制相关市场的竞争，并且能够使消费者分享由此产生的利益”。除此之外，《反垄断法》第五十六条明示除外适用于农业领域，表明我国政府也在顺应世界放松行业管制的潮流，对传统垄断行业进行市场化改革，即出现反垄断法与行业立法在适用相关条款上的适用冲突。

我国现行的《反垄断法》并没有对行业法的冲突给出明确的解决方案，有的学者提出根据《立法法》，行业法根据特别法优于一般法的原则优先于《反垄断法》适用。但是《反垄断法》的“经济宪法”地位如何体现呢？作为“经济宪法”，《反垄断法》应该是市场经济的基本法而不是一般法，所以即便行业性法律属于特别规定，只有在特别规定与《反垄断法》的立法目的和宗旨相符时才得优先适用。在这方面，我国应该借鉴我国台湾地区的《公平交易法》第四十六条规定，将“公平交易法”视作原则法，特别法也不可以例外于原则法。

所以应该在我国立法中明确确立《反垄断法》的“经济宪法”的地位，具体体现为竞争政策普遍优先于产业政策。由于产业政策与竞争政策是对立统一的关系，当产业政策的终极目标符合社会整体利益时，竞争政策是可以让位于产业政策的，但必须经过严格的法律程序予以约束。如果不明确《反垄断法》的基本法地位，而一味遵循特别法优先于普通法的基本法理原则，往往就会发生产业政策的制定和执行违背竞争政策竞争精神的现象。

（二）构建符合竞争法基本范式的《航运法》

确定竞争法的一般优先地位，并不意味着竞争政策的制定完全可以忽略产业政策的内容，因为《反垄断法》在航运市场的应用需要顾及航运产业的特殊性，对航运市场中反垄断豁免问题予以适当考虑，也需要具体地细化标准以便在航运领域更好地应用《反垄断法》。

随着我国“一带一路”经济构想的不断实施，搁置长达 15 年之久的中国《航运法》的立法任务更显急迫，在最新公布的立法计划中，《航运法》赫然在列。从之前的送审草案中，我们不难发现，我国想通过制定《航运法》拟制定一套独立于《反垄断法》的航运竞争规制规则，所以，如何在符合竞争法基本要求的范式下构建一套适合我国航运产业发展的《航运法》才是问题的关键。

对此，笔者建议建立立法优先咨询制度[2]。对于全国人大及其常委会拟通过的《航运法》草案，在草案修订、审议的过程中，反垄断执法机构必须对航运产业政

---

① 法律和国务院规定的其他情形。

② 立法优先咨询，是指相关机构在起草涉及市场竞争问题的法律法规或产业政策时，事前必须依法咨询和听取竞争主管机关的意见，最大限度地确保新制定的法律法规或政策与市场竞争有关的条款相符合。

策法可能产生的排除、限制竞争的可能性向审议机关提出专业的建议，审议机关可以决定听取或者拒绝听取，但是拒绝听取的，应该就立法意向向全社会进行解释说明。这样才能保证《航运法》符合竞争法范式的基本要求，在合理范围内尊重竞争秩序。

另外，2004年《航运法》送审稿采取了制定独立于一般竞争法的航运市场竞争规则的态度。对航运业滥用市场支配地位的行为以及协议垄断行为进行了细化规制，尤其是明确和落实了航运反垄断豁免制度。但《航运法》送审稿未完全包含航运领域垄断形态，整体规制竞争秩序的框架不完整，虽然注重对协议垄断的规制和豁免，但对行为垄断有所忽略，是典型偏重"结构主义"的表现。这都是反垄断执法机关对《航运法》送审稿提出立法建议时应该考虑的问题。

（三）坚持航运产业双轨制执法路径

在执法路径上，欧美路线选择完全不同。欧盟采取的是反垄断执法机构事后监管的模式，该模式虽然可以减省事前监督所消耗的执法成本，但是一旦在高资金投入和刚性供给特征明显的航运业中启动事后监管，既无法保证航运市场竞争秩序的恢复，还要使承运人遭受巨额的损失，本是限制竞争行为受害者的货主也要因此遭殃。相比之前，事后监管的成本更高。而美国将联邦海事委员会作为航运反垄断执法的执法机构，对航运业的垄断协议进行备案和监管，如此，承运人行为的限制竞争性的判断权就交到了一个专于航运交通而不精通反垄断规则的机构手中。由于航运领域的行业监管部门缺乏专业的反垄断知识，因此这样的执法效果也差强人意。

对此，笔者建议在执法路径的选择上，我国应借鉴邻国日本的做法，采取行业监管机构和反垄断执法机构双轨执法的模式：航运产业的专业事项，由行业监管部门负责执法；涉及航运市场竞争秩序的事项，向行业监管部门报备，并由行业监管部门转送反垄断执法机构，在行业监管部门提供专业意见的辅助下，由反垄断执法机构负责航运产业中限制竞争行为的处罚。

（四）建立航运产业的信息平台

2008年欧盟取消班轮公会反垄断集体豁免后，欧洲班轮事务协会提出了一个新的构想——在竞争法律框架内建立一个全球性的承运人信息交换机制。①

① 欧洲班轮事务协会的建议方案中指出，承运人之间有关的下列内容信息交换机制应当获得新航运竞争法律体系的垄断豁免：航运公司可以以运输地区为单位就总运力使用情况与运输需求量进行信息交换和讨论，对于货物商品市场的发展状况进行信息交换，讨论和评估贸易市场总的供给与需求状况，航运公司可以获得有关其自己的市场份额信息（包括按货物计算的市场份额、按区域计算的市场份额以及按港口计算的市场份额），运价指数信息将予以公开（包括按照船舶运载类型分类的运价指数与按照货物类型分类的运价指数）等内容。

美国《1998年航运改革法》也为了提高运价的透明度，规定了运价报备和公开制度。其实，航运产业的反垄断豁免制度的设立初衷，就是避免运力过剩和过度竞争，保证充足的、稳定的运力供给，但是上述的问题都是在当时信息技术不发达的背景下，由于信息不对称造成的。当今，我国航运发展正逢互联网技术高速发展的大数据时代，由监管部门利用互联网技术建立航运数据交换平台，有利于改善市场供需双方的信息不对称问题，对于监管航运产业发展、规制限制竞争行为都有十分重大的战略意义，尤其是行业监管部门收集到的行业数据对于反垄断执法机关准确执法有着极大的参考价值。

试析海洋牧场建设和经营中的法律问题

郝振霞

海洋牧场作为一种海洋渔业生产方式，具有改善现代海洋渔业资源枯竭的特性，可利用海域特征适用科学化增值创收并逐步改善海洋环境。[①] 海洋牧场在我国探索发展二十多年后，政策性指引及法律制度逐步规范化。依据事物发展的客观规律，海洋牧场建设和经营也存在着消极的一面，如环境风险、海上交通安全风险、外来物种入侵风险、海域使用权和渔业权纠纷等。海洋牧场的经营建设过程中涉及的法律主要有《渔业法》《海洋环境保护法》《海域使用管理法》《环境影响评价法》等，另外，三亚市、连云港市出台了地方性法规来规范海洋牧场的发展。但有些问题如渔业权、海域使用权的理论争议，投资者和经营者的投资回报问题，海洋牧场的环境风险，海上交通安全风险，依旧存在较大的理论争议，相关法律规范也不明晰。本文首先阐述海洋牧场的理论，其次分析海洋牧场发展经营中涉及的法律适用问题，最后提出解决有关法律问题的建议。

一、海洋牧场的基础理论

（一）海洋牧场及相关概念

1. 海洋牧场

很多学者对海洋牧场的概念做过阐述，但尚未形成统一的定义，因为不同的学者多是从不同的学科视角来描述海洋牧场定义，如工程技术学科、自然学科、生物学科等分别从其构成模式上或从其自然科学或生物物质存在的状况来定义。[②] 若要合理地定义海洋牧场，就要结合其构成模式特点、客观存在的形式及其产生的经济效益来定义，学科不同，其侧重点不同，如某些沿海城市出台的海洋牧场地

---

① 杨宝瑞，陈勇.韩国海洋牧场建设与研究[M].北京：海洋出版社，2014：1－4.

② 李波.关于中国海洋牧场建设的问题研究[D].青岛：中国海洋大学，2012.

方性法规已经从法规中定义。

(1) 非法学方面的定义。我国海洋生物学家曾呈奎教授，在1981年提出了“海洋农牧化”的设想，为我们勾画出海洋牧场的初步蓝图。随后海洋牧场及海洋资源等专家均指出海洋牧场是我国渔业发展的必经之路。① 海洋牧场专家徐绍斌概括了海洋牧场一词的实质：人类为图深入开发海洋中所蕴藏的生物资源的巨大生产力，大幅度地增产资源，在海洋开发中为渔业生产的大发展开拓一条新途径，以满足人口增长及经济发展的需求，而由水产科学技术界的有识之士，所提出的有关应用技术的开发设想。张国胜等认为，海洋牧场是一种新型增养殖渔业系统，通过在特定海域营造宜于海洋生物栖息的场所，采用增、移植放流的方法，将生物种苗暂养和驯化后放流入海，利用海洋自然生产力或微量投饵育成，采用鱼类行为学控制技术、生态环境监控技术进行科学管理，高效地进行渔获。孙书贤认为海洋牧场是指在一个特定的海域内，为了有计划地培育和管理渔业资源而设置的人工渔场。②

(2) 地方性法规中的定义。根据《三亚市海洋牧场管理暂行办法》第三条的规定：“本办法所称的海洋牧场，是指在特定海域内以建设人工鱼礁等措施，保护和调控海洋生物栖息环境，适应性地增殖放流海洋经济生物及聚集海洋野生生物，进行系统化管理和合理开发利用的可持续生态增殖型渔业系统。以公益型人工鱼礁建设为主的称为公益型海洋牧场，以开发型人工鱼礁建设为主的称为开发型海洋牧场。”由此可以得知，在三亚市的海洋牧场的分类主要有公益型及开发型主体存在于建设开发中。《连云港市海洋牧场管理条例》第四十条规定：“海洋牧场，是指在海洋中通过人工鱼礁、增殖放流等生态工程建设，修复或优化海域生态环境、保护和增殖渔业资源，并对生态、生物及渔业生产进行科学管理，使生态效益、经济效益及社会效益得到协调发展的海洋空间。”

(3) 法学学科的定义。从法学学科的视角可将海洋牧场定义为：在人工规划的特定海域中，基于修复海洋生态环境功能的目的，投放人工鱼礁给海洋生物提供适宜生存的场所，提供科学化、可视化养殖装备，遵循海洋生物生长规律及习性并人工放流以期达到可增值养殖创收，合理化利用海洋资源的养殖空间(场所)。

尽管人们从不同的角度对海洋牧场给予了不同的定义，但大家都认识到人工鱼礁建设和水生生物增殖放流是海洋牧场建设的主要内容。因此，了解海洋牧场的发展也要准确地把握人工鱼礁和水生生物增殖放流。

2. 人工鱼礁

从海洋生物学角度来描述，“人工鱼礁”是人们将各种废旧船体、汽车、混凝土

---

① 周燕侠，余开. 建设海洋牧场，推动海洋渔业持续发展[J]. 科学养鱼，2012(12)：13－16.

② 温泽民. 大长山海洋牧场拟建海域生态环境评价研究[D]. 大连：大连海洋大学，2014.

等有目的地往海里投掷，这些废旧物在海里堆积，从而为海洋生物提供栖息的环境。[①] 可以看出上述描述主要是结合人工鱼礁的组成元素来对“人工鱼礁”下的定义。人工鱼礁从自然科学方面还可以定义为人们有意识地设置于预定水域的一种构造物，其目的不再限于诱集鱼群、形成渔场、增加渔获量，而是在增殖和优化渔业资源、修复和改善海洋生态环境、带动旅游及相关产业的发展、拯救珍稀濒危生物和保护生物多样性以及调整海洋产业结构、促进海洋经济持续健康发展等方面都有重要意义。

综上，人工鱼礁是海洋牧场的存在方式，即在人工设定的海域内投放包括混凝土、礁石等人工构造的礁体，给海洋生物提供生存环境，促进海洋经济发展的人工设施。人工设施的投放可以给海洋生物提供生存环境，并在海洋生物的生长过程中改善海洋生态环境，且能增殖渔业资源。了解增殖渔业资源，要先了解水生生物增殖放流。

3. 水生生物增殖放流

《水生生物增殖放流管理规定》第二条规定：“本规定所称水生生物增殖放流，是指采用放流、底播、移植等人工方式向海洋、江河、湖泊、水库等公共水域投放亲体、苗种等活体水生生物的活动。”增殖放流是渔业行政主管部门组织开展渔业生产发展的指导方式之一。通过专项资金的支持，政府主导指导渔民参与增殖放流，且依据其海域特征，对放流做到科学化资源补足。放流是目前恢复水生生物资源量的重要和有效手段，具有恢复生态平衡、修复生态平衡、培养群众环保意识、增加渔民收入等多方面的意义。[②]

（二）海洋牧场的分类

区分海洋牧场的类别有利于我们从其功能、建设开发主体、是否营利等方面来认识海洋牧场的存在形式。海洋牧场，根据不同的产生方式，其分类不同，可以分为以下几类：

(1) 根据建设投资主体的不同，可以分为公益型海洋牧场、开发型海洋牧场。公益型海洋牧场是政府作为投资主体，主要是以政府主导的渔业生态环境保护和资源养护为主要目的；开发型海洋牧场主要是社会资本投资，由包括自然人、法人在内的主体来投资建设，主要以发展渔业生产和发展休闲渔业为目的。这也是《三亚市海洋牧场管理暂行办法》中规定的主要形式。

(2) 按照主要功能，可以分为休闲观光海洋牧场、生产海洋牧场、多功能海洋牧场。休闲观光海洋牧场主要以休闲渔业为主，依靠当地的海岸风光来发展建

---

① 徐绍斌. 海洋牧场及其开发展望[J]. 河北渔业，1987(2)：14－20.

② 杨宝瑞，陈勇. 韩国海洋牧场建设与研究[M]. 北京：海洋出版社，2014：63－75.

设;生产海洋牧场主要依靠海洋水生生物的养殖来发展建设;多功能海洋牧场是上述两者的结合体,既依靠海岸发展休闲渔业,也依靠海洋水生生物的养殖,将当地的自然资源结合起来发展建设。

(3) 按照是否营利,可以分为营利型海洋牧场与非营利型海洋牧场。即根据海洋牧场的投资收益的目的建设的海洋牧场,以营利性为目的投资设置或以非营利性为目的投资设置。非营利型海洋牧场一定是公益性的海洋牧场。

(三) 海洋牧场建设的意义

海洋牧场的建设带来的是经济效益及社会效益,丰富人类蛋白的需求补给,并提高水生生物的产量,带动渔业的发展,同时增加垂钓休闲观光,增加就业机会,推动沿海经济发展。因此,开发建设海洋牧场具有很重要的意义。

1. 海洋牧场是恢复海洋生态的养殖方式

海洋牧场的养殖方式是针对现阶段海洋环境的污染及整体环境的恶化而人为设置的人工构造物,目的是改善养殖场所环境及海洋整体环境,是迎合海洋环境的变化及增殖创收需求而设置的。

投放人工鱼礁的作用可以改善水质环境,是渔业增殖的基础设施。人工鱼礁作为海洋牧场的载体给鱼类提供生存环境及空间,礁体投放在海底改变了海水流态,迎流面附近产生上升流与滞流,背流面产生背流涡。背流涡的扰动与上升流的涌升,使底泥中的营养物质得到释放与充分混合,并被带至中上层,从而促进了浮游生物、底栖生物与附着物的生长。由于水生物质吸收氮磷,滤食动物(如贝类)滤食浮游生物,因此净化了水质,改善了水质环境,从而使鱼礁周围海洋生物种类与数量均产生改变。人工鱼礁的投放改善优化了渔场环境,附着和底栖饵料生物的种类与数量增加,经济鱼类的种类与数量也随之增加。而且人工鱼礁所具有的阴影效果、庇护效应、流场效应与饵料效应也有利于鱼类的繁殖与生长。

2. 海洋牧场是定期增殖收益型经济方式

海洋牧场的经济收益既包括增殖放流的物种、沿岸鱼贝类、洄游性鱼类等经济收益,也包括海洋牧场休闲渔业、垂钓旅游的发展中的收益。[①] 海洋牧场的创收一方面是结合水产生物的特点进行人工驯养,达到定期增殖经济创收;另一方面是对渔民养殖传统模式的突破而形成的增殖创收,主要是以休闲渔业的发展带动旅游资源,增加就业服务,带动经济发展。

3. 海洋牧场是以可持续发展为目的的海洋渔业

系统地发展海洋渔业可实现海洋资源的维持与利用相平衡。海洋牧场建设发展的出发点就是资源的可持续利用,同时利用生态养殖的优势,能够使养殖质

---

① 尹增强.人工鱼礁效果评价理论与方法[M].北京:中国农业出版社,2016:21-28.

量得到很大的提升。[①] 提高渔业资源的可持续开发利用，增殖渔业资源并改善海洋生态环境，是促进我国现阶段绿色发展的基本要求。

二、海洋牧场建设和经营中的法律问题

海洋牧场的开发建设主要是利用其具备的海洋生态修复的功能，人工控制修复并维护海洋生态环境，提高渔业资源经济效益的生产方式。在海洋牧场开发建设过程中，首先需要面临的是海洋牧场工程建设的开发，并围绕着工程建设所涉及的行政审批及海域使用权属的问题；其次是海洋牧场建好后的开发利用过程中的环境维护、有关部门的行政执法、休闲渔业的开发、海上交通安全等问题；最后是海洋牧场开发过程中涉及的收益及转让过程中的经济收益问题。

（一）海域使用权问题

1. 海域使用权与渔业权的博弈

海域使用权是用益物权，渔业权也是用益物权，两者同时并存，还是各自依据不同的主体来适用并区分，在我国没有统一的阐述。根据物权排他性原则，先产生的物权优于后产生的物权，由此来具体确定权利归属结论。从特别法优于一般法的角度来阐述，对于渔民的养殖特许制度来说，则《渔业法》为特别法，《海域使用管理法》为一般法，则优先适用《渔业法》。但海洋牧场能否适用入渔权的法律框架，把海洋牧场作为一种专用渔业权，以此来认定海洋牧场经营者是特定的主体资格，理论上尚存在争议。

2. 海域使用金的缴纳制度

海域使用金的缴纳存在争论：海洋牧场的经营者主体身份的界定，是直接认定为“渔民投资主体”资格，还是要区分出来其他非渔民的投资经营者的主体，再依据主体范围区分为不同的缴费标准？《海域使用管理法》中明确了渔民使用海域从事养殖活动收取海域使用金的具体实施步骤和办法，由国务院另行规定。海洋牧场的投资建设经营者要遵守相关法律规定。

3. 《渔业法》及《海域使用管理法》中关于渔业养殖的相关规定

关于海域使用金，在《海域使用管理法》中有相关规定。对于养殖用海，《海域使用管理法》中区分了海洋功能区划，对交通、盐业、旅游等行业的用海涉海规划作了规定。两部法律对海域使用权的区域规定范围略有不同。《渔业法》中的用海范围包含专属经济区，《海域使用管理法》强调的是水体、海床和底土。对海域空间的领域规定不同，说明对海域使用的作用及功能侧重点不同。

---

① 尹增强. 人工鱼礁效果评价理论与方法[M]. 北京：中国农业出版社，2016：21－28.

（二）投资和经营权问题

对于海洋牧场的投资及经营在原则上主体是一致的，有既是投资者又是经营者的主体，也有合资或投资及经营分开的主体。而海洋牧场中的投资主体的社会化趋势已有《连云港市海洋牧场管理条例》明确规定。但是，我国沿海城市众多，对于投资及收益的规定甚少，导致海洋牧场的开发建设过程中要依赖政府财政税务支持，且不能保障具体的权益。无具体规定的可以参照我国其他上位法的有关规定来依法实施。但是在海洋牧场中，还是存在如下问题：

(1) 投资海洋牧场的主体目前主要是政府，政府出资的公益性海洋牧场是否可以开设部分营利性牧场，是否可以营利经营？其盈利额上缴财政的基数如何计算？公益性海洋牧场是否可以转让给社会投资者转变投资性质继续存续经营？对于经营主体的变更的范围及权限没有相关规定。但依据我国的法学理论，对于投资主体的范围应该是包括自然人、法人，且民事主体在不违背法律的禁止性规定下，其民事行为受法律保护。

(2) 在政策金融方面，政府和企业融资平台较少，政策扶持相对比较薄弱。海洋牧场对资金的需求量较大，各地的金融财税政策对海洋牧场的政策性规定不够明确具体，尤其社会投资开发的海洋牧场的税收支持需加大力度才能引进投资者来发展海洋牧场。因此，对于政府财政税务方面的规定，相关的地方政府部门应有相应的政策且具体落实。

（三）环境风险问题

1. 环境风险的来源

环境风险具有不确定性和危害性。环境风险多由人类活动或由人类活动与自然界的运动过程共同作用造成，并通过环境介质传播，对人类社会及其生存、发展的基础环境产生破坏、损失乃至毁灭性作用等不利后果。在海洋牧场养殖中，其环境风险大约来自两方面：其一是来自外来物种，如投放水生生物或养殖饵料对海洋环境的污染；其二是来自其环境自身潜在的污染源，如人工鱼礁礁体在水中搁置若干年后已经成为自然礁体，其本身在水中产生的污染。

2. 海洋牧场的环境风险测评标准

《建设项目环境影响评价分类管理名录》及其附件中明确规定了人工鱼礁的建设工程类别，而对于环境评价的标准的依据是《环境影响评价法》的有关规定。对于海洋环境的评价及海洋环境的生态维护，具体的详细执行措施，要结合几部法律的相关规定来完善使用。《海域环境保护法》中着重强调了应当进行环境影响评价。《防治海洋工程建设项目污染损害海洋环境管理条例》第二十四条规定："从事海水养殖的养殖者，应当采取科学的养殖方式，减少养殖饵料对海洋环境的污染。因养殖污染海域或者严重破坏海洋景观的，养殖者应当予以恢复和整治。"

对于海洋牧场是否需要制定标准更高的环境评价标准或者在经营建设过程中，环境监测的力度是否要提高，以及环境生态补偿、环境维护等问题的相关法律规定尚未完善。

（四）海上交通安全问题

1. 海上交通安全有关主体的规定

《中华人民共和国航道法》（以下简称《航道法》）、《中华人民共和国水上水下活动通航安全管理规定》具体规定了涉水工程业主单位、经营管理单位、建设单位或者主办单位等主体之间的权利及义务；主要规定了涉水工程或航道规划、建设、养护、保护尤其对于水资源保护及生态的保护及后期的管理维护；主要规范了建设单位的主体资格、注意义务及与海事管理机关之间的法律关系。《海上交通安全法》主要规范了海上交通管理、保障船舶、设施和人身财产的安全。海洋牧场是涉水工程之一，发生在其间的如果是交通事故，便依据相关法律规定进行行政处罚。

该部分内容涉及是适用后法优于先法的规定，还是从对涉水工程业主或经营者有利的角度来适用。在海洋牧场经营建设者开发的水域内发生交通事故时，具体如何承担经营者的责任，能否依据其非“航道”而不适用相关法律规定，该部分的交叉法律问题值得商榷。

2. 渔业水域的交通安全的有关规定

《航道法》所指的“航道是指中华人民共和国领域内的江河、湖泊等内陆水域中可以供船舶通航的通道，以及内海、领海中经建设、养护可以供船舶通航的通道。航道包括通航建筑物、航道整治建筑物和航标等航道设施”（第二条规定）。并明确航道保护范围涉及海域、重要渔业水域的，还应当分别会同同级海洋主管部门、渔业行政主管部门划定（第八条第 3 款规定）。《海上交通安全法》中规定其“适用于在中华人民共和国沿海水域航行、停泊和作业的一切船舶、设施和人员以及船舶、设施的所有人、经营人”（第二条规定）。其第四十三条规定：“船舶、设施发生的交通事故，由主管机关查明原因，判明责任。”该部分主管机关之间的管理权限如何明确界定，行政机关之间如何协作，需要具体明确的程序规定及实施条例。

（五）休闲渔业建设问题

休闲渔业建设也是海洋牧场建设的一部分。尤其近几年政策扶持，农业部大力推广开发，五年间审批了四批休闲渔业的经营主体，遍及中国各大省市，为推动各地的经济起到了良好的作用。目前我国的休闲渔业在全国连续开展全国休闲渔业示范创建活动，创建形成了一批特色鲜明、示范带动能力强的全国休闲渔业示范基地,带动形成了地方政府高度重视,企业积极参与休闲渔业发展的良好氛围。[①] 目前关于休闲渔业的农业部规范有12个,地方性规范有16个,其中有两个地方性规范在福建省、威海市的失效,其他规范性文件继续在有效使用中。

休闲渔业作为海洋牧场的存在形式之一,其海域使用权问题、开发建设经营及转让、环境评价等问题是否依据海洋牧场的相关法律规定来具体实施,是否可以根据政策扶持来加强保障或降低条件来采用实施措施,都尚未明确。

三、结论与建议

通过上述对海洋牧场论述可知,海洋牧场的用海水域是在我国的内海、领海的水面、水体、海床和底土。而对于渔业权及海域使用权的博弈、海洋牧场建设和经营者的转让、环境评价、海上交通安全、休闲渔业的问题,如何妥善解决,是我国法律的空白或法律的竞合的适用。如何完善相关的理论,并弥补相关法律的空白或漏洞,提出理论上的建议至关重要。

(一) 有关理论的认定

(1) 对于渔业权、海域使用权的博弈,本文参考崔建远教授有关渔业权及海域使用权的权利界定的理论[②],认为这两个物权的主体是不同的。对于渔业权,则可明确为沿海渔民的权利,是沿海渔民为了生存而由法律规定原始取得的权利。海域使用权则可界定其适用主体为沿海渔民以外的养殖主体,为了养殖而申请用海并交纳海域使用金的主体。这样分出主体的范围不同后,对于海域使用金的缴纳的减免及政策措施各自不同,被征收或转让时所得的补偿或者利润不同,其不同的基础是因为海域使用金的缴纳与否决定的,但其他的权利和义务相同。

(2) 海洋牧场经营者在开发建设过程中的转让,应根据不同的主体来区分承担转让义务。如渔民经营建设的,可不需要缴纳海域使用金,但若转让则应当向当地的渔政管理部门缴纳海域使用金。渔民以外的经营者等在转让时,可免交其已经缴纳的海域使用金,但限于在未到期的法定期限内免交。

不同范围的投资主体,是否营利及产生收益所适用的法律规范不同,而是否区分为渔民与非渔民投资主体的划分标准,是否区分政府投资主体及支持投资的政策性支持范围,需要完善地方性立法来细化相关规定。

(3) 海洋牧场的环境风险承担均对经营者的约束有相关规范,并确定了经营者的义务及应当妥善经营并维护海洋生态环境的意义。海洋牧场的环境维护是必要的,其规定可以严于传统养殖业的相关环境评价及测评标准。

(4) 海洋牧场涉及的海上交通安全的相关规定,较多是关于航道等涉水工程

---

① 阙华勇.现代海洋牧场建设的现状与发展对策[J].中国工程科学,2016(3):79-83

② 崔建远.物权法[M].3版.北京:中国人民大学出版社,2014:264-266,336-345.

的环境评价、海洋生态环境的修复以及妥善解决处置航道水域使用和航道涉水工程等的管理维护。

(5) 休闲渔业的发展,平衡维护海洋环境及发展沿海经济之间的矛盾。休闲渔业的发展要符合当地经济特点,不能过度开发而污染环境,不能因为发展经济而忽略对环境的保护,应该在着力加强环境保护的基础上发展经济。

(二) 解决相关法律问题的建议

(1) 海域使用权的物权保护方法适用《物权法》关于用益物权的保护方法,如确认权属、恢复原状、排除妨碍、消除危险、损害赔偿。在海域使用权属发生争议时,争议的任何一方均有权来主张权益的保护并得到损害赔偿。除了海域使用权的流转、期限等适用《海域使用管理法》有关海洋养殖的规定外,其余没有相关法律规定的,均可适用物权法的有关规定。特别法优于一般法,在没有特别法的规定时,优先适用《海域使用管理法》。

(2) 建立健全海洋牧场经营制度,可参考连云港市、三亚市关于海洋牧场的地方性法规来完善相关立法。区分渔民与非渔民的投资主体,扩大投资经营主体,可以借鉴连云港市的地方性法规来完善各地的海洋牧场的发展理念。将海洋牧场推向社会化投资主体,能解决部分资金问题。海洋牧场发展周期长,要使其得到长期的发展,必须有资金税收的强力支持。如《连云港市海洋牧场管理条例》在相关章节设置了相应条款,明确各级政府应当建立多元化投入机制,引入社会资本参与海洋牧场投资、建设、开发、经营等环节,并应当完善相关政策,简化审批登记程序,为社会资本进入海洋牧场提供制度保障。政府职能部门作为管理主体,不再承担建设开发任务,而是回归到制定管理措施、科学制定海洋牧场规划、监管经营行为、维护市场秩序等法定职责上来,推动海洋牧场开发经营领域向社会资本的全面开放。

(3) 环境风险的防范,根据《环境保护法》第十五条对环境质量的标准的规定,可以制定严于国家环境质量标准的地方环境质量标准。对于海洋牧场的环境评价标准应该制定更加严格的地方性标准来完善实施。依据《环境保护法》第二十九条"国家在重点生态功能区、生态环境敏感区和脆弱区等区域划定生态保护红线,实行严格保护"的精神,结合《连云港市海洋牧场管理条例》(下面简称《牧场条例》)对海洋牧场保护生态理念的规定,对海洋牧场实施生态保护优先原则。将海洋牧场法定的海洋生态环境修复工程的本质属性更广泛地加以利用,人工营造有利于促进海洋生物多样性及渔业资源逐步恢复的海洋环境。也可以参考《牧场条例》第四章"生态保护"中规定的有关职能部门的环境监管职责和开发经营主体在生态环境保护方面应当履行的义务,对生态优先的理念给予充分的保障。

《环境保护法》第三十一条"国家建立、健全生态保护补偿制度"对海洋牧场的生态补偿制度也有相关的规定。《牧场条例》第二十三条创设了生态环境补偿机制，要求政府应当逐步建立生态补偿制度，并且对破坏海洋牧场生态环境的违法行为人，除承担相应法律责任外，海洋与渔业行政主管部门可以责令违法行为人采取有效措施修复生态环境。

(4) 关于海洋牧场海上安全，参照《海上交通安全法》的相关规定，结合《环境保护法》中有关环境测评、环境评估的规定，根据海洋牧场修复海洋生态的特点，解决海上事故的同时，完善修复海洋生态环境。依据各行政执法的流程来完善依法行政。渔业、海洋主管机关联合行政执法，可以参照《行政处罚法》的流程及期限来具体依法行政。

《海上交通安全法》第四十八条规定："国家渔政渔港监督管理机构，在以渔业为主的渔港水域内，行使本法规定的主管机关的职权，负责交通安全的监督管理，并负责沿海水域渔业船舶之间的交通事故的调查处理。具体实施办法由国务院另行规定的相关规定来解决处理。"它着重强调了渔港水域内的交通事故处理的监督管理机关。对于由国务院另行规定的部门规章可依据该法条规定协同相关的港务监督机构共同制定行政法规来完善处理流程，并明确规定相关行政主体的权限分工。

(5) 完善休闲渔业的发展制度。大多数沿海省份基本上都制定出台了海上休闲渔业和渔船管理方面的规章，对海上休闲渔业的市场准入、经营行为、游客安全等进行规范。在连云港市的《牧场条例》中明确规定了海洋牧场经营者可以在其牧场区域内从事海上休闲渔业等经营活动。《牧场条例》第十九条对经营者从事休闲渔业活动应当必备的基本条件作出了具体规定，并在第二十条明确了海洋牧场休闲渔业经营企业在安全生产和消防安全管理方面的责任。《牧场条例》的规定对休闲渔业的发展起到了制度化、规范化的保障作用。

海洋牧场的发展需要从各个阶段及层面完善法律规范制度及具体程序，可以依据其他上位法的规定来具体实施；在没有法律规定时，依据政策性原则解决。

（三）行业自律规范化

1. 成立行业协会

可以由渔业局指导，成立人工鱼礁咨询委员会、渔业协会自治组织，并组织海洋牧场的建设单位参加成为会员，参照《民法通则》对行业协会的成立要求，由各个建设单位派员参与委员会或协会的会议，可以定期或不定期举行会议交流协商发展。

2. 建立海洋牧场建设科学咨询制度

海洋牧场的科技环节需要普及，我国海洋牧场的初期阶段完善向科技化发展，集中发展其中各环节的信息，共享海洋牧场的资源，扬长避短来开拓海洋牧场的发展。

3. 追责程序

若海洋牧场建设经营过程中出现问题，首先应该由行业协会来协调解决，若有解决不了的，可以由行业协会出面或协助，给相关的行政机关提供建议来共同快速便利地解决问题，并平衡政府部门、投资方、设计方、建设方、经营方各方的权利及义务，参照其他部门法或者行政法规、规章具体实施。

（四）加强行政指导

可以成立海洋牧场专门的行政指导中心，落实实施细则的具体实施，指导渔业行业协会发展。在渔业局的有关部门专门设置机构来完善指导。政府主管部门利用其行政职权宏观调控监督、指导渔业生产、增殖放流、捕捞量的确定及休闲渔业的建设发展给予政策性扶持，并引导渔民积极参与，结合有关渔业法的奖励制度来具体实施。

（五）设立行业专项基金

募集社会资金，由专门的行政指导中心或渔业局发起成立行业基金组织，对于海洋牧场及休闲渔业专项资金使用的资金来源予以完善。拓宽资金来源，吸收社会资金来加强海洋牧场的建设经营，可参照《公司法》有关股份公司的运营模式，以社会资金参股来扩大海洋牧场的投资资源。号召渔民积极参与，对于有关的经济收益如何分红做好预算、结算的规划预案。

四、结语

海洋牧场的优势和积极作用应当结合现有资源及环境来合理发挥，并积极抑制其消极影响，预防各种风险，做好各个环节的基础工作，全面应对建设经营中出现的问题。结合相关法律法规及规范性文件的法律保障，促进海洋牧场绿色可持续发展，建设更好的科学化海洋牧场。

IUU 规制国际协作方式及其对我国的启示

朱　晖　路　岩

一、IUU 规制的国际协作公约规定

国家法律规范为确保本国抵制 IUU 捕捞（非法、未报告和无管束捕捞），实现全球渔业资源可持续发展奠定了基石。规制 IUU 捕捞的国际法作为各国家间联合的黏合剂为各国管控本国 IUU 捕捞构建了管制底线。目前国际规范渔业捕捞的规定主要分为两类：一类为具有约束力的国际协定，另一类则为不具有直接约束力的国际习惯。涉及 IUU 的全球渔业协定主要有《联合国海洋法公约》《粮农

组织遵守协定》《联合国鱼类种群协定》以及《粮农组织港口国措施协定》。

(一) 联合国海洋法公约

生效于 1994 年 11 月 16 日的《联合国海洋法公约》为海洋空间和资源管理提供了总体框架。其在序言部分为保护渔业资源，实现有效利用提供了依据。但该公约中关于保护渔业资源的规定主要限定在各国专属经济区内以及领海之中，对于各国享有主权的内水、领海及群岛水域并未有完全规定。该项规定在一定程度上为各国间实现协作提供了制度保障。对于所限定的专属经济区而言，《联合国海洋法公约》将该区域内的管辖权力赋予各沿海国，由各沿海国根据当地的情况，制定对于防止 IUU 捕捞方面的规定。[①] 而该项规定为实现各沿海国应对交汇海域的国际协作提供了制度支撑。

《联合国海洋法公约》取代了编纂于 1958 年的《公海公约》，对于公海上的渔业资源享有管理权限。[②] 该公约对于公海中实现国际协作制定了相关依据。根据《联合国海洋法公约》，各国面对公海必须承担三项一般义务：一是各国应对公海生物资源采取养护措施[③]；二是各国应确保本国国民遵守相关的渔业规定措施；三是各国应与其他国家合作来共同达到保护渔业资源的目的。[④]

《联合国海洋法公约》还对于连接专属经济区与公海跨区域部分实施管理跨境种群的合作进行了规定。[⑤]《联合国海洋法公约》不仅规定了在公海领域各国间展开保护和管理生物资源合作的义务，[⑥]而且还规定各国以养护管理渔业资源为目的，双边或多边展开合作，相互交流本身已掌握的渔获量、科学情报等信息，[⑦]并对现期濒临灭绝的跨界鱼类种群、高度洄游鱼种、溯河产卵种群和降河产卵的物种的管理进行更具体的合作。这些合作义务巩固了区域渔业管理组织(Regional Fisheries Management Organizations, RFMO)的建立，促进了联合国鱼类种群协定的发展。

(二) 粮农组织遵守协定

《粮农组织遵守协定》生效于 2003 年 4 月 24 日，其旨在推动公海船舶对海洋

---

① 《联合国海洋法公约》第 62 条规定，各沿海国所制定的法律法规可涉及渔民、渔船和设备的许可；确定的类型和被抓物种的量；季节和捕捞区域；齿轮的类型、大小以及被使用的渔船类型、尺寸和数目；固定鱼的年龄、大小和可能被捕获的其他物种；指定渔船所需的信息；在船上放置观察员；渔获物的登陆；条款及合资企业和其他合作安排的条件；以及执行程序等方面。

② 《公海公约》，在瑞士日内瓦缔结于 1958 年 4 月 29 日，于 1962 年 9 月 30 日生效。

③ 参见《联合国海洋法公约》第 117 条和第 118 条的规定。

④ 参见《联合国海洋法公约》第 117 条和第 118 条的规定。

⑤ 参见《联合国海洋法公约》第 63 条和第 64 条的规定。

⑥ 参见《联合国海洋法公约》第 118 条的规定。

⑦ 参见《联合国海洋法公约》第 61 条和第 62 条的规定。

资源的养护以及对管理措施的规定。该协定生效伊始聚焦于船舶为免于处罚而滥用方便旗的问题上，并对此予以磋商，以在期短时间内寻求解决方案。

此外，该协定除了规定对《联合国海洋法公约》关于公海的规定予以遵守以外，还专门对公海船舶予以规定[①]，要求船旗国应对此规定予以遵守，制定符合本国的渔业资源保护协定，讲求从捕捞船舶这一源头入手，予以管控，并进行各成员国的信息沟通交流，共同对于本区域内濒临灭绝的鱼种予以保护，并确保本国的船舶在捕捞渔业资源的过程中遵守规定，规制 IUU 捕捞的产生。

该协定确定了缔约国中的船旗国和港口国合作制度，规定对进入港口的渔船，港口国应予以检查，发现从事非法捕捞活动时，应通知该船舶的船旗国，并进一步检查确认。[②] 此外，该协定进一步提出与发展中国家合作的制度，要求缔约国通过签订协定等方式同发展中国家建立合作制度，向发展中国家提供技术上的援助等，促进发展中国家管控 IUU 捕捞的能力的提高，以规制 IUU 捕捞在当地的猖獗的行为。[③]

（三）联合国鱼类种群协定

1982 年 12 月 10 日《联合国海洋法公约》主要针对跨界鱼类种群和高度洄游鱼类种群的养护和管理的内容制定了国际实施标准，而《联合国鱼类种群协定》旨在促进该项规定的实施。《联合国鱼类种群协定》列举了其他船旗国的职责，如渔船和渔具、渔船监测系统、观察员方案、公海登船检查和港口国措施。[④] 其中公海登船检查制度在于促进各国查处公海区域内的违法船舶，对违法船舶的行动予以限制。《联合国鱼类种群协定》在第三部分专门规定了国际合作机制，其主要为通过建立次区域和区域渔业组织对区域内部的 IUU 捕捞问题实施管理，强调通过合力的方式，保护区域渔业资源。

该协定强调对于海洋渔业资源保护属于全球整体的责任，其规定的管理及保护措施，不光各成员国应予以遵守，非成员国也有义务遵守该种措施规定，共同实施对于规定的鱼类种群的保护。《联合国鱼类种群协定》实质上规定的义务为各国家、组织间相互合作，共同寻求解决方案，其在一定程度上表明，区域合作不应仅限于缔约国之间，非缔约国与区域组织之间也应加强对于渔业保护的协作，应进一步制定非缔约国与区域组织间相互协作的协定。

---

① 《粮农组织遵守协定》第 2 条和第 3 条规定适用于本协定的公海进行捕鱼的船舶的高度应在 24 米以下，并且尚未宣布专属经济区的与捕鱼区域接壤的沿海国家或通过该协定的国家所设定渔船的最小长度应低于本协定所不适用的长度。

② 参见《粮农组织遵守协定》第 5 条的规定。

③ 参见《粮农组织遵守协定》第 7 条的规定。

④ 参见《联合国鱼类种群协定》第 18 条的规定。

(四) 粮农组织港口国措施协定

《粮农组织港口国措施协定》是首部主要针对 IUU 捕捞而制定的法律,主要规定了粮农组织针对港口国实施管控,制定措施的模式。其要求各国家主管部门间相互合作、交流,实现各国 IUU 相关的信息共享。各成员国应对进出港以及停靠港口的渔船予以检查,实施口岸检验程序,对检验人员进行培训,提升检验人员的工作素养,实现对于 IUU 船舶的管控。

《粮农组织港口国措施协定》中指出港口国应与船旗国实施联合合作,从船舶所属国以及船舶驶入国两方面入手,共同管制 IUU 捕捞行为。由于发展中国家技术条件以及经济条件并不足以完全管控本区域内的 IUU 捕捞行为,因此该协定要求成员国中的发达国家带动发展中国家,提高发展中国家对于 IUU 捕捞的管控能力,以达到发达国家、发展中国家双管齐下,共同抵制 IUU 捕捞的目的。为确保该协定的可行性,其规定各成员国应对本国及其他成员的措施实施状况予以监测和审查。该协定虽尽可能地扩大各港口国之间的相互协作范围,明确成员国的责任,讲求抵制 IUU 捕捞共同体的建立,但其不妨碍各成员国对本国管辖海域的主权。[①] 因此该协定有助于其所制定的管控 IUU 捕捞措施贯彻于各跨区域渔业管理组织之中,加大解决 IUU 捕捞困境的力度。

二、IUU 规制的区域协作措施

(一) IUU 规制的区域合作协定

目前全球有 51 个区域性国际渔业组织,其中超过 20 个具有管理的职能。这些区域渔业组织均签订有合作协定,共同规制 IUU 捕捞的行为。例如《安地瓜公约》《养护大西洋金枪鱼国际公约》《邻大西洋水域之非洲各国区域性渔业合作公约》等。

1.《安地瓜公约》

《安地瓜公约》规定的区域合作主要针对财力以及技术上的合作,辅助成员收集资料,研究现状,协力建立科学委员会,对症下药,为各缔约国提供有效打击 IUU 捕捞的措施。其讲求各缔约国之间友好互助,并将该协助上升为公约所规定的义务。当缔约国与其他渔业组织管理区域相互交叠时,应当遵从合作的理念,同其他渔业组织通力合作,相互磋商,共同制定方案以防止对于同一鱼种采取两种措施。该公约规定该区域成员所成立的委员会应当积极与其他渔业组织展

---

① 参见《粮农组织港口国措施协定》第 4 条的规定。

开合作关系[①],两区域间进行数据及技术的共享,以达到抵制 IUU 捕捞的目的。

此外,该公约扩大了区域合作的范围,其突破一般区域渔业协定中针对本条约缔约国的界限,规定缔约国也可以与非缔约国间通力合作。非缔约国与缔约国进行合作时,应当递交申请材料,并且主动提交船舶数量,渔获物捕捞量等信息,促使委员会对渔业资源评估时应用。

除此之外,非缔约国申请合作时,需要遵守本公约规定的养护条约,以及提交自身所采取的规制 IUU 捕捞的措施,并对该非缔约国的船舶予以规范以符合公约所规定内容。

2.《养护大西洋金枪鱼国际公约》

《养护大西洋金枪鱼国际公约》主要针对的为大西洋范围内的金枪鱼类渔业资源。该条约指出各缔约国研究各金枪鱼种类以及因捕捞金枪鱼种类而捕捞的其他生物种类。条约规定各缔约国间应当将所研究调查的资料予以分享,其中对此不了解的国家,应在具有公信力的网站,辅以民营的网站予以查询,确保各缔约国对于 IUU 捕捞有具体的了解,以便于各缔约国共同实现 IUU 捕捞行为。

此外,该条约为收集到更加具体的材料,对各缔约国根据鱼的种类种群以及地域上的工作进行了分类,各工作组负责本区域内的鱼类资料的收集与研究,并针对所收集的材料提出建议和措施[②],以帮助该区域的沿海国实施更有针对性的 IUU 打击行为。缔约国针对收集的材料,确定各缔约国在该区域内的最大限度捕捞量,在此基础上,实施配额制,对各缔约国的捕捞量予以限制,确保各成员国在捕捞金枪鱼类的最大限度上打击 IUU 捕捞行为。此外,该条约规定了缔约国共同合意制定产地证明书制度。对于符合标准并具有产地证明书的船舶收入"白名单",允许该船舶的渔获物进入国际贸易中;对于不符合规定,并无产地证明书的船舶登记入"黑名单",限制该船舶进入缔约国间的国际贸易中,从而从市场准入方面防止 IUU 捕捞行为的发生。

3.《邻大西洋水域之非洲各国区域性渔业合作公约》

该公约主要为大西洋沿岸的非洲各国为保护渔业资源、防止 IUU 捕捞行为在非洲区域的猖獗而签订。其主要目的便是实现大西洋区域内的非洲国家的合作,共同实现区域内渔业资源的可持续发展。该合作条约要求各缔约国对各自掌握的渔业开发资料予以交换和分享,以便于对于该区域的渔业资源进行更真实的评估,从而确定渔业资源最大限度的开采量。[③] 为防止非法捕捞船舶进入该海域

① 参见《关于加强美利坚合众国与哥斯达黎加共和国 1949 年公约建立的美洲间热带金枪鱼委员会的公约》(简称《安地瓜公约》)第 24 条的规定。

② 参见《养护大西洋金枪鱼国际公约》第 6 条的规定。

③ 参见《邻大西洋水域之非洲各国区域性渔业合作公约》第 3 条的规定。

内从事 IUU 捕捞行为，该公约规定各缔约国间进行合作共同对海域船舶予以监督和巡视，防范 IUU 捕捞行为。

该合作公约鼓励各缔约国间积极缔结协定，并且积极推进各缔约国同其他第三方国家建立协定关系，以期与更多的国家共同抵制大西洋海域内的 IUU 捕捞行为，保护该区域内渔业的可持续发展，从而实现渔业贸易的顺利进行。

（二）IUU 规制的区域协作方式

区域合作机制在渔业资源的养护和资源的可持续开发方面发挥着越来越重要的作用。它主要采取国家自控和区域协作相结合方式。其中典型的是国家自控和区域联合、责任与协调联合、重点防御与合理养护联合。

1. 欧盟规制 IUU 的区域合作方式——国家自控和区域联合

欧盟由于本身特点，各国间联合紧密，其在 2002 年采取抵制 IUU 捕捞行动。作为最先采取行动的区域组织之一，欧盟中的众多协作行动对于各国具有借鉴作用。

欧盟的区域行动采取国家自控和区域联合两部分，对于区域协作部分，欧盟将成员国的船舶信息予以登记，对于渔获物进行认证和记录，查处非法渔获物，对于违反规定非法捕捞的船舶，建立黑名单制度。[①] 各成员对于列入黑名单的船只予以监测和识别，禁止该违法船舶进入欧盟成员国内。自 2006 年后，欧盟采取了打击 IUU 捕鱼的战略，重点从船旗国管控转向控制第三国的 IUU 捕鱼和渔业产品进入欧盟市场，即市场国的制度。欧盟各成员国构建鱼类基因链，对于船舶的渔获物予以检验，禁止非法渔获物通过任何渠道进入到欧盟成员国的市场内，从减少盈利角度，来抵制 IUU 捕捞在欧盟的盛行。[②]

2. 东南亚区域合作方式——责任与协调联合

东南亚区域行动计划[③]（以下简称 RPOA）的实施推动负责任制的渔业的发展，其在 2007 年制定了联合打击 IUU 捕捞的规定。由于东南亚海域争议等问题对联合打击 IUU 捕捞行为造成限制，对此，东南亚区域行动计划专门成立协调委员会，协调各成员在合作过程中产生的分歧。

RPOA 确立了利用国际法律规定的渔业工具以促进负责任捕鱼的发展，规范各成员国对于管制 IUU 捕捞应当承担的责任，在责任的基础上建立协作机制，RPOA 的目的在于提高和加强该地区渔业协议的整体水平。RPOA 采取的行为

---

① 唐建业. 从捕捞管理视角再评欧盟 IUU 管理条例[J]. 中国水产，2009(12)：77 – 79.

② 高宏泉. 全球打击 IUU 渔业重要措施[EB/OL]. 2014 – 04 – 12. http://www.fishfirst.cn/article – 33619 – 1.html.

③ 东南亚区域行动计划由印度尼西亚、澳大利亚、文莱、达鲁萨兰国、柬埔寨、马来西亚、巴布亚新几内亚、菲律宾、新加坡、泰国、东帝汶和越南批准。

在于保护渔业资源及其环境，限制捕捞权利和打击 IUU 捕鱼，主要分布于三个区域：中国南海、阿拉弗拉海至帝汶海海域、苏禄海至苏拉威西海海域。

RPOA 采集成员国中捕鱼业的信息，评估鱼类资源的现状，统计成员国渔获物贸易以及市场流向；更新船舶统计数据、共享船舶信息；提高捕鱼水平减少对其他生物物种的捕捞；为传统的手工和小规模的渔业提供援助。RPOA 呼吁成员国实施标准化捕捞工具，制定相关法律措施以监测和控制渔业资源的转运，加强监测、管制与侦查（简称 MCS）措施①，实现港口国与船旗国的相互协作。

RPOA 为确保各国协作的顺利开展，减少各国之间存在的争议，成立了协调委员会并定期举办会议。在首次会议上，RPOA 参与国为进一步加强和落实措施确立了五个战略重点领域，分别为 MCS、沿海国家责任、构建区域能力、现期资源评估和区域管理现状以及港口国措施。虽然 RPOA 处于初期阶段，但其成员国积极协调合作，共同推进该行动计划的顺利实施，以对抗该区域内的 IUU 捕捞行为。

3. 南部非洲发展共同体区域合作方式——重点防御与合理养护联合

在西非区域内 IUU 捕捞行为十分猖獗，南非为保护该区域内的渔业资源建立了南部非洲发展共同体（Southern African Development Community，SADC）积极采取行动打击 IUU 捕捞行为。2008 年 7 月，南部非洲发展共同体部长承诺对 IUU 捕捞的海洋渔业负责。由于渔业资源的分布状况以及南非各国技术以及实力上的欠缺，因此确定了对抗 IUU 捕捞的三个重点领域，即改善区域内部 IUU 捕捞状况，实现跨区域合作；构建法律框架，加强渔业管理，消除非法捕鱼；发展区域 MCS 策略，加强 MCS 的能力。

南部非洲发展共同体还承诺在 2010 年之前，制定符合 IPOA－IUU 和《粮农组织港口国措施协定》的措施，逐步禁止 IUU 船只在南部非洲发展共同体的海域转运和通过港口，②从港口部分限制 IUU 船舶的行动。

除重点防御外，南部非洲发展共同体尤为重视对于海洋资源的养护工作。其对成员国实施严格的配额制，防止各成员国的过度捕捞，实施近海渔业与深海渔业捕捞相结合的模式，让近海渔业与深海渔业各自具有缓冲时间段；并且加强对于近海渔业养殖，在保护海洋自产渔业资源的同时，提高人民的生活水平，管控了本区域内的国家 IUU 捕捞频率以及捕捞量。

---

① 联合国粮食和农业组织. 预防、阻止、消除非法、未报告以及无管束的捕鱼行为国际行动纲领[EB/OL]. http://www.fao.org/fishery/ipoa-iuu/legal-text/zh.

② 南部非洲发展共同体部长对对非法、未报告和无管束捕捞的海洋渔业责任承诺声明，第 15 部分。

三、IUU规制的国际协作对我国的启示

（一）充分运用区域间渔业合作机制

各区域间的渔业协定都提出了切实可行的渔业合作措施，主要包括制定统一养护和管理政策措施、建立数据信息的收集和交换机制、商定成员国的权利和义务、开展执法合作等。目前已经成立的这些区域渔业组织根据不同区域特点和所要达到的管理目标，竭力加强合作改革创新，以保证措施的有效性。如《养护大西洋金枪鱼国际公约》在成立之初即规定要针对本区域内的渔业资源予以收集，对于收集的数据进行分析，研究现期该渔业资源的发展状况，界定渔获量的上限。

我国目前已经缔结和加入了多个区域性渔业组织，主要有1966年“大西洋金枪鱼养护国际委员会”（ICCAT）、1996年“印度洋金枪鱼委员会”（IOTC）、2004年“中西太平洋渔业委员会”（WCPFC）、2012年“南太平洋区域性渔业管理组织”（SPRFMO）等。对此，我国应当加强与各区域组织间的合作，充分应用我国已签订的区域渔业协定，了解各区域的渔业资源情况，借鉴和学习先进的技术和措施，如欧盟的基因生物技术、船舶监控措施等，达到管控IUU捕捞、保护渔业资源的最佳效果。

（二）构建港口国、船旗国、市场国的联合机制

各区域组织和国家在针对管制IUU捕捞方面，越来越重视港口国与船旗国之间的联合协作。船舶实施捕捞行为的基础在于船舶的登记，IUU船舶需在港口实施停靠行为，而IUU船舶所捕捉的渔获物面对的流向为市场。因此，加强三者之间的关系能够有效地管控我国IUU捕捞行为。

就国内联合而言，需要加强海警、港口海关、工商部门、公安等部门间的联合合作。海警负责对在我国所辖海域内的捕捞船舶予以监控，查处其违法捕鱼行为。海关部门对停靠于我国港口的船舶予以检查，对IUU捕捞船舶予以扣押，对其非法所得的渔获物进行收缴；公安、工商等部门联合构建渔获物源头追究机制，对于流入市场的非法渔获物根据登记的渔获物流转链条，追溯非法渔获物的来源，严惩非法捕捞者，并对渔获物链条中的其他责任人进行处罚，减少IUU捕捞销售链条的产生，从市场方面监控IUU捕捞行为。部门间联合协作实现从捕捞到销售整体减少IUU捕捞行为。

就国际联合而言，应实现船旗国、港口国和市场国的联合。船旗国需要规范本国对于船舶的登记状况，减少“方便旗”的数量。此外，船旗国之间还需建立统一船舶登记体制，统一规范区域内部的船舶批准制度，构建船舶数据信息库，以便于成员国对船舶的管理。港口国应对停靠于本国港口的船舶予以检查，确保其具备捕捞资格，并无违法的捕捞工具。港口国还应加强对于港口检验人员的培训工

作，对于已被查处的船舶，应将其信息登记于信息库中，提高各成员国对于信息的掌握程度。市场是监管 IUU 捕捞的最后一道防线。由此，市场国间应建立渔获物流向登记体制，实现渔获物到人的责任机制。对于违法渔获物予以收缴，并且对于渔获物营运商、提供商予以严厉处罚，提高违法成本，减少 IUU 捕捞的发生。

（三）扩大养护范围，开拓捕捞范围

国际条约中多次提及扩大养护范围。全球虽有众多渔业资源但是渔业资源是有限的，各国在开发渔业资源的同时应当注重对于渔业资源的养护。例如，韩国一直致力于对于渔业资源的养护工作，其在本国海域内建立海洋牧场，将海洋养护和渔业资源的开发相互结合。

各国应当注重对于本国渔业资源的养护，建立渔业资源养护区域，禁止渔船非经同意而进入该区域内从事捕捞活动。构建循环性海洋养护区域，保护渔业资源的同时，保护其他海洋资源。由于公海自身的特性，导致公海渔业资源被严重过度捕捞，各区域应联合起来共同实施公海海域渔业资源的养护，制定协议予以共同遵守。

借鉴南非区域组织的经验，实施近海和深海相互更迭的捕捞模式，一方面对近海的渔业资源产生养护功效，另一方面对深海渔业进行开发。在保护几近枯竭的近海渔业资源的同时，转变捕捞理念和方式，实现渔业资源可持续发展。

此外，各沿海国还应扶植本国近海水产养殖产业，规范近海水产养殖产业。保护野生渔业资源的同时，确保沿海国渔民的生活水平，防止近海水体污染等现象的产生。

（四）构建信息联合系统

区域联合协作构建的基础在于信息资源共享，以利于跟踪、研究、管理。我国对于 IUU 捕鱼的管制，也应建立相应的信息资源库。信息库的构建包含船舶登记信息、IUU 捕捞渔船名单、禁止捕捞鱼类名单、捕捞渔获物市场的流向单等。

规范船舶登记系统。虽然我国目前有关于规范管理船舶信息的规定，但由于我国船舶基数大，有部分船舶未进行登记，信息不全，造成管理真空。对此，我国应当规范船舶登记系统，在沿岸建立侦测系统，对于无许可证的船舶一经发现就予以扣押并予以处罚。

建立 IUU 渔船清单。在区域内部构建 IUU 船舶名单，将被查处的 IUU 船舶予以登记，并收集证据材料予以佐证。每年核实 IUU 船舶的现期情况，对于屡被登记仍不予以悔改的船舶，将禁止其进入联合区域的范围，并对其实施严厉处罚。

建立禁止捕捞鱼类名单。由于环境污染和船舶非法捕捞等现象，渔业资源日渐衰竭，对此，我国应当建立禁止捕捞鱼类名单，对此名单的鱼种，应当加强管理，

限定其不被捕捞的年限、尺寸等。船舶误捕该名单内的鱼种，应及时放生，执法机关查处到该鱼种，应当按规定予以处罚。

构建渔获物流入市场明细，确保渔获物在市场中有迹可循，保证渔获物责任到人，以便于执法机关取证。对查处于市场内部的渔获物，除对渔获物的供应人实施处罚外，还应对其经销商实施处罚，切断非法渔获物流入市场的链条，达到遏制 IUU 捕捞的目的。

第三专题

海洋环境

辽宁海岸工程建设中的环境问题治理研究
——公众参与的视角[①]

李伟侠　许洪玲　王付梅　王子欣　张乾懿

一、引言

党的十九大报告继续强调要加快建设海洋强国，辽宁省作为海洋省份，海洋经济发挥着振兴辽宁经济的重要作用。自贸试验区建设会给环境带来影响，因此环境的治理将至关重要。本文在论证辽宁自贸试验区建设对辽宁经济振兴的作用基础上，分析自贸试验区建设中的海岸工程建设所带来的环境问题，接下来主要分析目前环境治理手段所存在的局限性，最后重点从公众参与的视角分析海洋工程建设中的环境治理问题，对于海洋工程建设过程中所出现的环境问题提出公众参与海洋环境治理的对策建议。

二、辽宁自贸试验区建设对海洋环境的影响

中国辽宁自由贸易试验区是中国中央政府设立的第三批7个自由贸易试验区的其中之一，其主要任务是落实中央关于加快市场取向体制机制改革、推动结构调整的要求，着力打造提升东北老工业基地发展整体竞争力和对外开放水平的新引擎。辽宁自贸试验区建设对于引领东北地区转变经济发展方式、提高经济发展质量和水平具有重要意义。目前沈阳、大连、营口三市纳入辽宁自贸试验区规划范围，总面积约120平方公里。海洋经济是国民经济的重要组成部分，近些年随着海洋意识的迅速提升，国家越来越重视维护海洋权益。辽宁作为沿海大省，有着丰富的海洋资源。辽宁自贸试验区的建设也充分利用了省内的海洋资源，尤其是大连片区和营口片区的海洋资源，这两个片区海岸线绵长，港口资源丰富，其功能定位也表明自贸试验区的发展离不开海岸工程的建设。

随着辽宁自贸试验区的成立，海洋工程的建设日益增多，在带来海洋经济发展的同时，海岸工程的建设也会带来一系列的海洋环境问题，带来沿海地区生态环境的压力。首先，由于海岸工程的影响，水动力条件与海湾形态之间的动态平衡可能会受到破坏，海湾形态也会随之进行调整。海洋的自愈能力会降低，环境容量会减少。其次，海岸工程建设降低了海洋环境的容量，海洋自净的周期性增加会导致污染物入海后很难稀释扩散，会加剧水质的恶化。再次，海岸工程建设

① 基金项目：教育部备案2017年度国别与区域研究中心项目“海洋法律与政策东北亚研究中心(GQ17091)”，2017年度辽宁经济社会发展立项课题(2018lslktyb-015)。

的加大会带来渔业资源的枯竭。大规模的海岸工程改变了近岸海域的水文特征，很多鱼类生存的关键生态环境遭到破坏，鱼类的洄游规律受到影响，鱼群的栖息环境、产卵场遭到破坏，渔业资源锐减。例如码头建设和填海工程会破坏鱼类产卵场地，并在一定程度上减少仔鱼觅食的岛屿与浅滩。最后，近岸海域生态环境会受到破坏，天然的红树林和湿地可能会消失，野生生物的生产力下降，生物多样性会减少。

三、海洋环境问题治理方式和手段以及局限性

海洋工程建设所带来的环境问题已经受到政府和社会的普遍关注。目前海洋环境问题的治理主要包括法律手段、环境影响评价两种主要方式。

（一）法律手段

我国自 1973 年以来有关环境问题治理和保护的法律法规不断得以完善。自 1974 年的《防治沿海水域污染暂行规定》出台以来，《中华人民共和国环境保护法》(1979)、《中华人民共和国海洋环境保护法》(1982)、《中华人民共和国防治海岸工程建设项目污染损害海洋环境管理条例》(1990)相继出台，2000 年的修订的《中华人民共和国海洋环境保护法》还把“防治海岸工程对海洋环境的污染损害”作为单独的一章来进行重点强调。我国的环境保护法和海洋环境保护法在海洋环境问题的治理中发挥着重要的引导和规范作用，但是，依旧存在一定的不足之处。2000 年施行了修订的《中华人民共和国海洋环境保护法》，但是与之配套的海洋法律法规没有全部得到完善，2008 年新修订的《中华人民共和国防治海岸工程建设项目污染损害海洋环境管理条例》施行，虽然较以往有了很大的改善，规定了海岸工程与海洋工程的区别，加强了惩罚力度，但是仍然缺乏相关的实施细则及法律法规，在某些方面仍存在漏洞和空白。

（二）环境影响评价

评价是管理的一种重要手段。在我国，环境影响评价已经成为海洋环境治理的一种重要制度。环境影响评价制度是国家通过法定程序，以法律或规范性文件的形式确立的对环境影响评价活动进行规范的制度。环境影响评价制度对环境影响评价的主体、对象、内容、编制、审批环境影响报告书、登记表的程序和法律后果等内容以制度的形式确定下来，具有确定性和强制执行力，任何单位和个人都不得违反，否则就要承担相应的责任。该制度是环境影响评价活动的制度化和法定化，通过立法形成的一套有关环境影响评价活动的规则，是环境影响评价在法律上的体现。在环境影响评价制度中一个最大的亮点是其中的公众参与。公众参与是环境影响评价制度的一项重要内容，是指决策方或建设方通过工作环境影响评价同公众之间的一种双向交流。公众参与本身也体现了环境影响评价工作

和有关部门对公众利益和权利的尊重。公众参与环境影响评价的地位已经在我国的相关法律和法规中得以充分体现,其发展过程如表 3-1 所示。

表 3-1　公众参与环境影响评价在我国的发展情况

时间	事件	相关内容	重要意义
1996	《环境噪声防治法》		摸索阶段
1998	《建设项目环境保护条例》	第十三条规定:“建设单位编制环境影响报告书,应当依照有关法律规定,征求建设项目所在地有关单位和居民的意见。”	
2002	《中华人民共和国环境影响评价法》	第五条、第十一条、第二十一条对国家鼓励公众参与环境影响评价、公众参与规划环境影响评价、公众参与建设项目环境影响评价进行了规定	环境影响评价的立法为公众参与环境影响评价的法制化奠定基础
2006	《环境影响评价公众参与暂行办法》	对公众参与环境影响评价的一般要求、公众参与的组织形式作了规定,并增加公众参与在环境影响评价的前期介入。规定环境影响报告书中没有公众参与篇,环境保护行政主管部门不得受理	提高了公众参与环境影响评价的有效性,并为以后公众参与制度的立法奠定基础和依据

虽然公众参与在环境影响评价中的价值以及在环境影响评价法当中的地位得到充分的肯定,但是目前公众参与由于受到各种因素的限制,没有能够真正有效地发挥其真正能够发挥的作用。

1. 公众参与的意识并不高

公众对于环境变化应该是最先感受的,而在我国,对于环保大部分人都持一种事不关己的态度,认为环境保护应该是政府和企业的责任。尽管也有很多人在努力从自己身边的小事做起,为美好环境建设贡献自己的一份力量,但是在我国,公众对环境影响评价的认识程度远远不够,很多人其实不知道有关环境保护的相关立法,更不知道自己享有这种权利以及破坏环境应该受到什么样的惩罚。海洋一旦受到污染,要花很长时间去修复,但是《环境影响评价法》中关于环境影响评价法律责任的规定不多,并且对于法律责任的定义是抽象、难以操作的。以大学生为例,在学习“环境法”这门课之前,很多大学生也对环境影响评价制度一无所知,更不用说公众参与的程序了。一名法学专业的本科大学生都不了解的事情,普通的老百姓又能了解多少呢?绝大多数人压根儿不知道自己享有公众参与的权利。例如修建水库,搬迁移民群众的意见虽然很大,但他们压根儿不知道环境影响评价可以反映他们的意见，他们认为修建水库是政府的决定，普通民众只能遵从。另外，公众参与的积极性不高，哪怕明知自己享有这种权利，也不去行使，甚至在被动行使的时候也不愿意回答。比如环境影响评价的工作人员主动去调研采访，很多群众不愿意回答相关的问题，随机发放调查表的回收率也特别低，想要邀请相关群众组织开会研讨更是难上加难。

2. 公众参与的方式不明确

我国《环境影响评价法》第五条、第十一条、第二十一条规定了公众参与环境影响评价的方式，即举行论证会、听证会或采取其他适当的方式。但在现实中，很少举行听证会、论证会，绝大多数的环境影响评价报告书都是采用分析调查表的形式制成的，即广泛地采用发放调查表的形式就环境影响评价进行公众参与的程序，而调查表的调查范围是事先拟定好的，公众没有办法对调查表以外的问题进行充分的评价和了解。此外，环境影响评价报告书作为机密文件，不能外传，不能向公众彻底公开，一方面，公众不能充分了解环境影响评价的结论，不能对环境影响评价的结论做出进一步的建议和决策；另一方面，公众不知道自己的意见被采纳的情况和未被采纳的原因，不能充分达到公众参与的初衷。

3. 公众参与缺乏救济手段

我国《环境影响评价法》第四章规定了环境影响评价的相关法律责任。但该法第四章的处罚力度相对来说是很轻的，大多数都以罚款、行政处罚加以规定，只有第三十二条规定构成犯罪的才依法追究刑事责任，而且其前提是必须构成犯罪。要知道，建设项目，尤其是大型的建设项目，对生态环境的破坏是极为严重的，而且这种破坏是无法恢复或者恢复时间极其漫长的。法律的追责是事后的救济手段之一，但仅仅通过追责来救济是明显不够的。除了追责的救济手段，我们还应该设置积极救济环境的手段和救济公众参与的手段。例如如果违反了公众参与的程序，除了追责，我们又该通过什么救济手段重新让公众参与进来，让公众表达意见，确保公众在各个环节真正参与进去而不是纸上谈兵。

四、公众参与海洋环境治理的对策建议

公众参与对于海洋环境问题治理具有重要的价值，本文基于现有公众参与存在的问题，从完善立法、明确参与途径、提升参与意识和加大惩罚力度四个角度论述如何充分并且真正发挥公众参与在海洋环境问题治理中的作用，为海洋环境问题的治理提供有效的对策。

（一）完善立法，明确公众参与主体的法律地位

参与评价的人数越多，其有效性和科学性就越强，所以公众的范围，应该通过法律的规定来加以明确。首先，环境影响评价中公众参与的主体应该是直接或间

接受影响的人群占较大的比例，要重新保障这部分人的参与权；其次，也要考虑那些没有直接利害关系的人群，为他们提供参与环境决策的机会；再次，就是具有代表性的专家、学者、政府官员以及建设单位的负责人，专家、学者具有较强的理论知识，能够提出针对性的意见和建议，政府官员和建设单位的负责人，则是能够从整体规划上提出贴合发展的意见和建议；最后，参与环境影响评价的人群不仅要有一个科学的比例，还要充分考虑年龄、职业、文化程度、受影响程度等因素，以确保公众参与意见的客观性和广泛的代表性。

（二）明确公众参与的方式和途径

公众参与的方式和途径，并不是要一味地增加，现有的调查公众意见、咨询专家意见、座谈会、论证会、听证会等形式是能比较全面和科学地征求民众意见的。我们缺少的，是对公众参与方式和途径的具体规定，即其适用条件的细化。毕竟不同的方式，所耗费的成本和取得的效果都是不同的。什么样的建设项目我们应该采取听证会的形式？什么样的建设项目只需要简单调查公众意见？针对不同的建设项目和不同的建设力度以及不同的建设区域，选取不同的征求意见的方式，既可以节约社会资源，又可以实现决策的科学化。首先，本文认为应该将咨询专家意见和调查公众意见放在首位，即所有需要开展公众参与的项目都应该通过这两种基本方式实现理论和实践的充分结合。其次，对其他可能涉及重污染或者影响范围比较广的建设项目，采取论证会、座谈会、听证会等方法。除了上述的方法之外，在互联网高速发展、国家倡导各行各业开展“互联网＋”模式的背景下，本文认为借助互联网开展新的公众参与方式是一个很好的选择：一方面互联网上能快速地进行资源整合，公众可以积极地去查阅相关资料了解情况；另一方面对部分“保守人群”也是一种保护，即不用担心自己的言论会被拿捏把柄。

（三）开展相关教育活动和宣传活动，提高公众参与的意识

提高公众参与的意识是一个应该长期坚持的事情。在提倡依法治国的今天，在致力于提高全民素质的今天，提高公众的权利意识显得尤为重要。提高公众参与的意识，一方面需要我们自己建立这种权利意识并积极去响应政府的号召；另一方面需要开展长期的教育活动和宣传活动。教育活动是为了增强公众这方面的相关知识，让公众懂得怎么去行使权利；宣传活动是为了让公众更好地了解到环境影响评价的相关内容。二者的结合，就是为了提高公众参与的意识，让公众能够积极主动地参与到环境影响评价中，而不是被动地参与。

（四）加重处罚力度的同时，增加相应的救济手段

法律的救济永远是滞后于伤害的，当违法成本过低时，违法的人和违法的事就会成倍增加。《环境影响评价法》关于法律责任的规定，更重要的作用应该是预

防为主，提出加重处罚力度的观点并不是要求所有关于追责的条文都得加重，而是要求对那些对环境造成严重的、不可恢复的破坏的违法行为，制定更为严厉的处罚手段，以起到警示的作用。另外，还要增加公众参与的救济手段，其前提就是要增强环境影响评价的信息公开度。一方面，只有让公众知情后，才能让大家判断公众是否真正参与进来了，防止部分工作人员为了应付差事而简化调查过程；另一方面当公众发现自己的意见被弄虚作假，或者发现建设项目对环境的危害程度高于环境影响评价报告书中的公示，公众应该向谁去反映问题，向谁去提出自己的意见，这都应该通过立法进行明确规定。对于违法的、不合规定的行为，除了依据《环境影响评价法》第四章内容做出处罚外，对于已经开工的建设的项目是否应该责令停工整改，对于已经公示生效的环境影响评价报告书是否应该撤回更正，对于公众参与弄虚作假的是否应该重新进行公众参与、征求公众意见，这些问题也需要进一步思考。

五、结语

辽宁自贸试验区的建设势必推动我国海洋经济的迅速发展，但是由此带来的海岸工程建设也将会给海洋环境带来重要的影响，现有的法律手段和环境影响评价制度在海洋环境问题治理中发挥着重要的作用，但是也存在一定的局限性。如果从公众参与的相关立法、明确参与途径、提升参与意识和加大惩罚力度等方面来完善公众参与过程，将会有效地解决海洋环境工程建设给海洋环境问题带来的诸多问题，在确保辽宁海洋经济发展的同时，促进海洋环境的可持续发展。

浅析石油污染的最高赔偿限额制度

赵鹏举　山长旭　范　硕

海洋贸易作为最古老的贸易方式，创造了许多现在通行的商事规则，例如近代海上保险制度、海事损害最高赔偿限额制度等，这些制度的产生多是基于海事活动的高风险性。1924 年订立的《关于统一海上船舶所有人责任限制若干规则的国际公约》为海事损害限制赔偿原则成为国际海事通用原则提供了法律依据。这一原则在相当长的时间内适应了国际海事活动的发展需要，推动了海洋经济的发展。随着人类海洋探索活动的不断深入，人类对石油的需求量激增，海事活动中石油污染问题格外突出，石油污染因波及范围广、影响显著、破坏严重等特点成为国际关注焦点。用早前条约确立的限制赔偿原则来确定赔偿数额已经无法填补扩大石油开采、运输活动所造成的损失。于是各国纷纷对国际条约进行变通，以美国《1990 年油污法》为代表的完全赔偿原则成为另一种立法趋势，但同时不可否认，该原则在一定程度上阻碍了海洋经济活动的发展。平衡发展和保护海洋环境是现在国际立法应关注的重点。

一、石油污染是海洋污染的主要来源

所谓海洋污染是指“人类直接或间接把物质或能量引入海洋环境，其中包括河口湾，以致造成或可能造成损害生物资源和海洋生物、危害人类健康、妨碍包括捕鱼和海洋的其他正当用途在内的各种海洋活动、损坏海水使用质量和减损环境优美等有害影响”。[①] 改革开放以来，我国沿海地区经济发展迅速，同时对于海洋的开发利用也存在大量的问题。海洋污染一般主要来源于航运业的发展、向海洋倾倒垃圾、各种海床活动和陆基与大气污染这四方面。

（一）航运业的发展带来的海洋污染

工业革命以来远洋航运业得到极大的发展，人类制造出可以抵抗海上风暴的万吨巨轮。巨轮可以在海上行驶几个月的时间，需要存储足够的柴油。有些使用柴油的船舶在航行时会将柴油直接排入大海，也会将海水注入空油箱用以清洁或者压舱，但这些油和水的混合物通常不经任何处理直接排入海水之中。船舶的搁浅、碰撞、爆炸等事故都有可能导致海洋受到污染。

（二）陆地垃圾倾倒入海

将陆地上的各种垃圾直接倾倒入海是一种相当廉价的垃圾处理方式，特别是在公海中倾倒垃圾，在相当长的一段时间被视为默认的惯例。但海洋是流动的，倾倒入公海的垃圾会随着洋流四处漂流，最终也会损害倾倒者本国的利益。蕾切尔·卡逊(Rachel Carson)在她的代表作《寂静的春天》一书中揭示，在北极生活的海洋动物体内发现了只在陆地上使用的人类合成的化学物质DDT，这一披露最终推动了这种剧毒化学物质在世界范围内的禁用。那么在北极海洋物种体内发现的剧毒物质是怎样进入的呢？一个重要的途径就是人类不加区分地倾倒陆地垃圾污染了海洋生态。

（三）人类在海床进行的活动带来的污染

海床蕴含了大量的能源，石油、天然气、可燃冰等都在海床中储存了极大的数量。为了开采这些能源，人类修建了大量的开采平台，在开采过程中向海洋和大气中排放了大量有害物质。然而最为致命的就是钻井平台的石油泄漏。大型的石油泄漏事故近年来一直不断，如2010年美国墨西哥湾漏油事件，造成近155平方公里的受灾事故面积，被称为美国历史上最严重的生态灾难。石油作为海洋污染物中最主要的一种虽然最终会被细菌降解，但在被分解之前依然会给海岸线、

---

① 参见《联合国海洋法公约》第1条。

海鸟、鱼类带来无法挽回的伤害。

（四）陆基与大气进入海洋的污染

生态系统作为一个动态的循环体系通过大气循环、海陆循环将不同的物质和能量进行交换、运输。这一系统就使得人类排放进入陆地、大气的各种污染物质最终会汇聚到海洋之中。这也是污染物进入海洋的最主要的途径。据统计，海洋污染中百分之十二来自于航运，百分之十来自于垃圾倾倒，百分之一来自于海床活动，而来自于陆基和大气的污染分别占到了百分之四十四和百分之三十三。[①]不同于石油污染，陆基和大气会带来海洋无法降解的剧毒物质并且被海洋鱼类吸收，这些鱼类一旦被人食用，就会导致不可挽回的后果。

二、国际立法对海洋污染赔偿范围的规定

海洋污染因为海水的流动性通常会涉及多个国家，这种越境环境污染不再是一个简单的国内法可以解决的问题。为了解决这一问题，国家间需要通过签订条约、协议等形式来明确双方的权利义务。所以解决海洋污染问题必须在国际法的视角中分析权衡。

国际上关于海洋污染赔偿方面的立法的出台主要集中在20世纪中后期，特别是1954年在伦敦订立《国际防止海上油污公约》成为推动治理海洋污染的里程碑事件。之后在1969年制定的《国际油污损害民事责任公约》和《国际干预公海油污事故公约》及1972年制定的《防止船舶和飞机倾倒废物污染海洋公约》在防止倾倒物、陆源物质、船舶污染海洋方面做了较为细致的规定，直到1982年形成了以《联合国海洋法公约》为核心的控制海洋环境污染的国际规则标准和程序体系。此外，还成立了国际海事组织，主要解决海洋环境与资源的保护等方面的问题。为了解决争端，还成立了国际法院、国际海洋法法庭、特别仲裁庭等组织，对有争议的国际海洋污染事件作出具有强制力的裁决。

（一）国际法对海洋污染赔偿范围的相关规定

1. 对船舶油污染损害赔偿的国际条约

与海洋污染赔偿有关的条约主要集中在船舶油类污染和其他种类污染物方面，在海事贸易中主要的交通工具船舶和人类最常使用的能源石油引起了最广泛的关注。

第一，1954年通过的《国际防止海上油污公约》是最早的有关防止海洋油污染的公约，在禁止船舶向海洋排放油类污染海洋环境方面做了原则性规定，提供了技术性措施范本。但因为该条约的执行效果不佳，最终被《MARPOL 73/78 防

---

① 张晏瑲.海洋法案例研习[M].北京:清华大学出版社,2015:208.

污公约》取代。

第二，1967 年在英国东海岸发生的 Torrey Canyon 号溢油事故直接促成了 1969 年通过《国际油污损害民事责任公约》(以下简称 CLC 1969)，该公约的主要目的是保障受害人可以得到及时有效的赔偿。该公约通过建立国际民事赔偿规则和程序，方便受害人向船舶所有人提出赔偿，并在归则原则上转向“严格责任”，限制了船舶所有人的免责情形。同时，为了保护船舶所有人，该条约有规定最高赔偿限额，赔偿标准由船舶的吨位决定，而不是由造成的实际损害确定赔偿数额，即“船舶所有人有权将他依本公约对任何一个事件的责任限定为按船舶吨位计算赔偿总额，每一吨 2 000 法郎，但这种赔偿总额绝对不得超过两亿一千万法郎”。①该公约尽管在当时相较其他国际条约已有了极大的进步，但面对全球化的急速发展，2.1 亿法郎(约 1 890 万美元)的赔偿已远远无法弥补油污染造成的损害。

第三，为了弥补 CLC 1969 的缺陷，1992 年通过了《修正 1969 年国际油污损害民事责任公约的 1992 年议定书》(以下简称 CLC 1992)，该条约明确了油类的范围和污染损害等有争议的概念，扩大了公约的适用范围：“缔约国的领土，包括领海和缔约国按照国际法设立的专属经济区；或者，如果缔约国未设立此种区域，则为该国按照国际法确立的、在其领海之外并与其领海毗连的、从测量其领海宽度的基线向外延伸不超过 200 海里的区域。”②在限制赔偿数额的基础上提高了船方的责任数额：“(a) 对于不超过 5 000 吨位的船舶：三百万计算单位；(b) 对于超过 5 000 吨位的船舶：除(a)项所述金额外，对每一额外吨位另加 420 计算单位。但该合计金额在任何情况下不应超过 5 970 万计算单位。”③计算标准由法郎变为了特殊提款权(SDR)。通过国际条约的一系列修改，我们可以看出，只要坚持最高赔偿数额的规定，条约就必然会不断地发生变化。

第四，1971 年《设立国际油污损害赔偿基金公约》(以下简称 FUND 1971)的目的在于为受害者提供一个更为合理的赔偿机制。但是缔约国在严格责任制度和赔偿最高限额上存在争议，故针对该公约分别于 1976 年、1984 年、1992 年、2000 年增加了四份修改议定书，进一步补充了 CLC 1969 的赔偿范围：“由于下列原因不能按照责任公约的条款得到损害的全部和足够赔偿时，‘本基金’应付给赔偿金：由于按照责任公约不产生损害赔偿责任；由于按照责任公约对损害应负责任的船舶所有人，在财力上没有能力履行其全部义务，并且按照该公约第Ⅶ条规定的提供的财务保证也不能了结或不足以满足损害赔偿的请求。”④进一步提高了最高赔偿限额，其中 2000 年修正案将限额提高到了 2.03 亿 SDR。

---

① 参见《1969 年国际油污损害民事责任公约》第 5 条第 1 款。

② 参见《修正 1969 年国际油污损害民事责任公约的 1992 年议定书》第 3 条第 1 款。

③ 参见《修正 1969 年国际油污损害民事责任公约的 1992 年议定书》第 6 条第 1 款。

④ 参见《设立国际油污损害赔偿基金公约》第 4 条。

2. 国际法对核污染的规定

核能作为新兴能源，核矿产的海路运输或者作为潜艇、轮船的动力存在污染海洋的可能。如1992年就有专家批评日本首次核材料运输，这一运输极有可能对海洋环境造成极大的不良影响，国际海事组织(IMO)极力制止日本的此次运输行为。有关核污染损害赔偿的国际条约主要包括：(1) 于1960年订立的《核能领域中第三方责任巴黎公约》及有关补充议定书。(2) 于1962年订立的《核动力船舶经营人责任公约》，该公约基于核原料的特殊性对船舶经营人规定更为严苛的责任："如经证明，核损害是由涉及某一核动力船舶的核燃料或该核动力船舶产生的放射性产物或废料的核事故所致，则该核动力船舶经营人应对核损害承担绝对责任。"[①](3) 于1963年订立的《核损害民事责任维也纳公约》及有关补充议定书，该公约在赔偿的数额上做了更为具体的规定，同时也规定了赔偿的最高限额。"运营者对于任一核事件的责任可由装置国限定为：(a) 不少于300百万提款权；或(b) 不少于150百万提款权，条件是在超过此数额到高至至少300百万提款权之间的数额，应由该装置国提供公共资金赔偿核损害；或(c) 对于从本议定书生效之日起最多为15年这一期间内发生的核事件，不少于100百万提款权的过渡数额。可规定少于100百万提款权，条件是装置国提供公共资金来赔偿该较少数额与100百万提款权之间的核损害。"[②]

3. 有毒有害物质污染海洋的国际赔偿规定

为了扩大对海洋环境的保护，在1996年制定了《国际关于海上运输有害和有毒物质造成污染的损害责任和赔偿公约》，该公约规定了船舶所有人的严格责任，按照吨位的大小规定最高赔偿限额，在2 000吨以下的船舶最高赔偿不超过1 000万SDR，2 000吨以上且不超过50 000吨每吨增加1500 SDR，50 000吨以上的每吨增加360 SDR。在运送有毒有害物质(HNS)货物造成污染时，赔偿金额不足的部分由HNS基金进行补偿。

国际法对于海洋生态环境的保护不断趋于完善和严格，但是当国家利益和环境保护存在冲突时，更多的国家为了本国的利益或者所代表的阶级利益背弃人类命运共同体这一理念，继续破坏海洋生态环境。经济发展和环境保护历来就存在冲突，国际法缺乏强制执行力，国际环境保护的现状不容乐观。特别是国际法确定的最高赔偿限额基本无法解决相关污染所带来的环境问题，这实际上就是各国利益权衡的结果，这些妥协让国际环境立法离保护全人类生存环境这一主旨越来越远。

---

① 参见《核动力船舶经营人责任公约》第Ⅱ条第1款。

② 参见《修正〈关于核损害民事责任的维也纳公约〉的议定书》对该公约第Ⅴ条的修正。

（二）美国《1990年油污法》对国际法的突破

每一部具有突破性的法律，其背后一定有一个或一系列严重的社会事件作为推动力。美国《1990年油污法》也不例外。1989年，美国埃克森石油公司在威廉王子湾触礁，致使400公里海岸线被污染。面对这一巨大的损失，美国在是否加入CLC 1969公约体系的问题上产生疑问。若加入该公约体系必然会受到最高赔偿数额的限额的制约，2.03亿SDR的赔偿数额远远无法弥补该场灾难所带来的损失，后期环境的修复工作也需要一笔巨大的花费。基于此，美国放弃加入该公约体系，转而寻求国内的立法，制定了专门的石油污染法突破国际法的相关规定，对以后其他国家石油污染立法产生了深远的影响。

相较于CLC 1969及FUND 1971两公约规定的严格责任，美国《1990年油污法》对船东、光船租赁人等责任主体规定了更为严格的责任方式，即"绝对责任方式"，体现了"谁污染，谁付费"这一原则，要求责任主体承担"无限清偿责任"。如果油污染事故是由责任主体或其代理人、雇员或与责任主体有合同关系的人员的下列行为所造成的，则责任主体必须承担无限赔偿责任，即不得享受赔偿责任限制的权利：(1) 有重大过失或故意不当行为；(2) 违反联邦安全、构造或操作规则和命令，其中包括没有按规定报告该事故或没有向有关方面提供关于清污活动和一切合理的合作与协助；(3) 从大陆架设施运载货油的船舶或大陆架设施自身产生油污染事故，所发生的一切清污费用全部由责任主体承担，不得享受责任限制。① 另外，该法还规定了责任主体对防止污染扩大采取的措施所花费的费用和造成的实际损害、对恢复环境所花费的费用承担赔偿责任。该法还要求液货轮必须采用双层船壳结构减少石油事故发生时的溢油量。这种极高的要求和赔偿标准把美国与国际社会分离开来，它未能创设一种石油的生产者和运输者所赖以适用的统一规则。②

对于美国《1990年油污法》，我们必须看到它所体现的原则与目的并不是为了推动海洋环境的保护，而仅仅是从维护本国利益的角度出发，因此必然会存在很多问题难以普遍适用。但我们不得不承认在该法颁布之后，美国的石油泄漏事故发生的数量远远小于其他的发达国家。该法之后对加拿大、日本、我国台湾地区等的立法都产生了极大的影响，被广泛借鉴。

三、我国立法对海洋污染赔偿范围的规定

就国内立法而言，我国对环境保护的力度长期处于滞后的状态，为经济发展牺牲环境利益在相当长的时间内成为某种共识。但自2015年《中华人民共和国

---

① 参见美国《1990年油污法》第1018条。

② 钭晓东，藏卫华. 海洋时代海洋污染损害赔偿问题研究[J]. 法学杂志，2013(2)：69.

环境保护法》(以下简称《环保法》)修改以来,我国政府加强了对环境污染的处罚力度。2017 年修改了《中华人民共和国海洋环境保护法》(以下简称《海洋环境保护法》),进一步完善了我国海洋污染的预防措施,实行更为严格的处罚力度;同年《中华人民共和国民法总则》(以下简称《民法总则》)正式施行,将保护生态环境作为我国民法的基本原则之一,为海洋环境的保护提供了更为有效的立法依据。我国国内立法对海洋生态的保护进入了一个新的历史阶段。

(一)《民法总则》相较于《民法通则》的变化

《民法通则》第一百二十四条规定:"违反国家保护环境防止污染的规定,污染环境造成他人损害的,应当依法承担民事责任。"[①]相对来说,该规定更为笼统、概括,这主要是因为法典体系编排的问题,在总则部分主要规定的是原则性的内容,具体内容应当在分则或者以特殊立法的形式加以明确。但《民法总则》将环境保护进一步提升为民法的基本原则,要求民事主体在从事民事活动时,应当有利于节约资源、保护生态环境。[②] 这不但极大地提高了保护环境在民法中的地位,也成为保护海洋环境更为有利的上位法依据。

(二)《环境保护法》对赔偿范围的修订

2015 年生效的《环境保护法》被称为史上最严环保法,不仅加大了对污染者的处罚力度,将环境保护作为政府工作指标的主要考核依据之一,还首次明确了污染者的赔偿范围,对因污染环境和破坏生态造成损害的应当依照《中华人民共和国侵权责任法》的规定承担侵权责任。[③] 虽然在该法修订之前司法实务部门就一直参照《侵权责任法》来解决环境污染带来的纠纷,但由于立法上的模糊性,在解决污染赔偿问题的时候始终存在极大的争议。适用《侵权责任法》对受害人来说,一方面扩大了索赔的范围;另一方面对于环境污染问题适用举证责任倒置的规定,加害方需要对污染行为和损害结果之间不存在因果关系负有举证责任,也极大地减轻了受害人的负担。

(三)《海洋环境保护法》对赔偿范围的修改

为进一步保护海洋生态环境,我国于 2000 年在《环境保护法》的基础上制定了《中华人民共和国海洋环境保护法》(以下简称《2000 年海洋环境法》)。但是在制定该法时我国为了同国际 CLC 1969 体系接轨,虽然规定了更为明确的民事责任,但是在生态赔偿方面规定不足,对于肇事企业最高的罚款额不超过 30 万元,无法弥补因石油泄漏所需要的恢复费用。如 2011 年,中海油与美国康菲公司合

---

① 参见《中华人民共和国民法通则》第一百二十四条。
② 参见《中华人民共和国民法总则》第九条。
③ 参见《中华人民共和国环境保护法》第六十四条。

作开发的渤海蓬莱 19-3 油田发生重大溢油事故，溢油油污沉积物污染面积达到 1 600 平方公里，影响范围涉及辽宁、河北、天津、山东三省一市，这起事故被国务院调查组定性为中国迄今最严重的海洋生态事故和漏油事故。[①] 在这一事故中 30 万元的罚款对恢复渤海湾的环境可谓是杯水车薪。《2000 年海洋环境法》此时已经失去了作为法律应有的意义，最终还是由行政部门出面协调，康菲公司对受害人的补偿和赔偿超过 10 亿元，并且和中海油提供 15 亿元用来恢复渤海湾的生态环境。

此次石油泄漏事故直接推动了《海洋环境保护法》的修订。在经历长达数年的论证后，终于在 2017 年新修订的《中华人民共和国海洋环境保护法》生效（以下简称《2017 年海洋环境法》），该法对海洋污染的赔偿限额有了大幅提升，对造成一般或者较大海洋环境污染事故的，按照直接损失的百分之二十计算罚款；对造成重大或者特别重大海洋环境污染事故的，按照直接损失的百分之三十计算罚款。[②] 并且该法和最新修订的《环境保护法》对接，旨在改善海洋环境、推进海洋强国建设和促进经济社会可持续发展。

《2017 年海洋环境法》所确定的赔偿原则同国际惯用的限制赔偿原则相比有很大的不同：没有规定具体的赔偿限额，而是规定了赔偿比例。同美国立法相比，该法不是采用绝对赔偿责任，并非要求责任人对所造成的全部损害进行赔偿。此外，我国《2017 年海洋环境法》赔偿的数额是依据责任主体所造成的实际损害加以确定，与国际上按照船舶的单位重量来确定赔偿最高限额相比，更具合理性。

就我国目前的环境立法来看，加强对海洋污染的处罚力度、建立健全海洋生态红线、保护海洋生态和谐是我国的立法趋势。但要指出的是，应对海洋污染必须加强国际合作，我国必须推动进一步完善保护海洋环境的国际条约，承担我国应该承担的大国责任。

四、海洋污染赔偿的常见原则

（一）赔偿责任限制原则

赔偿责任限制原则是在海事赔偿中的常见原则，这一原则作为海事贸易的特殊现象是指责任主体在面对海难事故造成的受害人人身伤亡、财产损失，依据法律将其赔偿责任限定在一定范围之内。损害赔偿责任制度是海事法律赋予责任主体的一种法定特权，是特殊的民事损害赔偿责任形式。[③] 关于赔偿责任限制的

---

① “康菲溢油”重大事故环境公益诉讼首立案[EB/OL]. 2015-07-26. http://business.sohu.com/20150726/n417534523.shtml

② 参见 2017 年《中华人民共和国海洋环境保护法》第九十一条第 2 款。

③ 参见《1957 年船舶所有人责任限制公约》第一条第 7 款。

国际公约主要包括1924年《关于统一海上船舶所有人责任限制若干规则的国际公约》、1954年《船舶所有人责任限制公约》、1976年《海事索赔责任限制公约》这三个公约。

公约的意义在于责任主体的利益与所面临的风险和责任应当遵循比例原则和公平原则，给予海事事故受害者应有的保障，又能保护和促进国际航运业持续的健全发展。[①] 对于以上理由我们不难理解，虽然人类的科学技术日益发达，但在面对海洋多变的天气状况时，依然有极大的可能发生海难事故。船舶所有人收取的是有限的运费，如果让船舶所有人承担全部损失的赔偿责任，极有可能让责任人陷入破产的境地。而航运业又在我们当今社会经济发展中占有极为重要的地位，为了让国际海事运输得到继续发展，实行限制责任原则是必要的。

FUND 1971公约，其成立的基金主要目的就在于弥补限制赔偿责任制的弊端，对CLC 1969公约不予赔偿或者超出公约赔偿范围的部分适用，从而使受害人的损失得到合理的弥补。这样就使得责任主体的责任和受害人的损失之间趋于平衡，双方争议可以得到合理的解决。

（二）全面赔偿原则

全面赔偿原则是指侵权行为人以自己的财产赔偿权利人遭受的全部经济损失，包括直接经济损失和间接经济损失。[②] 这实际上基本可以等同于美国《1990年油污法》所确定的“绝对责任方式”，责任主体存在重大过失或故意的行为的，应当对其所造成的损害进行全部的赔偿。接受赔偿的主体不仅包含直接受害人，国家也可以作为特殊主体要求责任人对实施防止污染扩大花费的费用以及后续恢复环境所需要的花费进行赔偿。但需要指出的是全面赔偿责任可能会导致海事运输主体倾其所有也无法赔偿所造成的损害，故在适用该原则的时候必须保持慎重的态度。

限制赔偿责任原则和全面赔偿责任原则的适用，并非只能是二者必选其一的状态。限制赔偿原则依然在国际立法上占据着主流地位，就算是号称最严厉的海洋环境保护法的美国《1990年油污法》也不例外，该法只是缩小了限制赔偿责任的适用范围，由其所确定的“绝对责任方式”，只是作为例外性条款在责任人存在故意或者重大过失、违反联邦或州法律的强制性规定等情况时才加以适用。虽然在施行限制赔偿责任的体系下受害人实际得到的赔偿仅为损害的一部分，但这并没有妨碍全部赔偿原则的成立，被限制的债权总额依然是债权人的全部损失，限制赔偿的目的在于分摊运输风险的需要。[③]

---

① 陈百贤.论船舶污染损害赔偿[D].北京：中国政法大学，2006.

② 江平.民法学[M].3版.北京：中国政法大学出版社，2016：568.

③ 董明慧.船舶油污损害民事赔偿范围研究[D].上海：上海海事大学，2005.

五、结语

为满足人类的发展需要，人类的探索脚步不断地深入到海洋内部之中，人类活动给海洋生态环境带来巨大的冲击。面对日益严重的海洋污染问题，世界各国不断联合达成共识，订立了一系列的国际条约。在解决海洋环境问题时明确：第一，必须加强国际合作，由世界人民共同努力，建立更为严密的管理机构，由发达国家向发展中国家提供技术支持，实现地球环境的共同维护。第二，采取预防原则，国际社会必须在严重的污染事故发生前采取各种措施，防止污染的发生。只有充分利用科学评价人类行为对环境可能造成的后果，才能从根本上堵截污染的发生。

此外，在对已经发生的海洋污染事故确定赔偿范围、在将国际法转为国内法时，必须处理好限制赔偿原则和全部赔偿原则之间的关系，不能因赔偿范围过广而限制了海事运输的发展，同时又要避免将赔偿数额限定得过低而使《海洋环境保护法》变成一纸空文。对于我国立法来说这一点尤为重要，在全球化和建设海洋强国战略的背景下，和国际体系接轨已成必然，但对不利于海洋环境的条款，我们应当作为保留条款，进而实现我国国内立法的科学性、体系性。

国际海洋环境法在海洋开发中的适用研究
——以南海开发为分析对象

夏晨斌　彭正康

一、国际海洋环境法的诞生与发展

1972 年《联合国人类环境会议的宣言》(以下简称《斯德哥尔摩宣言》)尽管仅是国际法领域中的软法，并非是《国际法院规约》第 38 条所确定的国际法直接渊源，但其在国际环境法领域具有极高的影响力，[①]同时国际环境法的发展是采取“软法推动硬法渐进式制定模式，从而实现软法到硬法的转变”。[②] 故其可以看作是国际海洋环境法的主要渊源。该宣言第 2 条规定，为了全人类的利益，我们必须慎重保护地球自然资源，包括海洋资源。该宣言第 7 条规定，各国应采取一切可能的措施防止海洋污染。

《斯德哥尔摩宣言》带来的影响是广泛的，从联合国的角度来看，《斯德哥尔摩宣言》直接促成了联合国环境规划署(UNEP)的建立，并促使其各专门机构更加

---

① 陈奕彤.国际环境法的遵守研究[D].青岛：中国海洋大学，2014：133.

② 万霞.试析软法在国际法中的勃兴[J].外交评论，2011(5)：113.

关切环境与资源保护问题。从 WTO 的角度来看，尽管 1972 年并没有 WTO，WTO 建立伊始也不具有保护环境的特别权利和义务，但是 1994 年《马拉喀什协定》在序言中提及贸易扩大必须保护和维护环境，这至少意味着 WTO 相较 GATT 更强调环境保护意识，尤其是强调海洋环境的保护。

《斯德哥尔摩宣言》的大部分内容并不能直接转化成具有强制约束力的法律性文件，但是宣言所主张的许多政策却为国际社会所采纳，[①]其中影响最为深远的便是对海洋环境的保护。海洋环境的保护已经写进《联合国海洋法公约》(UNCLOS)，但是国际海洋环境法并非是独指 UNCLOS 中对于海洋环境的有关规定，而是泛指所有与海洋环境保护有关的条约协定。随着海洋环境保护的发展，海洋环境保护法渐渐呈现出模块化的特点，大致可分为海洋生物资源的养护、海事活动污染的防治、海底活动污染的防治等方面。

二、《联合国海洋法公约》在南海渔业资源开发中的适用

(一) 南海渔业资源开发现状

中国南海蕴藏着丰富的渔业资源与其他经济水产作物，中国南海的渔业资源对于中国海洋强国战略的实施有着不可言喻的价值。渔业资源的开发直接关系到海南省的经济福祉，其不仅为省内居民提供了高度营养的食物来源，也带动了沿海城市居民的收入增长，创造了就业机会。

渔业资源的开发是海洋农业的重要组成部分，联合国粮农组织(FAO)的报告显示："渔业目前是提供优质蛋白质的主要产业，渔业支持着世界 10%以上人口的生计福祉。"[②]从目前的数据来看，海南省海洋经济产值已破千亿元，占全省经济比重的 28%，其中渔业经济产值 517 亿元，占农业产值比重的 25%。海南口岸水产品出口量高达 12.2 万吨，居全国第六，海南主要渔业水产品为罗非鱼，同时海南也是石斑鱼的三大产地之一。海南的海洋经济开发与渔业资源开发正在高速增长中，据悉，海南省政府出台《关于加快建设海洋强省的决定》要求海南省海洋经济比重在 2020 年达到 35%，而海洋渔业是海南海洋经济的先导产业，仅"十二五"期间国家便同意海南新建渔船 1 188 艘，鼓励渔民出海捕鱼。

渔业已经是海南省支柱产业，海南省渔船数量增势迅猛，中大型渔船数量比重进一步增大，远海捕捞能力大幅提升。但随着渔业的蓬勃发展，渔业资源开发中的问题也随之暴露出来。根据 2017 年中国渔业统计年鉴显示，海南省 2016 年海洋捕捞量为 1 407 482 吨，占南海捕捞总量的 37%，相比 2015 年增加 46 757 吨，

---

① 汉斯·布里克斯.《斯德哥尔摩宣言》的历史渊源[M]//傅崐成，编译.弗吉尼亚大学海洋法三十年精选集(第三卷).厦门：厦门大学出版社，2007：918.

② FAO. FAO Yearbook: Fishery and Aquaculture Statistics[M]. 2012：3.

增幅居全国前列,其中海洋捕捞量远高于海洋养殖量,这就意味着有近一半的渔业产值来自对南海自然生物资源的捕捞。南海区域内的捕捞总量则更是高达3 767 003吨,仅次于东海,相比2015年增长9 304吨,增幅居于全国第二。[①] 南海渔业捕捞的问题同样在于捕捞量远大于养殖量,且捕捞量增长迅猛,如此对南海强取豪夺,南海渔业资源的养护便成了不得不考虑的问题。只有合理养护渔业资源才能防止渔业资源的衰竭,防止海洋生物多样性被破坏,实现海洋渔业的可持续发展。

(二)渔业养护:海洋生物资源保护规制不可或缺

渔业资源养护是海洋生物资源保护规制中极其重要的一点,不注重养护的捕捞带来的损害将不仅仅是某一物种的灭绝,而是整个海洋环境的衰竭与荒漠化,这点在生物学界是一致认同的,因此人类应高度重视海洋生物资源尤其是渔业资源的养护。

早在1958年第一次联合国海洋大会便通过了《海洋生物资源捕捞与养护公约》,公约第1条规定:"缔约各国有责任采取或与其他国家合作养护公海生物资源。"公约第2条对"养护"一词进行了定义:"所有可使此项资源保持最适当而持久产量,有利于取得食物及其他海产最大供应量之措施之总称。"[②]需要注意的是,1958年UNCLOS尚未制定,200海里海权的概念尚未被国际社会认可,此时公海的概念范围要比现在广阔得多。1972年《斯德哥尔摩宣言》肯定了以上会议的成果,其原则又影响了保护海洋生物规制的发展,UNCLOS第61～68条、第116～120条的若干规定初步建立了国际海洋法项下的渔业养护体系,随后还有1992年制定的《生物多样性公约》(CBD)、1995年《联合国关于保护和管理跨界和高度洄游鱼类种群的协定》以及《关于海洋和沿海生物多样性的雅加达条例》(以下简称《雅加达条例》),其中《雅加达条例》秘书处又先后与其他涉水条约——1971年《关于国际重要湿地公约》(以下简称《拉姆萨尔公约》)、1973年《濒危野生动植物种国际贸易公约》(CITES)及1979年《迁徙性野生动物保护公约》(以下简称《波恩公约》)签订了谅解备忘录。以上条约大致形成了海洋渔业养护的基本规制。

UNCLOS第61条规定各国在决定专属经济区内生物资源捕捞量时应充分考虑科学建议,采取正当的养护措施确保专属经济区内的生物资源不被过度开发。从条文规定可以看出来,UNCLOS的规定是倡议性的条文,对于实际的渔业养护并没有建设性的规定。要想在南海形成渔业养护规制,还需要参考更多的国

---

① 农业部渔业局.中国渔业统计年鉴2017[M].北京:中国农业出版社,2017:40.

② 魏德才.《联合国海洋法公约》海洋渔业资源养护制度评析[J].中国海洋大学学报(社会科学版),2015(6):11.

际性规定。由于海洋环境法是软法推动硬法的渐进式制定模式,不妨参考若干国际软法,如1989年《关于禁止在公海使用大型流网的决议》、1995年联合国粮农组织通过的《负责任渔业行为守则》以及2001年《预防、阻止和消除非法、未报告和无管制的捕捞活动国际行动计划》等。

中国目前已经与韩国、日本和越南签订了有关渔业合作的协定,但目前适用于南海水域的只有《中越渔业合作协定》。2004年双方又进一步签署了《补充协定书》和《北部湾共同渔区渔业资源养护和管理规定》。《中越渔业合作协定》与《北部湾共同渔区渔业资源养护和管理规定》较为细致地规定了中越双方相邻专属经济区的渔业开发和养护,包括捕捞量的设定、船只数量与逐年递减数量以及违反协定的法律后果。该协定目前是南海海域比较有实际操作价值的渔业规定。但其规定过于狭窄,只限于北部湾水域,而北部湾只是中越相邻专属经济区的一部分水域,相较于南海则更小。

(三)南海渔业养护规制的构建与挑战

UNCLOS本身规定不尽合理,人类的人工界限划分并不适用于自然界,公约所划分的专属经济区是按照国际法规则设定的,并没有过多地考虑自然因素,至少不会考虑洋流与海鱼的迁徙活动。因此,UNCLOS第63条、第64条的规定对于渔业资源的养护没有更多的实际意义。UNCLOS所面临的尴尬境地是如何兼容专属经济区相邻国家的海鱼捕捞与养护制度。以罗非鱼为例,罗非鱼在南海的游弋范围可从越南金兰湾到我国广西北部湾区,若我国仅以我国范围内的科学与经济数据为参照而制定捕捞量或者养护规划,极有可能因疏忽越南范围内的环境与经济因素,从而对相邻专属经济区的渔业资源与生态环境造成影响。南海周边国家过多,有大量的相邻专属经济区,虽然越南已经与我国签订了《北部湾共同渔区渔业资源养护和管理规定》,但其规定的范围过于狭窄,而且南海中相当一部分国家与我国并没有任何渔业双边协定,如何在这些相邻专属经济区之间合理分配捕捞量便成了南海渔业养护亟须解决的问题。

国际性文件的法律约束力不足或具有法律漏洞。一方面,虽然国际社会先后通过了许多有关渔业资源保护的国际性文件来填补UNCLOS的不足,但这些决议守则属于国际软法,不具有强制性的法律约束力,尽管其为国际社会提供了行为准则,但是对违法行为人并不会带来任何不利后果,不利于海洋生态的保护。另一方面,UNCLOS存在法律漏洞。UNCLOS的管辖效力只及于缔约国,而在南海海域内就存在着非缔约国——柬埔寨。另外,缔约国渔船也可以通过悬挂非缔约国船旗来规避UNCLOS的限制。

UNCLOS在其体制内依然为填补上述不足留下了补充机制,其第63条规定国家间可以直接或通过区域组织达成相关协议。因此笔者认为,南海渔业养护规制可以在现有的东盟框架内达成协议,在南海行为准则的谈判中可以适当考虑加入南海生态保护、渔业资源养护与开发的议题。

三、《国际防污公约》在邮轮母港建设中的适用

（一）三亚邮轮母港建设概要

2010 年，海南开启了国际旅游岛建设的新篇章，三亚邮轮母港国际豪华邮轮到港量高速增长，年接待游客量也高速增长。三亚建设邮轮母港位置极佳，位于新加坡港和香港之间，从三亚港口驶出一小时左右便可进入国际航道。但从三亚凤凰岛国际邮轮港发展有限公司提供的数据来看，2012 年之前三亚邮轮母港仅有 8 万吨级泊位一个，且为国内航线停泊区，远远无法满足大型豪华邮轮的停泊要求。2012 年三亚开始了国际邮轮母港二期工程建设，将扩建泊位 4 个，其中 10 万吨泊位 1 个，15 万吨泊位 2 个和 22.5 万吨泊位 1 个，届时将可停靠世界上最大邮轮——皇家加勒比“海洋魅力号”邮轮。

2015 年初春，15 万吨级的“玛丽女王 2 号”邮轮到访三亚，但却没有合适的港口停靠。三亚邮轮母港建设规模不足的弊病已经显现出来，三亚邮轮产业发展的最大障碍便是港口建设不足，规模与管理都不到位。邮轮母港的扩建工作与产业园建设已经迫在眉睫，如何管理好邮轮母港、管理好邮轮产业的发展，把邮轮母港产业化纳入法律规划之中成了邮轮母港产业化建设的重要课题。

2016 年，《三亚市邮轮母港产业园总体规划》通过专家初审，三亚市《政府工作报告》指出要将三亚邮轮母港建设成亚洲最大邮轮母港。① 三亚在积极吸引国际邮轮公司到访三亚的同时，也在积极建设自主邮轮品牌。据悉，2016 年已有 2 艘 1.5 万吨级邮轮正在建设中，建成后将以三亚为邮轮母港开始运营。② 随着亚洲最大邮轮母港建设项目的推进、国际航线的开发，邮轮产业给南海带来的环境影响必须纳入考虑范围。国际邮轮的运营必须符合有关海洋防污公约的规定。

（二）《国际防污公约》对邮轮母港建设的积极意义

1973 年 11 月 2 日国际海事组织（IMO）于伦敦通过了《1973 年国际防止船舶造成污染公约》，该公约主要涉及规制船舶造成污染的五项污染源。2008 年，海上环境保护委员会（MEPC）第 56 次会议决定将以往的公约及六个附件整合为一个整体，使用《国际防污公约》（MARPOL）代替以往的《经 1978 年议定书修订的 1973 年国际防止船舶造成污染公约》（MARPOL73/78），而该公约已经是防止船舶造成海洋污染方面最为全面、最具影响力的公约，该公约的进步之处在于不仅

---

① 陈吉楚. 产业发展计划：打造亚洲最大邮轮母港. [EB/OL]. 2017 - 11 - 25. http://www.sanya.gov.cn//sanyasite/jrtt/201709/4583537792c249f7827f3234e88b00af.shtml.

② 张明宇. 三亚打通港口瓶颈发展亚洲最大国际邮轮母港[EB/OL]. 2017 - 11 - 25. http://news.xinhuanet.com/fortune/2015 - 06/15/c_1115618424.htm.

有相应条款，而且规定了具体的技术附则要求，为防止污染、保护海洋环境提供了有效的海洋环境法律保障。[①]

2001年IMO于伦敦通过了《2001年国际控制船舶有害防污底系统公约》，我国于2011年3月加入，2011年6月该公约对我国（除香港地区外）所有地区适用。[②] 该公约旨在严格控制船舶防污底系统对海洋环境造成的损害。从目前的技术条件来看，船舶的防污底系统多少会对海洋环境造成损害，而我们唯一所能做的便是将该损害降到最低，并研发更加高效无害的防污底系统材料。该公约明确禁止使用含有有机锡化合物的防污底系统。根据该公约第3条规定，本约适用主体为任何缔约国船舶、由缔约国经营的船舶或者进入缔约国港口的船舶，但不适用于军舰、海军辅助船等船只。由此可以看出邮轮属于该公约主体范围，由此以三亚为邮轮母港运营的邮轮均应遵守该公约，严格在附件3所确定的标准内使用船舶防污底系统，我国也可根据该公约第10条及附件4对母港邮轮检验。

2004年IMO于伦敦通过了《2004年国际船舶压载水和沉积物控制与管理公约》，我国尚未加入该公约，但该公约宗旨与规定应引起我国注意。该公约旨在规范国际船舶的压载水和沉积物对海洋生物多样性的影响，UNCLOS(1982)第196(1)条规定世界各国应采取一切必要措施以防止、减少和控制使用技术造成的海洋环境污染，或由于故意/偶然在海洋某一特定部分引进的新物种损害海洋环境的可能。

随着全球贸易的发展，远洋船舶航线已经遍布世界各地，而大型船舶的压载水极有可能成为传播有害水生物及病原体的介质。外来物种的侵略性以及对生态平衡的破坏力已经不言而喻，而外来有害病原体更会给区域水生物资源带来毁灭性的灾难。三亚邮轮母港的建设必须对此有所考虑。邮轮吨位巨大，且游弋范围遍及全球，三亚母港随着国际航线的开拓，会有更多的国际邮轮到访海南，其压载水与沉积物极有可能成为传播外来生物的介质。

我国虽未加入该公约，但应该制定适用于我国管辖水域及邮轮母港压载水管理的政策法规与细致的标准与程序，并为邮轮压载舱清洗作业和沉积物接收制定相应的规章制度，并要求邮轮制订压载水管理计划、提供压载水记录簿等。由于我国对此暂无相关规定，海南省在管理入港邮轮时可以参考该公约第B-3～B-5项的规定，制定相关的规章。

---

① 吴兆麟. 中国海上维权法典——国际海事公约篇(第三卷)[M]. 大连：大连海事大学出版社，2012：1.

② 吴兆麟. 中国海上维权法典——国际海事公约篇(第三卷)[M]. 大连：大连海事大学出版社，2012：883.

（三）邮轮产业建设宜借鉴《2009年香港国际安全与无害环境拆船公约》

邮轮母港产业园的建设不仅仅是泊位的建设，更是邮轮基地的建设，邮轮产业是由交通运输、船舶制造、船舶维修与拆船、港口服务等行业组合而成的复合型产业。就目前来看，三亚市尚不具备邮轮设计与建造的能力，并且在未来的一段时间内仍然不具备自主建造万吨邮轮的能力。但是三亚母港可以打造邮轮的物资供应基地，提供邮轮的维修、油料添加、淡水补给等邮轮养护服务。从长远来看，三亚也可以打造自己的邮轮建设与拆船基地。

邮轮产业园的建设同样需要相关的法律规制并充分考虑保护海洋环境的因素。万吨邮轮的维修与拆解极易带来有害废料对近海海洋环境的污染，2003年IMO通过了A.982(23)号决议，即《拆船指南》。IMO随后通过A.981(24)号决议要求海上环境保护委员会就拆船问题制定一份具有法律约束力的文件。在2009年于香港，IMO通过了《2009年香港国际安全与无害环境拆船公约》。该公约尚未生效，但对三亚邮轮产业园建设具有借鉴意义。从该公约附件第一章与第二章来看，公约适用范围并非仅限于拆船本身，而是适用于从设计建造到拆船活动的全过程。该公约适用于500吨位以上的缔约国非海军军舰、海军辅助船及政府船只的其他船只，显然邮轮适用于该公约的规定。

邮轮作为复杂的工业产品，无论建造、修理、养护和拆解都势必会对环境造成一定的影响，但是我们能做的是把这样的影响降至最低，在建造维护过程中减少使用或者禁止使用严重污染环境的有害物质。该公约附件1对禁止与限制使用材料进行了罗列，其中包括石棉、消耗臭氧物质、多氯联苯(PCB)、有机锡化合物、挪威新增全非辛烷硫酸及其衍生物(PFOS)、溴化阻燃剂(HBCDD)和三氯苯(TCB)。该公约附件2亦规定了若干有害材料清单，附件2中的有害材料并非绝对不可使用，而是为其设置了一定阈值。从拆船业的角度来看，拆船是工业化国家向发展中国家输出危险废物的主要来源之一，拆船业对环境污染巨大，从2006—2015年数据来看，拆船业至少产生了540万吨潜在引发环境污染与人体危害的有害物质。若在三亚建设邮轮拆船基地，宜遵守该公约的技术规定，以最大限度地保护南海海洋环境。

四、南海岛礁建设活动符合国际海洋环境法的要求

西方国家对我国南海岛礁建设的谴责由来已久，谴责的理由涉及方方面面，破坏海洋环境是西方国家谴责的主要依据之一。2015年12月，英国主流媒体BBC谴责中国南海岛礁有违UNCLOS，破坏南海环境。无独有偶，2016年7月，南海仲裁案中菲律宾方面无端指责中国在南海海域的开发活动对海洋珊瑚礁及生态系统造成破坏，指控中国“违反《联合国海洋法公约》保护和保全海洋环境之

义务”。

（一）南海岛礁建设未造成海洋环境恶化

任何海洋工程势必会对海洋环境造成一定程度的影响，但该影响未必违反UNCLOS第十二部分的规定。UNCLOS第194条第1款规定各国应防止、减少和控制海洋环境污染，对本条的违反应当是一国所采取的活动未采取环境保护措施造成了或扩大了海洋环境的污染。因此是否有海洋污染的实害结果是判断是否违反本条的重要依据。

该仲裁谴责南海岛礁建设破坏海洋环境主要论据是岛礁建设破坏了珊瑚礁系统，有违《生物多样性公约》的规定。而事实上在岛礁建设以前的10～15年里，南沙海域的珊瑚礁覆盖率已经从60%退化到20%，根据2015年中国海洋局发布的报告可以看出，退化的主要原因是过度捕捞与非法破坏。① 而该海域在南海争议爆发之前一直由菲律宾实际控制。据调查，南海海域50%以上的珊瑚礁遭到过毒鱼、炸鱼等捕鱼活动的侵害，并且，被炸珊瑚礁死亡率高达85%。由此可见，南海海域内岛礁的珊瑚礁退化并非是由我国岛礁建设造成，而是由于周边国家的过度捕捞与非法破坏造成的。

我国十分注重海洋环境保护，南海岛礁建设是在我国现有法律框架内严格进行的。我国《海洋环境保护法》第二十条规定：“保护珊瑚礁、滨海湿地等具有典型性、代表性的海洋生态系统……对具有重要经济、社会价值的但已经遭到破坏的海洋生态应当进行整治和恢复。”②在法律规定的框架内，我国在岛礁建设时还积极考察了巴拿马等国的有益经验以及国际社会的普标保护标准，并按此合理制定了施工方案。岛礁建设“合理安排施工进度，施工期尽量避开红笛鲷（4月中旬）、金枪鱼（高峰期为6～8月）和鲣鱼（3～8月）的产卵期”，③建设时间与鱼类产卵期间错开，最大限度地减少对鱼类洄游繁衍的影响。此外，我国积极地通过珊瑚礁移植、园艺养殖等手段有效恢复珊瑚礁群落，如中国科学家2013—2015年对蜈支洲珊瑚进行修复，试验区珊瑚礁的覆盖率提高了5%～8%。

南海的珊瑚群落退化、海洋荒漠化并非是中国的岛礁建设造成的。相反，岛礁建设有效地防治珊瑚群的进一步退化，采取必要措施防止、减少和控制海洋环境污染，岛礁建设符合UNCLOS等国际条约的规定。

---

① 中国海洋局.南沙岛礁扩建工程未对珊瑚礁生态系统造成影响[EB/OL]. 2017-11-26. http://epaper.rmzxb.com.cn/detail.aspx? id=363392。

② 中国海洋局.南沙岛礁扩建工程不会破坏海洋环境[EB/OL]. 2017-11-26. http://www.huzhou.gov.cn/art/2015/6/19/art_33_399473.html。

③ 中国海洋局.南沙岛礁扩建工程不会破坏海洋环境[EB/OL]. 2017-11-26. http://www.huzhou.gov.cn/art/2015/6/19/art_33_399473.html。

（二）西方国家语境下"原封不动""保全"南海生态环境有违 UNCLOS 立法精神

UNCLOS 第 192 条规定了各国有保全海洋的义务，第 194 条规定了各国应防止、减少和控制海洋环境污染。南海仲裁案中，西方国家以"原封不动的""冻结"等语境来解读 UNCLOS 第 192 条的"保全"一词，并将其理解为 UNCLOS 的立法精神是片面的曲解。

UNCLOS 系国际公约，对其解释应当严格使用《维也纳条约法公约》第 31 条的规定。《维也纳条约法公约》第 31 条包含了有效解释原则，[①]因此该原则是条约解释的国际习惯。具体而言，若条约的一种解释使其有效，另一解释使其产生不当效果，则应采使条约有效的解释。[②] UNCLOS 序言中认识到：本约是为了促进海洋和平用途，公平有效利用海洋资源，保护及保全海洋环境。第 193 条规定，各国有按其保护和保全海洋环境的职责开发其自然资源的主权权利。显然公约制定时便强调保护环境下的"合理开发"，而非是西方国家与仲裁庭所指的"原封不动的""冻结"海洋环境。若按照西方国家的语境解读公约之精神，将会使公约的真实目的难以实现。因此，应以"合理开发"的语境解读公约第十二部分的规定。

从现实角度来说，中国南海为中国固有领土，中国对中国南海中的岛礁进行扩建施工是为了改善远海驻守生活条件，更有利于维护中国的海洋权益。再者，近年来，周边国家对海洋环境的不节制开采破坏以及全球气候的急剧变化，使中国需要在中国南海建设海洋环境监测站，检测保护海洋环境，这不仅符合我国的国家利益，同时也符合国际法的一般要求。近几十年来，随着中国及周边国家的经济发展，南海航道日益繁忙，加之域内及域外国家的过度海洋渔业作业，海洋生物资源遭到严重损害，海洋海运船舶也给海洋环境也带来了新的污染源，南海海域的珍稀生物资源数量急剧下降，南海的生态环境遭到严重破坏。南沙岛礁则长期缺乏有效监测手段，南沙海域的生态环境现状、发展趋势与潜在风险无法进行有效评估，这不利于本区域生态环境安全。因此中国的岛礁建设实际上有利于中国加强对南沙海域生态环境的保护，这正是中国恪守践行 UNCLOS 保护海洋环境义务的体现。

（三）谴责与仲裁案系 UNCLOS 下"不当干扰"

UNCLOS 第 194 条第 4 款规定，各国不得对其他国家依照本约行使其权利、履行其义务所进行的活动有不当干扰。我国完全是在 UNCLOS 第十二部分规定下行使我国权利、恪守环境保护义务，域内国家与西方国家的谴责及仲裁庭的不

---

① Report of the Panel, WTO Doc. WT/DS399/R, 13 December 2010, para. 7.23; Isabelle Damme, Treaty Interpretation by the WTO Appellate Body, OUP, 2009, pp. 48,50.

② Report of the International Law Commission on the Work of Its Eighteenth Session, UN Doc. A/6309/REV.1, 4 May - 19 July 1966, p. 219.

当判决均系对我国的不当干扰。

我国海洋环境公益诉讼案件中的问题初探

薛璐璐　张乾懿　戴　鑫

21世纪以来,我国提出了“逐步把我国建设成为海洋经济强国”的宏伟目标。但面对近年频发的海洋污染案件,我国对海洋环境保护司法救济的理论和实践又有了新的命题需要完善。

由于海洋环境污染治理涉及多方利益相关人,目前我国公益诉讼中的管辖权、诉讼主体和程序问题在适用海洋污染案件时还不够明确。本文在梳理我国海洋环境公益诉讼现状的基础上,结合大连新港7·16事件等案例对此类诉讼存在的问题进行分析,通过总结美国处理墨西哥湾漏油事件的经验,对我国海洋环境公益诉讼制度的完善和发展提出建议。希望通过发展理论、提出建议的方式让我国的政府、组织甚至个人能够通过司法途径保护海洋环境、维护公民的环境权。

一、我国海洋环境公益诉讼的现状

环境公益诉讼,是指由于自然人、法人或其他组织的违法作为或不作为,使环境公共利益遭受侵害或即将遭受侵害的,法律允许其他的法人、自然人或社会团体为维护公共利益而向人民法院提起的诉讼。[①] 海洋环境公益诉讼则主要是针对海洋环境的,由于海洋环境的广泛性、特殊性和扩散性,海洋环境公益诉讼有不同于其他环境公益诉讼的特点,需要我们特别讨论。下面就介绍此类诉讼在我国的现状。

我国海洋环境公益诉讼方面的环境法基础理论研究有很多法律成果,现有立法也为司法实践提供了法律依据。环境法学界早期就对环境权做了深入研究,为海洋环境污染的权利救济做了铺垫。蔡守秋教授认为:“环境权是环境法的一个核心问题,是环境诉讼的基础。”[②]《中华人民共和国环境影响评价法》第十一条第1款提出的“公众环境权益”这一名词,就为诉权提供了法律基础。《中华人民共和国海洋环境保护法》(以下简称《海洋环境保护法》)第九十五条第1款规定:“海洋环境污染损害,是指直接或者间接地把物质或者能量引入海洋环境,产生损害海洋生物资源、危害人体健康、妨害渔业和海上其他合法活动、损害海水使用素质和减损环境质量等有害影响。”在该规定中提到的海洋生物资源、人体健康、渔业及其他海上合法活动、海水使用素质和环境质量都体现出了海洋公共利益是受法

---

① 张小龙.我国海洋环境污染公益诉讼制度研究[J].绿色科技,2013(2):239.

② 蔡守秋.环境权初探[J].中国社会科学,1982(3):23.

律保护的，明确了海洋公益诉讼的损害客体。但我国海洋污染领域的环境公益诉讼的理论基础不足之处仍然很明显。

环境公益诉讼理论来源于西方，所以在我国发展得较晚，程度相对较低，一些基础的概念都还没有明确的法律规范，存在的问题较多。例如，环境权这一概念还处在理论阶段，在我国宪法中还没有明确的规定，部门法也没有对此确定和细化，只能通过相关的法律理解推导，在司法适用上存在很大问题。而海洋环境公益诉讼作为环境公益诉讼一个特殊的部分，人们对此的了解更少，关注度更低。海洋环境公益诉讼在管辖权、适格原告和诉讼程序等方面均与其他类型的公益诉讼有所不同，所以还需逐一进行探讨分析，本文将结合大连新港 7・16 事件和美国墨西哥湾漏油事件对此进行分析和研究。

二、大连新港 7・16 事件中存在的海洋环境公益诉讼相关问题分析

2010 年 7 月 16 日，大连中石油国际储运有限公司（以下简称“中石油”）原油库输油管道发生爆炸，引发大火并造成大量原油泄漏，另有部分泄漏原油流入附近海域造成污染。事故的发生是由于作业公司使用不合格的“脱硫化氢剂”在输油管道上进行违规作业致使管道爆炸，进而引发火灾和原油泄漏。造成的环境污染主要有：大气污染：空气质量急剧下降。海水污染：不仅 50 平方公里的海上漂油污染影响了大连湾及附近海域海水水质，而且在灭火过程中的 500 吨泡沫也造成了周边局部海域污染。生物污染：被石油污染海域中的鱼类、藻类等动植物都难以生存，鸟类也被迫离开。众所周知，一旦生物链的一环遭到破坏，整个生物链都会被影响。此次事故造成的环境危害非常重大，对此，我们需要通过法律进行追责维权，恢复被污染的海洋生态环境。下面就是对本案在海洋环境公益诉讼中存在的问题分析。

（一）管辖权

很多环境公益诉讼案件由于管辖权的问题，不被法院受理，只能停留在审查起诉阶段，这就涉及法院管辖权的问题。与其他主要涉及民事诉讼管辖和行政诉讼管辖的环境公益诉讼不同的是，海洋环境公益诉讼多是专门管辖，主要涉及海事法院的管辖权。根据《最高人民法院关于海事法院受理案件范围的规定》，对于“海洋及通海可航水域开发利用与环境保护相关纠纷案件”海事法院有管辖权。在这个解释中，明确规定了海事法院管辖范围包括“污染海洋环境、破坏海洋生态责任纠纷案件”。根据《中华人民共和国民事诉讼法》（以下简称《民诉法》）第二十八条、《中华人民共和国海事诉讼特别程序法》第七条第 2 款可知：海洋环境污染案件由污染发生地、损害结果地或者采取预防污染措施地的海事法院管辖。在大连新港 7・16 事件中，由于海域污染影响面积大，涉及多个损害结果地和采取预

防污染措施地，所以，在本案中，原油泄漏地、原油污染的其他区域和采取预防措施地的海事法院都有管辖权。

但是，笔者认为目前此类公益诉讼案件有管辖权法院的范围太广，应当建立起集中管辖制度，由主要侵权行为地的海事法院管辖。因为，公益诉讼的主体本身就比较广泛，海洋环境更是涉及的人群和地域较多，虽然法律目前的规定有助于多个地方进行对海洋环境污染的维权，但是建立起集中管辖制度不仅有利于受污染影响最大的地区进行维权，维护受到最严重危害地区的公共利益，而且也能减少司法资源的滥用，避免判决矛盾的情况发生。在集中管辖制度下，若还有管辖权争议，可以由海事法院协商解决，解决不成的，可以报请最高人民法院指定管辖。

（二）诉讼主体

公益诉讼中的诉讼主体也是公益诉讼中的一大问题，很多专家学者都对此进行过讨论。全球的公益诉讼模式可以划分为两种：一种是强调“公共执法”的公益诉讼模式，主要体现在大陆法系中；另一种是强调“私人执法”的公益诉讼模式，多为英美法系所采用。“公共执法”的公益诉讼以政府机关、检察院和社会团体或者民间组织为诉讼主体。“私人执法”的公益诉讼主要由公民作为主体，以“私人检察长”为理论基础，由无直接利害关系的公民作为“私人检察长”进行公益诉讼。从《民诉法》的规定看，我国的公益诉讼采用的是“公共执法”的公益诉讼模式。由于公益诉讼中适格的被告较为明确，为造成环境损害的侵权责任人，所以本文主要对适格的原告进行讨论。

1. 环境公益诉讼中关于适格原告的规定

根据 2017 年 6 月修订的《民诉法》第五十五条第 1 款规定：“对污染环境、侵害众多消费者合法权益等损害社会公共利益的行为，法律规定的机关和有关组织可以向人民法院提起诉讼。”新增加的第 2 款规定：“人民检察院在履行职责中发现破坏生态环境和资源保护、食品药品安全领域侵害众多消费者合法权益等损害社会公共利益的行为，在没有前款规定的机关和组织或者前款规定的机关和组织不提起诉讼的情况下，可以向人民法院提起诉讼。前款规定的机关或者组织提起诉讼的，人民检察院可以支持起诉。”该款条文确定了适格的原告包括有关的行政机关和社会组织，并首次提及了检察院作为适格原告的规定。《中华人民共和国环境保护法》（以下简称《环境保护法》）第五十八条对此进行了细化：“符合下列条件的社会组织可以向人民法院提起诉讼：（一）依法在设区的市级以上人民政府民政部门登记；（二）专门从事环境保护公益活动连续五年以上且无违法记录。”该规定提出了公益诉讼组织的条件，对适格的原告做出了明确规定。在大连新港 7·16 事件中，公益组织就作为适格的原告提出了公益诉讼。2015 年月 5 日，大连市环保志愿者协会就大连新港 7·16 事件向海事法院起诉了中石油。该协会是一个地方性、联合性、非营利性的社会组织，依法进行过登记注册，具有一定的专业性和诉讼能力，符合我们国家对提起环境公益诉讼社会组织的法定要求。

由于我国法律对检察院、提起环境公益诉讼社会组织的条件规定得较为明确，很多论文对此也有讨论，本文在此不再赘述。本文主要想说一下《环境保护法》明确规定的“提起诉讼的社会组织不得通过诉讼牟取经济利益”。笔者认为，这一规定虽然会减少不必要的公益诉讼，避免浪费司法资源，但是也会大大降低人们对环境公益诉讼的关注力度。因为，此类诉讼的专业性强，案件程度复杂，需要投入的时间和精力大，如果完全要求相关人员以公益的心来做，可能我国的环境问题还是得不到较好的保护。对于这一问题，可以适当地给予社会组织一定比例的资金用于工作人员的支出和社团的运行，以促进人们投身环保的积极性，也可以在一定程度避免由此导致的贪污、暗箱操作问题。

2. 政府作为适格原告的问题

本文主要对海洋管理部门作为适格原告进行讨论，因为，在普通环境公益诉讼中的政府由于部门管理的范围较为专一，且相关法律法规较为明确，产生的问题不多，但是在海洋环境公益诉讼中，由于管理部门较多，特别法也较多，所以需要我们在下文中特别讨论。

环境公益诉讼多涉及面广、影响力大、技术性强且资金要求高，海洋环境更为复杂，海水的流动性导致受影响的地方、组织和个人范围广。此外，我国对海洋进行管理的部门较多，国家海洋、海事、渔业、交通部门都有管理的权限，所以海洋环境公益诉讼的主体非常多样。虽然这些管理部门之间各有分工，但是针对实际的海洋污染问题的时候，分工中有交叉的矛盾就凸现出来了。根据《海洋环境保护法》第九十条第 2 款规定：“对破坏海洋生态、海洋水产资源、海洋保护区，给国家造成重大损失的，由依照本法规定行使海洋环境监督管理权的部门代表国家对责任者提出损害赔偿要求。”其中，行使海洋环境监督管理权的部门包括了环保、海洋、海事、渔业多个部门。可以看出，我国目前海洋管理部门的行政机构多样，权限有重合之处。这就导致了对同一海洋环境污染损害提起公益诉讼的主体混乱，经常出现多个管理部门分别代表国家起诉的情况，不仅不利于法院立案，而且也产生各个部门为了利益而争相维权的现象，也不利于我国政府部门的形象建设。尤其是在大连新港 7·16 事件中，由于涉及了外国船舶的问题，各个部门争相维权对我国良好的国际形象也会有不利影响。

因此，根据我国目前的改革方向，建议国务院设置一个专门的行政机构对海洋环境进行管理，如果目前还不能达到这种程度的话，可以先设置一个进行海洋环境公益诉讼的专门机构。同时，为了节约资源，这个部门可以负责一切与海洋有关的法律问题，将各海洋管理部门的相关人员抽调过去，形成一个统一的、专业的法律部门，这样的话，我国政府作为海洋环境公益诉讼的适格主体就会十分明确，在解决相关问题时也会更加专业。

行政机关在处理环境公益诉讼问题时还有一些弊端，例如，属于国家机关的行政机关在其进行环境公益诉讼时可能会出现诉讼地位不平等的现象，而且行政机关在环境污染问题上也可能负有监管不力等责任，当其作为原告时，有要求侵权人承担全部责任以逃避政府责任的可能。所以，为了规避这些问题，环境公益诉讼中还要有检察院、环境保护组织的参与和监督，这样才能使政府作为适格原告在海洋环境公益诉讼中更好地发挥作用。

3. 无直接利害关系的个人作为适格原告的可行性

根据上文可知，我国现行法律并不支持个人提起公益诉讼，这与我国现在的国情相符。海洋环境公益诉讼的特点要求个人拥有专业的知识、充足的时间、大量的资金等等，这就决定了个人作为原告提起此类诉讼在实践中难度较大。而且，如果像美国一样采用“私人检察长制度”，赋予无直接利害关系的公民以公益诉讼的原告资格，以我国目前的司法水平，可能会造成公益诉讼的审查、立案泛滥，不利于我国司法资源的有效利用。但是，采用这种制度会在一定程度上有利于我国公民维护自己的环境权，而且对环境污染的侵权人有震慑作用，促使其在项目建设时更好地进行环境评价，搞好环境污染的预防工作。综上，无直接利害关系的个人作为原告是我国法律以后发展的课题，短期内难以施行。

4. 濒危野生动物作为原告的可行性

本文还想对一个特殊的原告进行探讨：濒危野生动物是否能成为适格的原告？在一些西方国家，受到污染危害的濒危野生动物也会作为原告进行维权，一些人认为我国也应该让野生动物作为原告出席审判，通过这样的方式，加强对濒危野生动物的保护，维护它们的环境权、生存权。笔者认为这个问题在未来是可以考虑的。一方面，我国有针对野生动物的《中华人民共和国野生动物保护法》作为此项行为的立法基础；另一方面，让濒危野生动物作为原告不仅可以更加确切地保护它们的利益，还可以让造成环境污染的人和其他公众更加深入直观地意识到污染对环境的危害。但是，现在为濒危野生动物作为原告进行立法还为时尚早。因为虽然我国目前已经有很多保护人类环境权相关的立法，但是从目前的情况来看，我国公民的环境权还是没有受到很好的保护，一些权益受到侵害的人依旧无法得到赔偿，一些环境污染还没有恢复，甚至还在持续。此外，目前的法律还没有明确地对野生动物的环境权加以保护，对生命权的维权程度也还较低。综上，我国目前连人类的环境权、动物的生存权都无法得到有效的保护，何谈保护濒危野生动物的环境权？让濒危野生动物作为环境公益诉讼的适格原告目前在我国真是心有余而力不足。

但这并不意味着我们不关心濒危野生动物。我们目前主要通过公益诉讼所获的赔偿对野生动物的生存环境进行恢复。根据我国的法律规定，符合条件的濒危野生动物保护组织可以提起环境公益诉讼，对濒危野生动物的权利进行保护。在以后的立法中，我国会更加注重对濒危野生动物的保护，让濒危野生动物也在环境公益诉讼法庭中占有一席之地。

（三）诉讼程序问题

我国关于公益诉讼的规定还不全面，虽然公益诉讼的适用范围和适格原告已经确定，但是诉讼程序的不确定性还是为公益诉讼的推进造成了困扰。但《〈中华人民共和国民事诉讼法〉修改条文理解与适用》为此提出了方案，指出公益诉讼除法定起诉主体不受限制外，其他程序与普通民事诉讼程序一致。此外，书中还对公益诉讼程序的未来发展方向提出了意见，例如：原告起诉应就所依据的事实充分举证，并说明其请求的合理性；原告不需预交案件受理费，结案后由败诉的被告直接负担，原告败诉的可以申请减交、免交案件受理费，但恶意起诉的除外；原告申请财产保全，无须提供担保；对原告放弃诉讼请求、承认对方请求、和解、撤诉等诉讼行为进行严格限制；法院应依职权调查搜集证据，调查范围不限于当事人申请调查的范围，对双方当事人自认的事实、当事人不主张的事实，如果涉及公共利益的保护，法院应主动审理，并可不受当事人诉讼请求的限制自由裁量；等等。① 笔者认为这些建议都很有现实意义，在我国目前的诉讼实践中应有切实的试行。比如对原告放弃诉讼请求、和解等行为应有严格的限制。在大连环保志愿者协会对大连新港 7·16 事件提起的诉讼中，法院没有受理，在上诉期内，原告、被告达成了庭外和解并签署了和解协议。协议规定：被告将支付 2 亿元人民币用于受害海洋环境的修复和保护，原告将不再就该案提起上诉。虽然法院没有受理这个案件，但是我认为，针对一般的原告、被告达成和解协议的环境公益诉讼，应当由法院进行严格地限制，以避免协议解决问题出现赔偿款不能有效地用于恢复环境的情况。

再比如方案中提出的原告起诉应就所证事实充分举证并说明请求合理性这一条也得到了实践。2016 年 8 月 30 日，广州市人民检察院起诉李伟来污染海洋环境一案，被广州海事法院巡回法庭受理。这是《民诉法》修订后全国第一宗海洋环境公益诉讼案。原告请求法院判令李伟来赔偿相关损失共计 251 678 元。为证明环境监测报告、环境损害鉴定评估报告等报告的专业性，检察院申请了专家出庭，对相关专业问题进行解释。但被告表示，相关鉴定不足以证实其对生态环境造成损害。这就涉及程序问题的举证质证，尤其是因为涉及海洋生态环境恢复费用，需要法院仔细判定，确定赔偿费用的计算方法，结合鉴定结论、专家意见和被告的意见，决定最终的赔偿数额，衡平环境保护目标与被告的实际情况，努力使

---

① 奚晓明.《中华人民共和国民事诉讼法》修改条文理解与适用[M].北京：人民法院出版社，2012：95.

环境效果、司法效果和经济效果统一，推动我国的对海洋环境污染的保护和救济。

三、墨西哥湾漏油案件值得我国海洋环境公益诉讼借鉴的经验

（一）墨西哥湾漏油案件的司法实践经验

他山之石，可以攻玉。美国作为环境公益诉讼的先驱，其诉讼制度已经较为完善，美国政府也十分注重对海洋环境的保护，通过了解美国海洋环境公益诉讼的相关情况，可以为我国此类诉讼的发展提供一些帮助。

墨西哥湾漏油事件是美国历史上最严重的漏油事故。2010 年 4 月 20 日位于墨西哥湾的一个石油平台起火爆炸，不仅造成了人员的伤亡，而且大量的原油泄漏对海洋环境产生了巨大的破坏。此次事件和大连新港 7·16 事件有许多相似之处，我们可以借鉴美国在处理此类案件的先进经验。

一是原告问题。美国采用的是“私人检察长制度”，原告的范围较大，但是公益诉讼的案件并没有因此而发生爆发性增长。此外，美国政府对于公民的公益诉讼始终保持着支持的态度，积极提供相关的环境污染资料以及调查结果，这为墨西哥湾漏油事件公益诉讼提供了证据和专家鉴定意见，为维权奠定了基础。

二是事前赔偿问题。由于影响的范围广、人数多、时间长，在美国政府的督促下，造成海洋污染的公司成立了一个第三方托管基金“湾岸索赔工具”(Gulf Coast Claims Facility)，主要用于索赔人员的紧急赔付问题，对所有适格的索赔者进行无条件的赔付，降低了诉讼成本，而且赔付的效率很高。我们都知道，环境保护越早越好，紧急赔付的方法对环境的恢复与治理都是很有益处的。

三是相关的配套制度。美国的《石油污染法》和《清洁水法》无论是在损害赔偿的范围还是在民事惩罚方式上都有明确的规范，只要责任的认定清楚，赔偿金就可以确定。原告对环境的恢复治理、对调查的支出以及诉讼的费用等都可以根据相关的规定进行索赔。这些都值得我国在处理环境公益诉讼中借鉴。

（二）对我国海洋环境公益诉讼的启示

上文已经对我国海洋环境公益诉讼在我国的现状及问题做了介绍，对管辖权、诉讼主体和诉讼程序问题通过结合大连新港 7·16 事件一一进行了分析并提出了意见，在此不再赘述。下面主要是讲墨西哥湾漏油案件对我国海洋环境公益诉讼的借鉴意义以及我们今后的发展方向。

(1) 政府对于提出公益诉讼的原告，应当给予一定的支持。参考墨西哥湾漏油事件，在大连新港 7·16 事件中，政府就可以通过提供调查资料等方式积极促进环境公益诉讼的发展，以保护人们的海洋环境权。

(2) 政府可以督促侵权责任人设立基金解决环境污染问题。大连中石油在 4 年内发生了 8 起石油管道爆炸事故，如此频繁的事故发生让人不得不思考其中

的制度问题。政府可以督促中石油设立一个针对环境污染恢复的基金，同时监督企业做好预防、管理和救济工作，对产生的问题加大惩罚力度。通过降低危险发生、提高违法成本的方式，防止悲剧重演。

(3) 在立法上，可以将原告、损害赔偿范围方面适度放宽，给司法实践生长的空间，而在相关的赔偿问题上，如对赔偿的金额、时间和不履行赔偿的救济方式等进行较为细致的规定，要提高违法成本，让违法行为得不偿失，这样不仅法院在确定赔偿金额时能更好地适用法律，而且企业在进行行为选择时也会慎重考虑。

环境是人类赖以生存的基础，没有好的环境就没有好的生存基础，更不要说经济健康发展了。我国现在虽然把环境保护写进国策，但是在很多地方，尤其是三线、四线的城市和村镇，环境保护还是要为经济发展让路，只要不发生大的严重的环境问题，环境保护就像一个口号，无人问津，环境评价制度、预防机制都得不到很好的注意。普通公民对此更是不了解，不知道自己的权益会受到什么样的危害。当发生大的问题时，解决问题的机制也不完善，在很多国家设立的环境污染基金、环境污染保险等好的解决方法在我国都没有施行，在我国多通过行政处罚、刑事诉讼来解决问题，但这两类解决方式对环境恢复的作用却并不大。这就需要我国发展环境公益诉讼。海洋环境因其在管理上、海水自然属性上的特殊性，海洋环境保护更需要受重视，相关的法律应形成体系、进行配套，以期能够完整地、确定地保护海洋环境，而不是逃避诉讼、忽略海洋环境污染。通过海洋环境公益诉讼的方式，不仅可以促进海洋环境的保护，维护受到海洋污染的人们的权利，而且还可以促进公众环境意识的提升，让更多的人投入到环境保护中。

海洋环境资源的保护，需要从文化观念、社会管理、法制完善等多方面考虑。司法救济是海洋环境保护的最后一环，完善海洋环境公益诉讼制度是其重要组成部分。我国海洋环境保护需要推动政府、社会组织和个人在政策、社会管理方面的综合保护机制的协同和创新，此外，增强公众的海洋环境保护意识也很重要，让我们共同推动我国可持续发展战略，实现海洋强国的战略目标。

我国海洋环境公益诉讼制度初探
——以环渤海海洋污染赔偿案为例[①]

戴　鑫　刘中梅

随着我国经济的发展、社会的不断进步、工业水平的提高，在进行一系列经济发展活动的过程中，一系列的污染问题随之而来，其中环境突发事件增多，海洋的污染日趋严重。在越来越重视蓝色经济发展的今天，人们在注重利用海洋资源进行经济活动的同时，往往忽略了对海洋生态环境的保护，海洋污染事件的司法实践使环境公益诉讼走进海洋法治治理的系统。环境公益诉讼是指由于自然人、法人或其他组织的违法行为或不作为，使环境公共利益遭受侵害或即将遭受侵害时，法律允许其他的法人、自然人或社会团体为维护公共利益而向人民法院提起的诉讼。[②] 而海洋环境公益诉讼目前还没有确定的定义，海洋环境遭到日益严重的破坏，对海洋污染的治理需要在立法体系和司法环节增强对公益诉讼制度法理依据的研究。本文期待对海洋环境保护，特别是对环渤海和辽宁自贸区海岸带环境的保护有所裨益。

一、海洋环境公益诉讼的现状分析

（一）立法现状

我国对于海洋环境的保护，从目前的立法来看，主要是依靠《中华人民共和国海洋环境保护法》（以下简称《海洋环境保护法》）、《中华人民共和国环境保护法》（以下简称《环境保护法》）来维护我国的海洋环境的保护与治理。同时以《中华人民共和国海商法》《中华人民共和国渔业法》《中华人民共和国海域使用管理法》《中华人民共和国渔业法实施细则》以及《中华人民共和国民事诉讼法》（以下简称《民事诉讼法》）、《中华人民共和国行政诉讼法》和《中华人民共和国侵权责任法》等法律法规为辅进行海洋环境保护。虽然，《民事诉讼法》第五十五条规定对污染环境、侵害众多消费者合法权益等损害社会公共利益的行为，法律规定的机关和有关组织可以向人民法院提起诉讼。[③] 对于海洋环境污染的保护也有详细的规定，但是对于海洋环境公益诉讼在法律法规中仍存在许多问题。

---

① 教育部海洋法律与政策（东北亚）研究中心项目；2017 年度辽宁经济社会发展立项课题（2018lslktyb－015）；辽宁自贸试验区建设与海洋生态问题研究项目。

② 参见《最高人民法院关于审理环境民事公益诉讼案件适用法律若干问题的解释》。

③ 《民事诉讼法》第五十五条规定：对污染环境、侵害众多消费者合法权益等损害社会公共利益的行为，法律规定的机关和有关组织可以向人民法院提起诉讼。

1. 缺乏事前的预防机制

我国大部分的法律条文规定是事后救济，也就是在发生污染之后相关的人员怎样应对。对于海洋环境污染发生之前的一系列可能造成污染的责任人并没有事前预防机制，无法做到防患于未然。

2. 法律法规主体资格认定范围小

《民事诉讼法》第五十五条规定："对污染环境、侵害众多消费者合法权益等损害社会公共利益的行为，法律规定的机关和有关组织可以向人民法院提起诉讼。"这条规定中仅仅强调了法律规定的机关和组织的原告资格，范围小，不利于诉讼活动的进行。

3. 损害赔偿的请求原则性过强

《海洋环境保护法》第九十条第 2 款规定："对破坏海洋生态、海洋水产资源、海洋保护区，给国家造成重大损失的，由依照本法规定行使海洋环境监督管理权的部门代表国家对责任者提出损害赔偿要求。"这款条文明确地赋予了海洋环境监督管理部门的权力，实际上也就渗透出了海洋环境公益诉讼的部分内容。但是，仅仅赋予海洋环境管理部门损害赔偿请求权，其他的组织、个人等均不享有该项权利，造成赔偿请求过于死板，原则性过强，从而让获得赔偿的实现率降低。

（二）司法现状——环渤海海洋污染赔偿案

环渤海地区作为海洋开发利用的典型地区，发生了一系列海洋环境污染的案件，承受着巨大的污染破坏压力。下面，笔者仅就环渤海地区突出的海洋环境污染的案例进行资源整合，通过对这些案件系统分析来直观地了解我国目前的司法现状，认识到所面临的困境，破解"渤海难题"，从法律治理层面推动海洋环境保护的实现。

环渤海海洋污染赔偿案见表 3-2 所示。此类案件时有发生，油轮的漏油问题层出不穷。我国目前的环渤海海洋环境在大连湾、辽河口、渤海湾等一带[①]，海洋环境污染问题日益突出，海洋生物资源死亡率高，水产资源质量下降，捕鱼业衰弱，滩涂荒废严重，海洋生态破坏污染矛盾突出，导致环渤海地区的服务与净化功能衰退，成为海洋生态文明建设中的绊脚石。同时马耳他籍的"塔斯曼海"油轮与我国大连的"顺凯一号"轮碰撞事件可以认定为是我国第一个海洋环境公益诉讼的案件。[②] 这个案件历时很长，却没有得到一个好的结局，无疑也暴露出在我国对于海洋环境公益诉讼认知的缺失和规范的不完备。我们应根据此案件的经验，立足于我国的国情，建立健全我国的海洋环境公益诉讼制度。

---

① 中国数字科技馆:《人与生态网》，http://amuseum.cdstm.cn/AMuseum/renyushengtaihuanjing/docc/product_tabbrow.asp-id=1864&classid=51.html

② 戚道孟，周怡圃.我国海洋环境公益诉讼原告资格多元化机制探讨——溢油案引发的环境法学思考[J].中国环境法治，2006(1):106-114.

表 3-2 环渤海海洋污染赔偿案

序号	发生时间	案件	案由	产生的后果
1	2011 年 6 月	栾某某等 21 人与康菲石油中国有限公司、中国海洋石油总公司海上污染损害责任纠纷案①	渤海中南部地区的蓬莱 19-3 油田发生了溢油事故,对周边海域造成了严重的海洋污染,认定康菲石油中国有限公司承担责任,对栾某某等 21 个受到污染影响的渔民进行经济赔偿	该案件的发生,对渤海地区周边区域造成了 6 200 平方公里的海洋污染,给当地的栾某某等 21 名渔民的养殖场造成了严重的污染,导致各种鱼类的死亡,造成了严重的经济损失
2	1994 年 8 月 5 日	烟台海上救助打捞局与山东荣成龙须岛渔业总公司船舶油污损害赔偿纠纷案②	救捞局"烟救油 2"轮装油去江阴,后因台风原因,在龙须岛抛锚后走锚。为防止继续走锚进入了养殖区且被养殖植物缠住主机无法正常运转,造成了油仓漏油事件,使得油溢满海域,给渔业公司的养殖基地造成了严重的污染与破坏,渔业公司请求救捞局进行赔偿	溢油导致了整个事发海域的水体污染,受损面积大,对渔业公司的养殖基地也造成了严重的污染与破坏、大量的养殖动植物的死亡,经济损失惨重
3	2002 年	马耳他籍的"塔斯曼海"油轮与我国大连的"顺凯一号"轮在天津发生碰撞的事件	2002 年 11 月 23 日,马耳他籍的"塔斯曼海"油轮与中国大连的"顺凯一号"轮在天津发生碰撞,造成油轮原油泄漏③	此次事件导致海洋受损面积达到 359.6 平方公里,对渤海附近的海洋生态环境造成了不可估量的侵害,海洋生物死亡数量庞大,对渔业资源与经济造成了严重的后果

① 参见:北大法宝.[最高人民法院]2017 年 4 月 30 日,"2016 年全国法院海事审判十大典型案例公布"。

② 参见:北大法宝.山东省高级人民法院(2002)民四提字第 3 号."烟台海上救助打捞局与山东荣成龙须岛渔业总公司船舶油污损害赔偿纠纷案",第 2 段。

③ 戚道孟,周怡圃.我国海洋环境公益诉讼原告资格多元化机制探讨——溢油案引发的环境法学思考[J].中国环境法治,2006(1):106-114.

二、我国海洋环境公益诉讼出现的问题

由表 3-3 所示，这些案件均为民事诉讼的案件，均以损害赔偿为主要的诉讼请求，均参照《民事诉讼法》《海洋环境保护法》等作为法律裁判依据，这也暴露出我国有关海洋环境公益诉讼的案件中原告主体资格范围小、可诉范围局限、救济途径单一等一系列问题。

表 3-3 环渤海海洋污染赔偿案案件详情

序号	发生时间	案件	原告	诉讼请求	案件类型	审理依据
1	2011 年 6 月	栾某某等 21 人与康菲石油中国有限公司、中国海洋石油总公司海上污染损害责任纠纷案①	栾某某等 21 人	栾某某等 21 个污染区渔民请求康菲石油中国有限公司与中国海洋石油总公司连带赔偿其养殖损失和鉴定费用、诉讼费	民事诉讼案件	《中华人民共和国海洋环境保护法》《中华人民共和国环境保护法》《中华人民共和国水污染防治法》《中华人民共和国民事诉讼法》《中华人民共和国海事诉讼特别程序法》
2	1994 年 8 月 5 日	烟台海上救助打捞局与山东荣成龙须岛渔业总公司船舶油污损害赔偿纠纷案②	山东荣成龙须岛渔业总公司	山东荣成渔业总公司要求烟台海上救助打捞局赔偿其海产养殖损失及利息人民币 33 127 989 元	民事诉讼案件	《中华人民共和国海洋环境保护法》《中华人民共和国海商法》《国务院关于不满 300 总吨船舶及沿海作业船舶海事赔偿责任限额的规定》《中华人民共和国民事诉讼法》

---

① 参见：北大法宝. 山东省高级人民法院(2002)民四提字第 3 号. “烟台海上救助打捞局与山东荣成龙须岛渔业总公司船舶油污损害赔偿纠纷案”，第 2 段。

② 戚道孟，周怡圃. 我国海洋环境公益诉讼原告资格多元化机制探讨——溢油案引发的环境法学思考[J]. 中国环境法治，2006(1)：106-114.

续表 3-3

序号	发生时间	案件	原告	诉讼请求	案件类型	审理依据
3	2002 年	马耳他籍的“塔斯曼海”油轮与我国大连的“顺凯一号”轮在天津发生碰撞的事件	天津市海洋局、天津市渔政渔港监督管理处、天津市塘沽区大沽渔民协会	天津市海洋局代表国家提起海洋生态损失索赔，请求赔偿金额为 9 830 余万元；天津市渔政渔港监督管理处代表国家提起渔业资源损失索赔，请求赔偿金额为 1 830 余万元；天津市塘沽区大沽渔民协会等代表渔民、养殖户等就渔业资源遭受的损失提起海洋捕捞损失索赔，请求赔偿金额为 6 228 万元①	民事诉讼案件	《中华人民共和国海洋环境保护法》《中华人民共和国海商法》《中华人民共和国民事诉讼法》

（一）法律依据不足

我国在《民事诉讼法》和《环境保护法》中都提到了有关环境公益诉讼的问题，但是对于海洋环境公益诉讼基本都未提及，对海洋环境污染损害赔偿的解决更是难上加难。现行的法律法规容易脱离实际操作，原告的资格问题、救济的途径方式问题、监管部门的监督问题等一系列问题都是因为法律法规的依据不足导致的。从在环渤海地区发生的案件 2(见表 3-3)中可以看出，本案件所需要的法律适用以及是不是可以获得赔偿的一系列问题，在法律法规中都无法有效地找到定位。

（二）原告主体范围小

对于发生海洋环境污染等问题进行的公益诉讼，根据《海洋环境保护法》第九

① 中国数字科技馆：《人与生态网》，http://amuseum.cdstm.cn/AMuseum/renyushengtaihuanjing/docc/product_tabbrow.asp-id=1864&classid=51.html

十条的规定,“具有海洋环境监督管理权的部门提起海洋环境公益诉讼是符合法律规定的”。该规定指出,海洋环境监督管理部门可以提起诉讼,对其他的主体是否可以提起诉讼并没有相关规定。但是在实际操作中,海洋环境监管部门分属于各个不同的机关,在诉讼过程中原告不明确,可能会发生出现不同原告的现象。《民事诉讼法》修改后,规定“法律规定的机关”和“有关组织”,均有权提起公益诉讼。该条规定也明确指出了法律规定的机关以及有关组织可以提起诉讼,主体范围小,规定不明确,在实际操作中不能更好地保障海洋环境公益诉讼的实施。

(三)可诉范围局限

可诉范围是指法律主体为了解决某种纠纷、保护某种利益而请求法院进行司法救济的法定范围,其解决的是法律主体“对什么可以提起诉讼”的问题。[①] 我国民法与刑法方面进行的诉讼大多都知道可诉的范围是什么、保护什么利益、向哪个法院提起诉讼。而在海洋环境公益诉讼方面,可诉范围主体仍存在局限,目前我国法律法规仍没有规定海洋环境公益诉讼的可诉范围是什么。根据实践中发生的案例我们可以推断得出,海洋环境公益诉讼的范围还是以环境污染为可诉范围,大部分解决的是对环境污染的行为所做出的诉讼,对其他方面并没有可行性。在表 3-3 中,提到的海洋污染责任的承担并不以船舶碰撞责任区分为前提,海洋污染事故责任与海洋污染民事赔偿责任之间并不冲突。

(四)缺乏有效救济方式

目前在我国海洋环境保护方面,海洋环境监管部门发挥着重要的作用,海洋环境行政执法也是重要的救济手段。《海洋环境保护法》第五条规定了诸多负有海洋环境监督管理职责的主管部门:有国务院环境保护行政主管部门、国家海事行政主管部门、国家渔业行政主管部门,还有军队环境保护部门以及沿海县级以上地方人民政府。[②] 虽然规定了一系列的主管部门,但仍然存在部门与部门之间相互交叉、相互推诿的问题。在发生海洋环境问题时,各部门之间缺乏互相配合,互相推诿,甚至置之不理,办事效率极为低下。此外,行政执法手段过于简单粗暴,一般采用行政处罚中罚款的方式来处理。据统计,罚款在所有执法手段选择中占有频数最高,占总频数的 60%。[③] 有问题就交钱解决,罚款的金额也不足以

---

① 左卫民.诉讼权研究[M].北京:法律出版社,2003:53.

② 按照《海洋环境保护法》第五条的规定,国务院环境保护行政主管部门为全国环境保护工作的统一监管部门;国家海洋行政主管部门负责海洋环境的监督;国家海事行政管理部门负责所辖港区水域内非军事船舶和港区水域外非渔业、非军事船舶污染海洋环境的监督管理,并负责污染事故的调查处理;军队环境保护部门负责军事船舶污染海洋环境的监督管理及污染事故的调查处理;沿海县级以上地方人民政府依据法律及行政法规相关规定行使海洋环境监督管理权。

③ 汪劲.环保法治三十年:我们成功了吗[M].北京:北京大学出版社,2011:222.

弥补环境破坏之后的治理费用，这样一来二去并不能从根本上解决海洋环境问题，反而更加刺激海洋环境的破坏，达不到好效果。

三、完善我国海洋环境公益诉讼的对策建议

（一）外国海洋环境公益诉讼的参考借鉴

1. 治理路径

美国是公益诉讼制度发展最为完善的国家。早在20世纪60年代，美国就已经开始构建现代公益诉讼制度。环境公益诉讼在美国也被称为“公民诉讼”。它是指在美国的任何公民都有权利对任何人提起关于环境问题的诉讼。[①] 之前发生在美国的墨西哥湾漏油事件，是海洋环境公益诉讼中的典型案件。美国有关于环境公益诉讼制度有法律保障，再加上美国属于判例法国家，其环境公益诉讼法律制度和判例为环境保护、制止环境污染、维护公民的合法权益不受侵害，为法官审理环境公益诉讼案件提供了相应的法律依据以及司法依据。我国《海洋环境保护法》中的海洋监管部门进行起诉，途径还是较为单一。我们应借鉴美国的相关法律制度以及司法判例，对我国海洋环境公益诉讼的路径选择提供更多的裨益。

2. 原告资格确认

原告资格确认是进入公益诉讼的第一步。在美国《清洁水法》中，公益诉讼的原告标明为“任何人”，起诉主体包括自然人、企业、可以代表其成员的组织、州政府、政府机构等法律意义上的人，范围十分宽泛。[②] 原告资格的宽松并不意味着没有任何限制要求，美国的公益诉讼原告资格经历了由宽松到严格再到宽松的一个过程。我国海洋环境公益诉讼主体基本为海洋监管部门；而美国的相应主体不仅包括公权力的主体，还包括自然人等私权力的主体，而且也十分重视公民以及社会团体的力量。因此，我们应学习借鉴美国多元化的原告资格，适当扩展公益诉讼原告资格范围，为我国海洋环境公益诉讼原告主体多元化提供路径，扩大公益诉讼在海洋环境保护中的作用。

3. 具有明确的救济方式

美国作为发达国家中的经济强国，所面临的海洋环境公益诉讼的案件也相对频发。在环境公益诉讼中，他国法律明确地规定了原告可以向法院申请进行罚款或者是禁止污染的禁止令。在美国的《清洁水法》和《资源保护与恢复法》中也有明确地规定罚款的内容。[③] 这些救济措施可以对污染者进行警告，使其认识到问题的严重性，从而不敢继续进行违法活动。同时，此处的罚款并不是行政处罚，罚

---

① 陈亮．环境公益诉讼背景下我国传统原告适格规则的反思与重构[J]．法律适用，2014(1)：82－86．

② 孔倩倩．我国海洋环境公益诉讼制度研究[D]．济南：山东师范大学，2015．

③ 张戈跃．美国环境管理体制的启示[J]．长沙大学学报，2009，23(4)：49－50．

金是一种上缴国库的公益资金，既有利于防止腐败问题的产生，又可以对违法者进行打击。

4. 诉讼费用与举证的分配

在美国的海洋环境公益诉讼中，并不是采取我国的诉讼活动中“谁败诉谁承担”的原则。对于诉讼费用，法院可以进行自由裁量，按照原告、被告之间的过错原则来划分诉讼费用，对于原告的律师费用以及需承担的其他的诉讼费用，法院可以判定均由被告来承担，以减轻原告的诉讼份额。在举证责任认定中，原告仅仅承担提出表面证据，证明污染者可能存在污染行为即可，无须搜集其他证据加以佐证与论证。这样的原则保障原告的合法权益，增强原告的积极性，可以更好地惩处污染者，加强环境的保护与防治。

美国对墨西哥湾漏油事件的处理，充分说明了美国的海洋环境公益制度已经成熟。美国的海洋环境公益诉讼主要是公民诉讼制度和环境主管机关起诉制度的双重保护模式，[①]我国在海洋环境公益诉讼方面应借鉴美国的相关法律法规以及实际运用来完善我国海洋环境公益诉讼制度。

（二）我国海洋环境公益诉讼的发展方向

1. 扩大原告的主体资格

任何一个诉讼都需要原告起诉作为前提，原告在诉讼活动中扮演着不可缺少的角色。环境公益诉讼的原告包括公民、企事业单位、社会团体。《环境保护法》中也规定了法律规定的机关以及其他组织、检察院均可提起公益诉讼。而目前，海洋环境公益诉讼的原告主体仅为海洋环境监管部门。因此，我们应扩大原告的主体资格，避免单一的原告，以免在原告资格丧失后，诉讼活动怠于有效地解决环境问题。

第一，更好地保障海洋环境监管部门的权利。一直以来，海洋环境监管部门被赋予了原告主体地位，多年来已经积累了很多的经验，在处理这些问题上可以更加有效快速地做出判断，提起诉讼。

第二，我们应该增加有关行政机关以及检察机关的权利，赋予其提起海洋环境公益诉讼的权利。国家机关作为保障国家公共权益的机构，目的就是为了更好地保障公民权益，使得公民权益不受侵害。因此，赋予检察机关以及行政机关原告资格，使得国家机关能更好地行使国家权力，具有强制力，更好地进行管理与监督，在法律取证以及鉴定方面更具有专业性、更容易使人信服，能更好地保障被污染者的权益，惩罚污染者以及解决带来的不良影响。

第三，我们应增设相关社会团体、组织的原告资格。相关的社会团体、组织，

---

① 周先行. 海洋环境污染公益诉讼制度研究[D]. 青岛：中国海洋大学，2011.

更好地贴切生活，更了解事情的真相，不容易受到政治势力的影响，诉讼的意愿较强，是处理海洋环境诉讼中很贴切的一个原告主体。

第四，赋予公民原告资格。公民是国家的主人，公民的合法权益应该得到应有的保障，所有的海洋环境污染问题，跟公民都是息息相关的，对公民都有所影响。公民的数量庞大，社会影响力也大，公民不仅是个人利益的获得者，更是公共利益的参加者。因此，赋予公民原告主体地位，可以让每个公民都积极参与保护海洋环境的保护。但是，公民数量大可能造成权利滥用现象发生，对此应积极出台有关的公民参与海洋环境诉讼的法律法规，使得公民可以对检察机关进行检举控告，配合检察机关以及社会团体的调查，积极参与到诉讼活动中，更好地解决问题。

2. 合理分配诉讼费用及举证责任

有关海洋环境公益诉讼的案件，一般涉及的案件费用较高，意味着诉讼费用也相对较高。有关环境公益诉讼，我国采用的是举证责任倒置原则，对于原告来说仅需要提供案件事实即可，但是对于案件事实的认定也是出现过一系列证据拿不到等问题。对于社会团体、公民来说，不仅诉讼费用是一笔不小的开支，而且举证的证据难以取得，往往会导致因诉讼费用过高案件被置之不理以及有关机关让原告自行取证的现象的发生，因而环境污染问题不能得到有效解决。因此，我国应该出台相关的制度措施，合理分配诉讼费用以及举证责任。首先，对于诉讼费用，我国应借鉴美国的经验，可以让律师采取风险代理的办法，国家应对进行诉讼的个人、社会团体提供一定比例的资金支持，更好地促进诉讼活动的有序进行，避免因诉讼费用过高而案件被束之高阁的现象。其次，我国应降低原告的举证责任，让被告来承担损害事实与结果不具有因果关系的证明责任，明确分工，降低门槛，让更多的人参与到诉讼中去，更好地体现出公平正义。

3. 制定完善的诉讼赔偿惩罚机制

(1) 加大罚款的数额，建立统一的生态文明建设基金。对于发生的海洋环境公益诉讼，仅仅罚款不能够使被告真正认识到问题的严重性，如缴纳罚款之后仍然造成污染，罚款的震慑力不强。因此，应加大罚款的数额，被告必须在指定的时间内履行判决，缴纳相应的罚款。对此，我们可以建立生态文明建设基金，将污染者缴纳的罚款统一管理，完善相应的配置，将罚款更好地用于生态文明的建设，更好地发展绿色经济。

(2) 建立黑名单制度。一个好的企业，应该是在保护环境与取得利益之间进行合理的协调，不应以牺牲环境为代价来取得利益。对于海洋环境公益诉讼的涉案被告，在拒不履行判决、拖延或者不缴纳罚款的时候，应该将这些企业加入黑名单，并将其名单公布于众，加强公民以及行政机关对其的监控。此外，法院应该在此情况下，对企业进行强制执行，对其企业的财产进行公示与收缴，在出现恶意转移财产或虚报财产等问题时，其主要负责人应承担连带责任。

(3) 加强公民、社会团体的环保意识以及建立激励措施。一个国家的发展与进步，离不开每一位公民的配合与努力。对于环境污染问题，我们更是责无旁贷，应承担起建设生态文明强国的责任。因此，我们应加强公民以及社会团体的环保意识，加强宣传教育，举行各种环境保护的活动，使得公民以及社会团体认识到环境保护的重要性，加强自律，对违法者进行积极的举报，提起诉讼，以更好地惩治犯罪，维护良好的社会环境。此外，对于公民或社会团体积极配合国家机关工作的，应该进行援助与鼓励，以便原告能更好地进行诉讼活动，没有费用的后顾之忧。[①] 诉讼终结之后对个人以及社会团体进行奖励与表彰，使得更多的人能够参与到环境保护中去，更好地建设资源节约型、环境友好型社会。

四、结语

伴随着蓝色疆土经济贸易发展总量的持续增长，类似于邮轮旅游这种新兴产业层出不穷，但随之而来的环境污染代价也十分惨痛。以环境污染为代价的公地悲剧也在各国领海之内产生，破坏了海洋生态文明，导致了海洋环境危机重重的现象。维系海洋生态环境的循环平衡，不仅可以造福人类社会可持续的发展，更是我国利用海洋资源进行新型蓝色产业发展的需要。环渤海海域涉及辽宁、河北、山东多个省份和直辖市天津等地的海洋产业及沿岸的企业生产的效益，更涉及渔业和渔民的切身利益。我国应加快完善海洋环境公益诉讼制度，加强公民监督，制定完善的诉讼赔偿惩罚机制，使公益诉讼制度在海洋环境维权中发挥更大的作用，为环渤海地区的蓝色经济可持续发展提供法治保障。

① 杨海霞. 我国环境公益诉讼的现时困境及其突破思路[J]. 广东行政学院学报，2016，28(2)：53－58.

第四专题

其　他

我国海域役权的构建与应用研究

张新聪

一、传统地役权的立法模式与缺陷

（一）地役权的历史渊源

地役权在人类文明进入耕地文明的时候就已经有了一定的雏形，在罗马法时代地役权制度得到建立和完善。确切地说地役权是从查士丁尼的《法学阶梯》得到明确规定的，随后查士丁尼在《学说汇纂》中对地役权进行了进一步的完善。公元前 390 年，因为高卢人的入侵，罗马城邦遭到大规模的毁坏，当战争结束后进行城市重建的时罗马人发现，因战争结束后人口增长，土地开始变得拥挤，新建的房屋彼此之间的距离越来越近，很多房屋相邻而居。于是在城邦居民间的矛盾冲突开始显现出来，为了解决城邦间居民的采光和土地各种占用情况，查士丁尼将地役权引入法律当中。根据《法学阶梯》的规定，对乡村不动产的权利有以下几点：通行权、牲畜的通行权、用路权以及取水权。对都市的不动产权利有以下几点：对彼邻人的房屋的负担、在自己的墙壁上搭建邻人的支架梁木、在自己的房屋庭院内接受或者拒绝邻人檐滴和水流、不擅自加高自己的房屋而阻挡邻人的光线照射。

根据查士丁尼的《法学阶梯》，可以总结出罗马法对于地役权的设定有如下几个特点：(1) 对相邻关系和地役权并没有加以明确的区分，仅对法定地役权和约定地役权进行了划分；(2) 没有区分田野地区地役权和乡村土地的地役权；(3) 查士丁尼所设定的地役权使用范围十分广泛，在适用于土地的同时也同样适用于建筑物之间。在《学说汇纂》中查士丁尼则进一步对地役权的内容进行了规定，在其中专门加入了应砍伐的树木；对土地的通行权做出了规定，并且在之前的基础上将相邻关系和地役权进行了区分。①

（二）我国地役权体系概述

我国在《物权法》起草的过程中，很多学者都认为应当将起源于罗马法的地役权加入进来，并且认为地役权应当有独立存在的意义。因此，我国应当建立相应的地役权制度，与之相似的相邻权也应得到确立，使地役权和相邻权并存于民法之中。很显然全国人大法律委员会接受了这种观点。我国在 2007 年出台《中华人民共和国物权法》（以下简称《物权法》），正式以法律形式确立了我国的地役权

---

① 李永军.海域使用权研究[M].北京：中国政法大学出版社，2006：177－200.

体系,更加完善了我国的用益物权体系,配合《中华人民共和国民法总则》所规定的相邻关系共同确立了我国目前现有的基于不动产关系产生的地役权体系。

我国《物权法》通过第十四章整个篇幅对我国的地役权做出了相对完整的概述。所谓的地役权,是指不动产的权利人如所有权人或者使用权人,为了使自己使用不动产的效率更高,或者提高自己对于不动产的利用而利用他人不动产的权利。在此关系下的他人不动产为供役地,自己的不动产为需役地。从概念上来看,地役权的本质是在于对两块土地之间的法律关系的调整。从立法上来看有以下几点特征:(1) 地役权的主体包括不动产的所有权人和使用权人;(2) 地役权的内容是利用他人不动产,并对他人的权利加以限制;(3) 地役权的权利对象是他人不动产;(4) 地役权的设立目的就是为了为使自己对于地役权的使用更加便利或者提高效率;(5) 地役权是否有偿及其存续期间由当事人约定;(6) 地役权具有从属性,其从属性意味着地役权不得脱离役地而存在,不得单独去处分,必须要与需役地的所有权或者使用权一并转移。该法对地役权的制度做出了相关规定,对地役权中“地”的概念进行了创设性的解释,认为地役权中的客体范围应当界定为不动产,也就是地役权的客体在土地的基础上还包含了建筑物和其他不动产。①虽然我国地役权体系在设立地役权的过程中具有很多的创新之处,不过随着我国社会经济的快速发展,我国城镇、乡村、土地以及生活理念都已经发生了巨大变化,当初所设立的地役权虽然具有创造性,但是却无法从根本上解决社会中一系列复杂的问题,可以说我国目前的地役权制度仍然存在巨大的缺陷。

(三) 传统地役权的缺陷

我国是一个传统的海洋大国,海洋资源可谓相当丰富,海洋资源在国民经济中的地位愈发重要。在此基础上,海域作为一项重要的自然资源出现在人民的视野当中。但目前我国的海洋立法仍然还处在起步阶段,因为海洋资源的开发和利用都需要很高的科学技术水平。在人类活动范围被限制在大陆上时,法律作为人类社会的重要调节工具之一,很多都是以陆地为基础的。目前我国对土地以及地上定着物为不动产进行调整的物权体系已经完备,已经形成了对陆地资源的全方位调整的体系。但是对于海洋资源、海域管理方面我国仍然处在相对混乱的境地。在海洋经济、海洋探索不发达的时代,海洋立法的缺失是可以理解的,但是在我国法治进程不断进步的当今,随着我国涉海立法的逐渐完善,仍然存在一些缺陷,可以反映出我国目前的海上物权体系仍然存在滞后性。我国《物权法》当中的用益物权体系中,还没有对海上的地役权相关制度进行规定,也没有对地役权在海域使用权当中的体现做出规定。由此地役权的客体虽然是土地与建筑等其他

---

① 王泽鉴.民法物权 2 用益物权·占有[M].北京:中国政法大学出版社,2001:101.

不动产，却并不包括海域。所以，海上的渔场纠纷等一系列问题，无法通过地役权的相关制度得到有效解决。不仅立法上存在缺陷，在实际的海上执法过程中也出现了海上用益物权之间的冲突与矛盾。如何将海域役权也纳入物权法的体系当中，解决我国目前海洋立法上的缺陷，成为民法学界关注的话题。

二、我国海域使用权体系概述与缺陷

（一）我国海域使用权体系概述

1986 年全国人民代表大会常务委员会颁布《中华人民共和国渔业法》（以下简称《渔业法》），正式确认了我国的渔业管理体系，我国正式形成了以养殖权、捕捞权为核心的二元结构，并且一直沿用至今。2007 年全国人民代表大会通过了《物权法》，将渔业权正式纳入我国的物权体系当中，我国正式承认了渔业权的合法性，至此彻底爆发了学者们关于渔业权和海域使用权的争论与探讨。渔业权纳入《物权法》后，在 2009 年和 2013 年全国人民代表大会常务委员会对《渔业法》进行了两次修正，以渔业权和海域使用权为核心的渔业管理体系沿用至今。时至今日，学术界仍然探讨着我国渔业海域管理体系的改革。

1993 年财政部和国家海洋局联合颁发了《国家海域使用管理暂行规定》，该规定初步建立了海域使用管理体系，这也是我国首次尝试引进海域使用权这一概念，是为了日后建立以海域使用权为核心的海域使用管理制度所做的准备工作。2002 年全国人民代表大会常务委员会颁布了《中华人民共和国海域使用管理法》（以下简称《海域法》），《海域法》的出台标志着我国海洋立法的一个新的里程碑，在此之前我国的海域使用和海域管理领域的法律一片空白，《海域法》的出台让我国的“蓝色领土”也实现了有法可依。这种制度是我国首创，建立的基础有两个：(1) 1996 年我国加入了《联合国海洋法公约》，该法将海域视为与土地一样的主权领土；(2) 随着我国《物权法》的不断健全，有必要将海域这一特殊的“蓝色国土”的纵横空间区分成不同的区块来确认物权使用权。① 但是随着《海域法》的出台，在养殖权这一领域中海域使用权和渔业权的矛盾开始出现，当时就有不少学者就海域使用权和渔业权的冲突提出过自己的看法，但是由于当时我国渔业权的物权属性尚不清晰，学术界一直争论不休。

（二）海域使用权的缺陷

《渔业法》和《海域法》分别规定了我国渔业行政管理法律制度和海域使用管理法律制度。现实生活中两法在对养殖活动的管理上发生了重叠与冲突，对于两法所产生的矛盾，通常在理论和实践上的理解是：养殖证是行业许可证；海域使用

---

① 文艳，胡增祥，周媛. 中国渔业权及其在物权法中的设定[J]. 中国渔业经济，2004(2)：30－31.

证则赋予了海域使用权,两证可以同时并存。[①] 在养殖问题上,《渔业法》与《海域法》冲突的本质是一种自然资源被同时设定了两种分配管理体系,形成了一种天然的竞合关系,同时也违反了物权原则中的"一物一权"原则。由于养殖权和捕捞权的性质不同,《渔业法》与《海域法》中所冲突的部分正是由于养殖权的排他性所产生的,渔业权与海域使用权之间的矛盾,在本质上其实是养殖权与海域使用权的矛盾。两者无论是在法理上还是在实际上都存在着巨大的冲突与矛盾。

1. 立法缺陷

首先,渔业权和海域使用权的并存不符合物权中的"一物一权"原则,冲突的根本原因是由于两部法律调整对象重复。根据法理学的理解:同一个标的物上,不能有两个以上同一性质、内容的物权存在,在一个标的物上已存在的物权,是具有排除效力的,相互之间具有排斥力的物权不能够对于该标的物有效,这就是所谓的物权所独有的效力排他性。[②] 大陆法系中的传统渔业就包含了养殖权和捕捞权,我国 2007 年出台的《物权法》将渔业权归为所有权之中,但是养殖权具有强烈的效力排他性,本质上是将海域作为权利客体进行利用,属于用益物权的范畴,这是我国的学者所达成的共识。同样,海域使用权也同属于用益物权,也具有强烈的排他性,因此从法理的角度上来看,两者的并存是不存在合理性的。如果在实践中同一个民事主体拥有这两种权利,则民事主体要同时拥有养殖证和海域使用证,如果这两种权利要是属于不同的民事主体,那么情况会更加复杂,矛盾也会更加激烈。

2. 执法缺陷

由于渔业立法上的缺陷,引发了一系列的次生问题,而这些问题终究还是会损害到渔民的合法权益。渔业权与海域使用权的矛盾不仅仅体现在法律文件当中,在日常的渔业生产活动中,渔民更是受到了不平等、不公平的待遇。如高价拍卖海域使用权侵害渔民的正常利益情况;同一个渔场发生养殖证件和海域使用证件相互重叠,主体间发生民事纠纷的情况。

我国海域使用权的获取制度存在很大的不足,海域使用权的设立,对我国传统的渔业用益物权体系造成了很大的冲击,导致物权体系也出现了不可调和的冲突矛盾,严重影响了渔民的正常渔业活动。

自从《海域法》实施以来,类似的问题并不罕见。某些政府肆意将渔民的合法权益出卖给经济体,丝毫不顾及在该海域一直进行渔业生产的渔民的利益,甚至和竞拍者恶意串通非法侵占,将渔民本该享有的民事权利市场化,排斥了应该优先安排当地的渔业生产者的原则,极大地挫伤了渔民的生产积极性。这类做法也

---

① 全永波.海域使用权与渔业权冲突中的利益衡量[J].探索与争鸣,2007(5):50-54.

② 付赫.论海域使用权与渔业权的冲突与协调[D].沈阳:辽宁大学,2015.

不符合政策的初衷，无疑是对渔民合法权益的一种侵害。我国反复强调“三农”问题的重要程度，对于养殖业的发展政策也本应该着重为渔民的根本利益着想，但是在实际海域招标竞拍的过程中，政府往往选择无视渔民的生产习惯与渔作传统，将海域使用权随意出售。这也从客观上反映了我国渔业管理在执行的过程中还存在很多不合理的地方。由此可见，对于海上用益物权体系的完善、对于海域役权的需求，无论是在理论上还是在实践中都是迫切需要的。

三、其他国家对于海域役权的立法特征

对世界各国地役权的发展历史进行研究，探究地役权的发展历史以及现代各国的地役权立法特征，对于我国目前地役权体系的完善、海域役权的创立具有很大的参考价值。

在日本，渔业权通常会被区分为“渔业法中的渔业权”和“民法中的渔业权”。“渔业法中的渔业权”是指日本现行的《渔业法》中所规定的渔业权本权。① 根据日本现行的《渔业法》：日本海域是全民所有制的共有海域，也可以称作公共海域，历史上形成的各个渔场合作社都是由渔业生产合作社使用，因此这些渔场拥有渔业生产合作社特定的共同渔业权或者渔业权海域。根据日本《渔业法》第八条规定：“新来的渔民想要进入渔场进行渔业生产活动，就得与渔场使用者——当地渔业组织订立协议取得入渔权，成为渔业合作社的会员。”同时《渔业法》还规定了作为本权的渔业权。因此，日本所提及的渔业权，包括作为本权的渔业权，也涵盖作为特殊渔业权的入渔权。

（一）渔业权本权

作为本权的渔业权根据《渔业法》是指民事主体经过许可后，在一定的公共水面上进行具有排他性的渔业生产活动的权利。同时日本的渔业权又被细化为三种：定置渔业权、区划渔业权与共同渔业权。②

1. 定置渔业权

依据《渔业法》第六条第三项，定置渔业权是指“在特定水域放置固定渔具，经营渔业的一种权利，或者在特定的水域使用固定渔具，捕捞采集水产动植物的一种权利”。具体是指将网、捕箱等渔具放在水底 27 米以上海距的范围内从事的渔业。

2. 区划渔业权

区划渔业权是指在特定的水域，通过养殖的方式获取水产动植物的一种权

---

① 奥田進一. 地先渔业权的法律性质以及旧制度的改革[J]. 日本不动产学会志，2013(12)：82－89.

② 浅野长光. 经济专用水域・渔业权・入渔权的现代研究[J]. 自由と正义，1975，26(2)：19－24.

利。依照日本《渔业法》第六条第四项，区划渔业具体是指：(1) 在一定水域，铺设石头、竹条、木条、瓦片等可供水生动植物栖息的设施养殖水产动植物，如珍珠、牡蛎、扇贝等。(2) 用石头、竹条、木条、瓦片等在海域表面或水下围成一定的区域，在围成的特定区域内进行养殖生产活动。(3) 除了前两种以外的，在一定水域经营养殖水产动植物的权利。

3. 共同渔业权

根据《渔业法》第六条第五项，共同渔业权是指在特定的水域内多个民事主体对渔场进行共同管理经营的权利，简而言之就是对于特定的水域进行共同管理，经营采集捕捞或养殖水产动植物的权利。依照日本《渔业法》，共同渔业权包括：(1) 共同渔业，以藻类、贝类以及水产相关部门指定的水产动植物为目标的渔业。(2) 在设置网、围栏等固定渔具的基础上，共同经营的渔业。(3) 使用拖网、地曳网、船拖网的渔业，撒饵渔业，渔礁渔业。(4) 通过钓鱼、狩猎方法获取渔业的。(5) 在内河水体或外海水域中水产大臣所指定的经营渔业，相当于湖沼的海面上经营的渔业。

（二）入渔权

除了上述的三种渔业权，日本《渔业法》第七条还对入渔权做出了相关规定："本法所称渔业权，是指根据规定，在第三方所拥有的共同渔业权或藻类养殖业、珍珠母贝养殖业、竹苇养殖业、小箱养殖业、牡蛎扇贝养殖业的，或者在区划渔业的渔场中，经营特定或不特定的渔业的权利。"①由此可知入渔权是一种从属权，入渔权的存在需要以渔业权本权作为基础，是派生出来的一种特别渔业权。对于入渔权可以通过用益物权中的地役权来进行参照，换句话说，入渔权就是海洋领域中的地役权，是将海洋视为不动产物权而设立的一种特殊的地役权制度。对于入渔权的理解可以从以下三个方面入手：

(1) 入渔权是在专用渔业权的范围内从事经营渔业生产的权利，内容包括采集或者养殖水生动植物。我国台湾省的入渔权就是参考日本的特殊渔业权管理模式，入渔权以该海域的渔业协会为主体，本地的渔民通过《入渔规章》在该海域进行渔业活动，而外地渔民也可以通过签订《入渔契约》，以合同的形式进行入渔；而日本则是以该海域成立的生产合作社为主体，渔民可以到自己所属的生产合作社所拥有的专用渔场内进行捕鱼，代替当地的渔业合作社行使渔业权。而到其他合作社所拥有的渔场内捕鱼，则由本地的渔业合作社与对方签订契约，让本地渔民去其他渔场捕鱼，这样便完成了"入渔"过程。

(2) 入渔权的内容是在特定水域进行捕捞或养殖，与渔业权本权的内容基本

---

① 刘惠明. 日本的渔业权制度及对我国的启示[J]. 河海大学学报(哲学社会科学版)，2004(1)：50－53.

相同。入渔权与渔业权一样,均被视为物权,更准确地说是准物权,主要表现为对水域的利用权,其权利人不仅可以向共同渔业权人或者特殊渔业权人主张行使入渔,还可以对无正当事由的侵入行为直接主张排除妨害、消除危险、赔偿损失。

(3) 入渔权属于从权利,要在渔业权本权存在的基础上成立,因此超出渔业权本权内容的入渔权无法律效力。入渔权的存续期间,也不得超越渔业权本权的年限。对于渔业权本权的限制,也同样适用于入渔权。另外,渔业权本权也可以对入渔权进行限制。

日本的渔业权是特定水域的用益物权,而不是所有权,渔业权保护对象是采集、养殖、捕捞水产动植物的行为,而不是对该水域的保护。[①] 简言之,即是保护"渔业行为"的权利。换句话说,渔业权应该是用益物权,而不是支配物权。在日本的土地法中也对水域的使用进行了解释,认为对水域的利用类似于"对土地的利用",在渔业权中的体现便是渔业权主体对特定水域的使用权。

日本渔业权中的很多规定与土地法内容都很相似,在土地法中不仅包含了对"土地利用"的规定,还包含了对"水域利用"的规定。这种特殊状态的形成是因为日本海洋法律造成的。在日本,海域属于公用物,对于海域而言不存在一个完全支配的所有权,但是对于海域的利用又必须要以海域的支配为前提,反之则无法实现。如果法律只承认"对海域的利用"而不承认"对海域的支配"也是无法起到应有的作用的,所以形成了渔业权既包含对水域的支配也涵盖利用水域的状态。

四、我国海域役权的创建

对于上述问题的解决,需要我国地役权制度的重构,还需要参考日本的经验,逐步建立完善的海域不动产地役权制度。对于我国海上地役权的建立与完善,还需要其他各个领域的通力合作。

(一) 海上地役权制度目的的重新定位

在当今不断变化的现代社会,地役权的价值已经发生了巨大的变化,其本身的价值开始向多元化趋势发展,应当重新去界定地役权的制度价值,重点体现在以下几个方面:

1. 弥补传统地役权制度的不足,充分发挥海域作为不动产的价值

根据上文所说的,我国目前的地役权制度相对于社会的快速发展已经具有了明显的滞后性,为了更好地对海洋资源进行开发管理,需要建立海域役权制度,这也是可持续发展理念、全面依法治国理念的重要体现。同时,为了弥补海域用益物权体系的缺陷,也同样需要海域役权制度。地役权除了对通行、涉水、眺望等进

---

① 奥田進一. 地先渔业权的法律性质以及旧制度的改革[J]. 日本不动产学会志,2013(12):82-89.

行补充外，还能够针对海域使用的纠纷问题提出解决途径。地役权虽然已经是最古老的物权之一，但是具有适应现代经济需要的发展空间，所以在现代社会，在我国逐步完善海洋立法的大背景下，地役权的制度价值不仅没有减小，反而是得到了进一步的扩大。[①] 因此，海域役权应有其独立的制度价值，应当给予建立和完善。

2. 处理海域使用权与其他海上权利的冲突问题

地役权起源于罗马法时代，历经几个世纪的不断发展，也产生了新的功能，主要体现在地役权具备了对海域使用权争端进行管理的作用。根据海洋自身的特殊性，可以将《渔业法》中的养殖权、捕捞权视为"蓝色领土"的土地承包经营权，将整合后的非农业用海权视为建设用地使用权，入渔权则是作为地役权，进一步补充我国渔业管理的空白，促进我国海洋渔业管理的完善。参照日本对于入渔权制度的管理，将养殖海域的所有权归渔村集体所有，渔民通过入会的形式参与渔业活动中，避免了过去政府直接到个人或企业的管理模式。[②] 由渔业生产合作社组成渔会，个人或者企业通过签订入渔合同，获取对特定的海域进行养殖捕捞生产的权利。入渔权可以用来限制渔业权的使用，同时渔民也可以以入渔权受到侵害为由主张赔偿。最主要的作用就是限制了养殖许可证胡乱颁发的现状，保障真正的渔民能够进行渔业生产作业。毕竟由渔村决定养殖证的颁发和管理，能够更加结合本地的多种因素，因地制宜地去合理管理，体现了《渔业法》规定的渔业生产主体的优先性。

（二）建立新型海域役权制度

首先，在我国未来的《物权法》中，应当建立不动产役权的概念，并且应当将"地"的概念进行扩大解释。也就是说，我国未来的地役权体系建设，调整对象除了土地，还应当包含水域。不能再继续沿用自罗马法以来形成的地役权概念体系，应该建立起符合我国国情的役权制度，建立新型的不动产役权制度，这其中就应当包含海域役权。

其次，我国《物权法》虽然将地役权的客体扩大到了不动产权，但是海域毕竟是与土地并列的一种重要不动产，在现实生活中的情况十分复杂，不仅存在土地互役，还存在海域与海域之间的互役、土地与海域的互役。不论是土地、房屋，还是海域，都应当是不动产，因此不动产役权可以更加直观地反映法律关系中的客体。[③] 而且随着海洋开发的不断深入、深海勘探能力的增强，深层海域的立体分层利用会越来越突出，届时海域役权的客体很可能不再受限于海面，会形成分层

---

① 全永波. 海域使用权与渔业权冲突中的利益衡量[J]. 探索与争鸣，2007(5)：50－54.

② 崔建远. 论争中的渔业权[J]. 法商研究，2005(6)：51－63.

③ 孙宪忠.《物权法》：渔业权保护的新起点[N]. 中国渔业报，2007－04－23(001).

式立体海域利用机制，海域役权的作用将会更加突出。因此在我国完善不动产役权中海域役权制度的同时，也要开始着手为将来可能形成的分层海域役权的问题预留完善空间。

最后，海域不动产登记制度的完善，应采用登记对抗主义。我国《物权法》规定："地役权自地役合同生效时设立，当事人要求登记的，可以向登记机构申请地役权登记；未经登记的，不得对抗善意第三人。"地役权通过对外公示的形式产生对外效力。虽然登记不是海域役权的生效要件，但是当事人欲发生对抗第三人效力的时候，就必须进行登记。海域役权虽说是物权，其内容可能是多种形式的，因此在进行登记的时候就必须在合同中说明利用的目的和方法，以便充分说明海域役权的内容。

（三）海域役权的其他理论问题

1. 海域役权的取得

海域役权主要基于两种原因取得：基于法律行为取得海域役权和基于法律之外的行为取得海域役权。

以法律行为取得的方式有两种，包含基于合同取得的和基于单方面行为取得的。当以合同设定海域役权时，当事人应当采用书面的形式订立不动产合同，同时还要包含以下内容：(1) 当事人的姓名或者名称；(2) 当事人的住所或者单位所在地；(3) 利用海域的目的和方式；(4) 利用的期限；(5) 支付手段以及方法；(6) 解决争议的方法；(7) 其他。除了上述几点之外，还需要强调的是，支付对价不一定是海域役权成立的必要要件。在这一点上同相邻权一样，原则上具有无偿性。在《法国民法典》《德国民法典》和我国《物权法》中都是使用"补偿"而不是"有偿"，因此如果是海上的相邻关系，完全可以是无偿的。[①] 但是对于海域役权，也应当认为"有偿性"不应当是构成的要件。在现实生活中很多因为养殖许可证和海域使用证而产生纠纷的案例，可以通过行使海域役权的方式进行处理。因此，当渔民本身受到损失的同时，还需要支付订立合同的金额显然不具有合理性，违反了民法中的公平原则。

以法律行为之外的方式取得海域役权的方式，包含时效取得、继承或者遗嘱等方式。针对我国的时效取得，学术界还具有一定的争议。从《物权法》目前的编纂来看，我国目前还只是承认时效取得的占有，而不是所有。至于我国是否应当规定实现取得制度，以及海域役权是否可以实行时效取得，还需要更多的研究分析，在这里就不探讨了。

---

① 全永波. 海域使用权与渔业权冲突中的利益衡量[J]. 探索与争鸣，2007(5)：50－54.

2. 海域役权的特征

海域役权作为一种用益物权，具备物权的基本特征。海域役权的主要特性主要有二：

(1) 海域役权具有从属性。传统的民法理论就认为，不动产的役权是不可能单独存在的，需要和需役地或者供役地共同存在。换句话说，必须先有现实存在的土地，才可以存在地役权。当需役地被转让时，海域役权也随之转让，即需役地的受让人在获得受让的同时也获得海域役权。我国《物权法》第一百七十四条规定："土地承包经营权、建设用地使用权、宅基地使用权等依法转让的，不动产役权一并转让。"但是合同中约定海域役权不随海域使用权的转移而转移的除外。

(2) 海域役权具有不可分性。海域役权的不可分性就是其从属性的一种延伸属性。所谓的不可分性，是指海域役权存在于需役海域和供役海域的全部海域，不能单独进行分割。不可分性应包含两个方面的内容：其一，取得上的不可分性。海域役权的取得不能为了需役海域的单独一部分而存在，也就是说如果一片海域为多数人共有，当共有人之一取得海域役权时，其他的共有人也随之取得海域役权。其二，消灭上的不可分性。当海域为共有的，各国共有人无从按照其应有的部分，使已经存在的海域役权的一部分消灭，其他共有人的权利仍然存在。

3. 海域役权的消灭

海域役权作为不动产役权的一种，当物权消灭时不动产役权也会消灭，除了主权利的消灭，也具有以下几种特殊的消灭原因[①]：(1) 因供役海域被征收而海域役权消灭，但是需役海域的征收不会导致海域役权的消灭；(2) 海域役权的存续期间届满；(3) 当合同中约定了海域役权消灭的特殊事由时，当条件达成时役权消灭；(4) 主动放弃，需役海域人可以主动放弃海域役权，使海域役权消灭，但海域役权具有存续期间的，权利人放弃时，供役人有权请求剩余期间的对价；(5) 海域的变动，如因海域重新划分而产生的变动；(6) 法院对于所有权纠纷海域做出的判决宣告。但不动产消灭后，当事人应当申请撤销登记。需役人仍然占有海域的，应当将海域恢复原样，撤除海上设施，返还海域使用权。

---

① 谢在全. 法物权论(上)[M]. 北京：中国政法大学出版社，2010：172.

试论海事审判中保全机制的立法完善

吕子逸

一、问题的提出

海事审判，一般指独立于普通的民事、刑事以及行政案件审判模式之外，以海事案件为主要适用范围，以海事法庭为载体的审理模式。作为海洋大国的中国，为了维护自身海洋权益，促进海洋开发与利用，势必需要构建较为完善的海事案件审判机制。在此情形下，诸如《全国人民代表大会常务委员会关于在沿海港口城市设立海事法院的决定》《最高人民法院关于海事审判工作发展的若干意见》《海商法》与《中华人民共和国海事诉讼特别程序法》，以及《最高人民法院关于海事法院受理案件范围的规定》等法律规范或文件的制定与颁布，使得中国的海事审判制度日臻完善，进而使得中国逐步成为亚太地区海事审判的中心。同时，随着"海上丝绸之路"等海洋倡议的推进，中国将越发重视对海洋地区环境的维护与整治，促进海事审判机制对这一变化的有效适应将是这一审判模式今后发展的重要任务所在。

保全，主要指归属于民事诉讼法中，为了应对特殊情况或维护特殊利益时而由法院采取的紧急性、暂时性的强制措施。可以说，由于保全机制在实施中的特定效用，其存在是民事诉讼法在兼顾维护当事人合法权益与保障司法活动公正目标下的重要辅助措施，这一机制能否合理运作与民事诉讼整体效果的实现密切相关。因此，本文以保全机制立法问题为切入点，结合对海事审判中保全机制立法现状及缺陷的分析，对这一机制立法的完善提出相应的建议，为海事审判的整体发展提供可取的参考。

二、保全机制在海事审判中的必要性研究

保全机制在海事审判中的必要性，亦即这一机制对于海事法院的工作实施以及海事案件的处理所具有的效用，对这一问题进行探讨是本文研究得以展开的前提所在。故，本文将结合海事审判与保全机制的具体内容，从两个视角对这一问题进行适当的论述。

（一）海事案件处理的需要

在前文也有提及，海事案件是海事法院及其审判模式的主要工作对象，虽然在具体划分中，此类案件仍旧需要依照传统的案件性质分类办法划分为海事行政案件、海事民事案件以及海事刑事案件，但受此类案件的固有的海洋环境特

征——流动性的影响，在具体处理中往往呈现出不同于普通类型案件的需求。譬如仅以环境污染案件来看，在福建厦门的一起有关海洋环境污染的案件中，原告方为 2 000 余户养殖户，[①]而在另一案件中，作为花蛤养殖户的原告指控被告的核电站造成了养殖区域的大面积污染。[②] 如何保证对于此类案件处理的公正性与全面性，除了关注对问题特征及损害的合理认定之外，还应当着重于避免污染问题随着海洋流动的进一步扩大化，防止造成当事人权益的持续损害，并在处理结果上充分考虑原告的利益要求与实际情况，[③]保证各方损失得以合理弥补。因此，相较于既往的传统案件，尤其是民事案件中"不告不理"的工作理念与相关机制而言，海事案件对处理机制的事前性、及时性及全面性的需求更为明显。此外，仅以大连地区为例，[④]自 2014 年以来，海事案件数量始终呈上升状态，尤其是在 2014 至 2016 年间，海事法院审理的海事案件始终保持在 2 000 件左右，虽然与同时期的普通案件数量相比此类案件仍处于较小规模，但也应当承认，海事案件的数量将随着海洋开发与利用的推进而进一步增长。故，在海事案件逐渐呈现规模化而其固有工作特征持续存在的情形下，对其采取特定的处理模式亦是有必要的。[⑤]

综上，通过在海事案件处理中适当采取保全措施，譬如对于存在扩散污染或其他损害的案件采取行为保全措施，及时制止其损害的扩散，以及对于存在相当规模受害方或受害范围的案件及时采取财产保全措施，防止一方当事人逃避赔偿义务，保证案件处理结果的公正性以及执行的有效性。[⑥] 由此来看，由于保全机制在海事案件处理过程中的存在可以在案件处理过程中较好地实现对公正、合理等目标的兼顾，维护海事审判的权威性及其公信力，推动各方对海事审判过程与结果的认可。故，这一机制对于海事审判而言是有重要意义的。

（二）当事人权益保护的需要

保全机制对当事人利益的保护，即这一机制在海事审判中的实施对于案件参与各方人员利益实现所具有的效用。考虑到诉讼的进行在于双方当事人的参与

---

① 参见福建省厦门海事法院(2016)闽 72 民初 320 号民事裁定书。

② 参见福建省福清市人民法院(2014)融民初字第 2863 号民事判决书。

③ 譬如各方的实际受损程度以及其对于损害弥补在时间、数量上的要求。

④ 相关数据来源于：2017 年大连海事法院工作报告[EB/OL]. 2017 - 11 - 10. http://dlhsfy.chinacourt.org/article/detail/2017/06/id/2892523.shtml. 2016 年大连海事法院工作报告[EB/OL]. 2017 - 11 - 10. http://dlhsfy.chinacourt.org/article/detail/2017/06/id/2892503.shtml. 2015 年大连海事法院工作报告[EB/OL]. 2017 - 11 - 10. http://dlhsfy.chinacourt.org/article/detail/2015/01/id/1531880.shtml.

⑤ 即，在海事案件对处理的及时性、事前性要求持续存在而数量逐步增加的情况下，仅依照普通案件处理模式将难以适应这一变化，故，保全机制的存在及运作的常态化将是海事案件处理不可避免的选择。

⑥ 向明华. 基层渔事海事审判的问题与对策——以服务"三农"为视角[J]. 广东社会科学，2009(3)：190 - 194.

及对抗,如若案件的审理难以实现当事人的基本利益需求,则对于这一问题,可依据参与人员的地位分为两个方面进行分析。

其一,原告方。在前面的内容中也有提及,保全机制的实施,在相当程度上是以保证案件处理的公正性、有效性为其目标的。而作为案件的主要利益受损者,原告方固然应当是保全机制运作的主要考虑对象,譬如在具体措施的实施中,无论是行为保全措施的采取对于损害扩大化的遏制或是财产保全措施的实施对于加害方财产的固定与对受害方损失弥补的保障,均体现了保全机制维护此类主体利益的目标。因此,原告方利益的维护,需要保全机制的参与。

其二,被告方。诚然,作为海事案件的参与人,亦是海事问题的实施者与责任的可能归属方,对于被告方进行相应的责任认定与追究,乃至采取必要的强制措施均是海事审判进行的应有之意。但这并非意味着海事审判的进行均以打击被告方为主要目的,应当看到,诉讼的进行乃至其最终效用的发挥需要各方当事人的参与及配合,如若过分关注于一方当事人权益而对另一方的权益加以忽略乃至践踏,不仅不能较好地体现审判的公正性、合理性,还将因为另一方配合的缺乏而导致其审理结果实现、执行的不能,影响其审判的有效性。故,对于被告利益的维护也应当是海事审判的考虑对象之一。具体来看,在保全机制的运作中,虽然财产保全的采取在一定程度上限制了被告方的财产权益,但此类措施也在一定程度上推动了审判机关对被告方实际财产状况的了解,在诸如涉及赔偿的案件处理中结合被告方实际状况进行赔偿数额设置,并通过对原告方进行相应的劝告来推动其对赔偿措施的认可,既满足了原告方利益弥补的需求,也较好地考虑了被告方的实际情况,而要求原告方提供担保的规定,也为被告方利益提供了一定的保障。① 同时,行为保全措施的采取,也可在一定程度上及时遏制被告方的行为,这一对损害进行减小乃至制止的行为对于缺乏足够专业知识的人员来说亦是有维护其利益的效果。②

故,综合来看,保全机制的存在是贴合当事人权益维护目标的需要的。

(三) 小结

通过上述内容的分析,可以看到无论是以海事案件的处理还是以当事人权益的维护为视角,保全机制的存在对于海事审判而言均是有其必要性的,而对这一机制的存在及完善进行研究也是有积极意义的。

---

① 刘哲玮. 论财产保全制度的结构矛盾与消解途径[J]. 法学论坛,2015(5):70-77.

② 通过对特定人员造成的损害进行减小,避免了此类人员责任的进一步扩大,在客观上也维护了此类人员的权益。

三、海事审判中保全机制的立法现状及存在的缺陷

通过前面内容的讨论,本文对于保全机制在海事审判中的必要性已经进行了必要的论证,可以看到,这一机制的存在对于海事案件的处理和对当事人权益的维护均有其积极意义,故在海事审判中注重这一机制的构建是有其现实意义的。在此,本文结合现阶段保全机制的立法规定,对其现状及存在的问题进行相应的阐述。

(一)海事审判中保全机制的立法现状

为了达到对不同条款职能任务的区分与归纳,本文以现阶段民事诉讼法中的保全机制为主要依据,[①]将海事审判中的保全类型划分为财产保全与行为保全两个方面进行分析。

(1)财产保全的条款,即对于一方当事人的财产采取强制性措施的条款。首先,在20世纪80年代颁布而业已失效的《最高人民法院关于诉讼前扣押船舶的具体规定》中,就对因特殊财产利益需求而对船舶采取强制性措施进行了先期尝试,[②]虽然涉及对象范围较为狭窄,但仍不失其借鉴意义。其后,中国在《海事诉讼特别程序法》中对这一内容进行了规定,具体来看,在其第三章中的第十二条处规定了"海事保全请求是指……对被请求人的财产所采取的强制措施"。通过这一内容的设置,明确了财产保全在海事审判中的存在,其后在第十三至十五条中对海事保全请求的提起从主体、形式等方面施以规定,而在其后条款中则对于海事法院的受理以及相关结果的承担进行了明确。同时,《海事诉讼特别程序法》又以财产的表现形式为区分,从船舶及船载货物两个方面对财产保全进行了细化,譬如在第二十一条中明确了船舶的海事请求的22种适用情形,在第二十二至二十四条中则规定了其适用的条件,在后续条款中则规定了保全的时间、替换等内容。而在第四十四至四十六条中,则对船载货物的保全从适用的条件、期限等方面进行了相应的规定。

(2)行为保全的条款,即对于当事人特定行为实施或不实施采取强制性措施的条款。虽然这一内容在《海事诉讼特别程序法》中未有直接规定,但结合第五十一条关于海事强制令的内容规定来看,[③]仍可确认这一保全措施在海事审判中的存在。对于这一措施的规定,具体来看,如前述的海事请求保全措施一样,在第五

---

① 占喜刚,刘丹.民事诉讼保全的类型化分析[J].江苏大学学报,2013(3):64-69.

② 可以见这一文件第一条:"……10.因供应船舶营运或日常维护所需食品、物品、材料、燃料、设备(包括集装箱)或劳务所产生的请求权;11.追索港口使费或运河、航道费的请求权;12.因建造、修理、改装或者装备船舶所产生的请求权……"。

③ 其内容为:"海事强制令是指海事法院根据海事请求人的申请,为使其合法权益免受侵害,责令被请求人作为或者不作为的强制措施。"

十二至五十四条中，对当事人的申请对象、形式等内容进行了规定，而在第五十五至五十七条中则对海事法院海事强制令的作出依据、期限等内容进行了规定，在第五十八至六十条中对海事强制令作出后当事人的异议，以及被请求人与请求人的错误行为后果进行了规定。

（二）海事审判中保全机制立法存在的缺陷

通过前面内容的阐述，本文已经对海事审判中保全机制的立法状况进行了介绍，可以看到，在历经三十余年的尝试后，在中国的海事审判中已经形成了覆盖范围全面（包括财产保全与行为保全）、适用内容多样（包括保全的提起、审查及相关后果）的保全机制立法模式，这对于中国海事审判的运作有着不容忽视的推动作用。但也应当注意到，此类立法规定在内容设置等方面依旧存在一定的不足，与海事审判的实际需求仍有一定的差距，具体来看存在如下缺陷：

1. 适用标准的模糊性

结合《海事诉讼特别程序法》的具体内容来看，虽然在第二十一条这一法律规范中明确了 22 种财产保全的适用类型，但对于行为保全的适用而言，在第五十六条，除前述两个基本条件外，其还包含了“情况紧急，不立即作出海事强制令将造成损害或者使损害扩大”的条款，三个条款相互辅助，构成统一的海事强制令适用条件。虽然考虑到这一措施的采取涉及对特定人员行为自由的干预，为避免造成不合理的侵害而应当有所节制，但第五十六条中对于第三类条件仅作了原则性的指示，即缺乏较为详尽的案件范围规定。考虑到海事案件涉及海事合同、海难救助、环境污染等情节不一、适用对象互有差异的案件，[①]仅从案件类型层面看就难以形成较为统一的评价标准，而作为实际审理者的法官，也将因为其自身的知识、经验等主观意识的差距而在案件情节认定上存在区别。在此情形下，缺乏可依据的标准将使得海事强制令的适用完全依赖于审理者的主观评价，这不仅有损于海事审判法律在适用中的可操作性与统一性，还容易因为不同审理者间处理的区别造成不同案件中当事人所受待遇的不一致，造成其处理结果公正性的减损，甚至影响法律适用的稳定性。故，适用标准的模糊性将阻碍保全机制效用的正常发挥。

2. 启动方式的被动性

结合《海事诉讼特别程序法》的具体内容来看，无论是海事请求保全或是海事

---

① 仅在《最高人民法院关于海事法院受理案件范围的规定》中就包含有上百种海事案件，而不同的案件关注点也有所差异，譬如合同类案件在评价中主要关注财产性利益等可以具体分析的内容，而环境污染类案件则应当关注所造成的环境损害以及对当地环境的未来影响。

强制令，在启动上均仅规定了当事人的提起模式，而未涉及法院的主动采取模式。[①] 诚然，基于民事诉讼法中传统的“不告不理”理念的要求，法院不应当过分干预当事人的诉讼活动，应为其处分权的行使提供必要的空间。但本文在前面内容中也分析过，[②]基于海事案件特殊性的考虑，如若将这一机制的提起，尤其是行为保全措施的提起完全交于当事人，则将不可避免地因为必要法律知识、经验的缺失而难以作出及时、有效的处理，造成损害的进一步扩大或者受害方损失的弥补不能。因此，适当地主动运用保全机制是有其合理性的，也是符合相关程序法规定的，[③]而现阶段立法中这一机制启动的被动性将与这一需求产生较为明显的冲突。

3. 操作机制的形式化

这一问题主要在于保全措施采取的形式，即其具体操作方式的内容。虽然在已失效的《最高人民法院关于诉讼前扣押船舶的具体规定》中，对于船舶的扣押程序，从相关文书出示以及人员身份的证明等方面就进行了明确的规定，[④]经过现阶段的《海事诉讼特别程序法》第二十六条等条款对这一过分细致的条款内容的修正，[⑤]使得船舶的扣押均可依照这一规定实施。然而，在其他的保全措施中则缺乏此类操作机制的规定。具体来看，对于船载货物的扣押并未直接涉及扣押措施的采取程序，而海事强制令的采取也仅在第五十七条中规定为“应当立即执行”这一概括性的规定。虽然较为细致的条款设置不利于法律的合理适用，但缺乏此类内容将使得海事法律的适用陷入不能。同时，考虑到无论是对船载货物的扣押还是对海事强制令的实施，均关系到当事人财产、行为自由等基本权益的侵害，如若不对此类行为采取方式的选择给予规定，难免因为相关人员法律知识、素养的不同而造成其实施行为的差异以及对当事人权益的损害，甚至致使当事人救济虚

---

① 《海事诉讼特别程序法》第十三条规定：“当事人在起诉前申请海事请求保全，应当向被保全的财产所在地海事法院提出。”而在第五十二条规定：“当事人在起诉前申请海事强制令，应当向海事纠纷发生地海事法院提出。”具体来看，对法院主动采取此类措施的内容未有涉及。

② 参见本文第二模块关于保全机制重要性的讨论。

③ 譬如《民事诉讼法》在其第一百零三条中规定了在必要时可以主动采取财产保全措施。

④ 具体内容为：“扣押船舶和释放被扣押船舶的法律文书，由海事法院执行人员送达给被扣押船舶的船长，船长应在送达回证上签字。执行人员登轮送达扣押船舶命令或解除扣押命令，应向船长宣读，并将命令张贴在船舶主桅下部或者其他明显部位。执行人员执行送达任务时，应着制式服装并出示‘执行公务证’。海事法院在发布扣押船舶命令或解除扣押命令的同时，应向港监、边防以及其他海上巡逻、监视部门发出协助执行通知书，必要时，海事法院可以派出法警或安排看守员到船上执行扣船任务。”

⑤ 具体内容为：“海事法院在发布或者解除扣押船舶命令的同时，可以向有关部门发出协助执行通知书，通知书应当载明协助执行的范围和内容，有关部门有义务协助执行。海事法院认为必要，可以直接派员登轮监护。”

置。[①] 由此来看，操作机制的缺乏不仅将造成保全机制实际运作的困难，还会对当事人的合法权益造成侵害，影响海事审判整体公正性、合理性的体现。

4. 保障机制的空白化

虽然保全措施是以审判的实际需要为中心，但考虑到现阶段中海事审判机关在人员、物力等司法资源方面的匮乏以及其所对应的海事案件保全措施的采取对较大规模的司法资源投入的需求二者间的矛盾状态，仅依靠海事法院难以推动保全机制效用的发挥。故，适当与其他机关以及当事人联系，减少海事法院的工作负担是可取之举。[②] 如前文所述，考虑到此类措施对案件处理效果与当事人权益保护的重要影响作用，为了保证这一过程的正当与合理，对此类主体施以相应的保障或强制措施是必要的。但在现阶段的立法中，《海事诉讼特别程序法》仅在其第五十九条中对不执行海事强制令的当事人规定了惩罚措施，[③]而对于涉及财产保全的海事请求保全而言，其第二十六条中仅明确了有关部门的"协助执行"义务与法院的"登船监护"措施，却未涉及更为详尽、具有强制力的措施，即海事法院对于普通主体与以行政机关为主的部门是否执行或合理执行保全裁定缺乏有效的约束力量。这一情形的存在不仅有损于保全机制的整体效果，还将造成普通公民之间以及普通公民和有关部门之间在违法评价方面的不平等、不公正，[④]有悖于海事审判乃至审判的基本理念。

5. 救济措施的缺陷

如前文所述，由于适用对象的特定性以及实施方式的特殊性，保全措施往往涉及对行为自由、财产权益等基本权利行使的干预、控制，如若放任此类措施的实施将不可避免地对宪法规定的基本权利造成侵害。故，赋予当事人提出异议等救济权利是保全机制合理运作的应有之意。结合现阶段立法来看，虽然《海事诉讼特别程序法》在其第三十条、第五十八条中规定了当事人通过复议的方式进行救济的内容，但就其实施效果来看，此类内容设置是存有缺陷的。譬如，法院以裁定的方式对是否进行保全作出决断，则依据《民事诉讼法》第一百六十四条及相关司法解释的规定，当事人无权提起二审乃至再审的请求。但考虑到保全措施的采取

---

① 在缺乏直接行为规定的情况下，当事人对保全措施不当的证明将局限于结果，其行为本身将缺乏约束。

② 吴勇奇. 当前海事审判面临的问题及其对策[J]. 中国航海学会 2006 年度学术交流会优秀论文集专刊，2007：154－160.

③ 具体内容为："被请求人拒不执行海事强制令的，海事法院可以根据情节轻重处以罚款、拘留；构成犯罪的，依法追究刑事责任。对个人的罚款金额，为一千元以上三万元以下。对单位的罚款金额，为三万元以上十万元以下。拘留的期限，为十五日以下。"

④ 具体来看，此类情形的存在将造成身份地位、行为性质相同的普通公民在作为保全机制构成内容的海事请求保全与海事强制令二者之间惩处方式适用的不平等，还将导致普通公民与其他部门间在违反保全裁定时惩处方式适用的不平等。

对当事人财产权益与行为自由的干预，或者其不采取对于当事人诉求的忽视，不给予此类情形以二审、再审救济不仅有违“两审终审制”等机制的存在目的，也无法实现适用对象与适用方式类型选择间的“平衡”。① 同时，由于复议主体与保全裁定作出主体的一致性，这一救济能否发挥应有的效力也尚存有疑问。② 因此，救济措施的缺陷，使得海事法院保全机制的运行缺乏足够的制约，对其公正性、合理性的实现有着不可忽视的阻碍作用。

（三）小结

通过本部分内容的分析，可以发现，虽然中国现有的海事审判法律规范在保全措施类型、内容等方面已有较为细致的规定，但由于其具体立法中部分条款设置的缺陷，此类规定在具体适用中仍旧存在一定的缺陷，对于保全机制效用的发挥以及海事审判目标的实现将不可避免地造成干扰。故，对此类缺陷进行弥补，是保全机制在中国海事审判中效用发挥的应有之意。

四、海事审判中保全机制的立法完善建议

通过前述内容的分析，本文对于现阶段中国海事审判中保全机制的立法状况已经从现状、缺陷等方面进行了分析，考虑到这一机制对于海事审判制度整体效果发挥的促进作用，提出相应的完善建议，对其存在的缺陷进行弥补是这一机制发展的应有之意。具体可结合其存在的缺陷类型进行讨论。

（一）适用标准的明确

对于适用标准模糊性的问题，考虑到海事案件种类的繁多以及相互间内容、关注点的差异，设置较为细化的适用标准难免力有不逮，甚至造成对部分案件需求的混淆与忽视。故，本文认为，设置以概括性适用原则与具体化适用条件的适用标准有助于保全机制在此类案件中效用的发挥。具体来看：

1. 概括性适用原则的确定

为了保证《海事诉讼特别程序法》在保全机制适用上对于各类案件的统一性、平等性，在概括性标准的设置上既应当充分体现对各类情形具体内容的考虑，也需要避免此类措施采取的随意性。故，为了达到对各类案件适用标准的统一化，

---

① 结合民事诉讼法的具体内容看，对于裁定适用二审、再审的限制目的在于减少无实质性影响的内容对法庭工作与裁判稳定性的干扰，而作为对当事人实体权利有直接关联的驳回起诉、不予受理等裁定是应当适用此类诉讼救济条款的。相较之下，海事审判中保全机制的适用对当事人实体、程序权利的影响并不亚于前述的裁定种类，尤其在部分海事合同案件中，财产性诉求更是整体案件审理的主要关注点，保全措施的不采取造成这一诉求的不能满足将造成整体案件处理效果难以实现，不给予其二审、再审救济将有一定的不合理性。

② 范卫国. 法院财产保全错误：发生机理和救济路径[J]. 河北法学，2016(8)：178 - 189.

除基本的“存在客观请求”与“有请求对象”条件外，可在借鉴《海事诉讼特别程序法》中的诸如第五十六条第3款的“情况紧急，不立即作出海事强制令将造成损害或者使损害扩大”等内容的基础上，将其启动条件细化为“现有情形可能引起较为严重的人身、财产利益的损害或者权力的不正当运作”“损害具有紧迫性”与“非经海事法院采取保全措施难以遏制此类损害的发生”三个内容，对保全机制适用的必要性、正当性给予原则性的保障。

2. 具体化适用条件的确定

在确定了指导原则后，为了保证在不同案件中保全措施采取的合理性，还应当对各类案件中保全机制的适用给予较为细致的指导。结合近年来海事案件类型化的趋势，尤其是《最高人民法院关于海事法院受理案件范围的规定》中对于海事案件的划分，具体存在有侵权类型案件、合同类型案件、环境类型案件、行政类型案件以及其他与财产利益相关的海事案件。[①] 在此类案件中保全机制适用标准在设置上可以结合案件的类型进行归纳，仅以较为典型的案件类型为例，可分为如下几类：

(1) 在海洋环境污染类型案件中，将其“情况紧急，不立即作出海事强制令将造成损害或者使损害扩大”界定为可能引起污染范围广(涉及不同地域或有跨国性趋势)、损害程度严重(受损资源稀缺或危害持续时间长)以及影响恶劣(对当地居民生活或政府公信力有着严重的干扰、损害作用)的环境污染。

(2) 在海事合同类型案件中，可将其适用条件归纳为可能造成严重性财产损失(合同财产利益的全部损失或重要利益索取不能)、影响较为严重(造成相当规模人员的财产利益诉求难以实现或特殊人员生活的困难)的合同问题。

(3) 在海事侵权类型案件中，则可将其适用条件规定为可能引起或持续存在严重的人身伤害(譬如造成人员重伤乃至死亡)、财产损失(使得较为贵重的物品损毁或一方当事人经济利益的完全丧失)以及其他同种危害程度的侵权问题，或者可能导致侵权损害难以弥补的其他情形。

通过上述的内容设置，可在满足概括性适用原则的基础上，为不同案件中保全机制适用的合理性、正当性提供较为可取的参考与依据。

(二) 启动方式的调整

如前文所述，为了保证保全措施在适用中对于危害遏制的及时性与有效性，势必需要赋予海事法院主动提起保全机制的权能。同时，为了防止海事法院这一权能的过分滥用，施以相应的范围、条件限制也是有其必要性的。

具体来看，通过对《海事诉讼特别程序法》第十三条、第五十二条内容的修改，

---

① 譬如特别程序案件中对于财物性利益的诉求等。

仿照《民事诉讼法》第一百条的规定，增加“当事人没有提出申请的，必要时海事法院也可以裁定采取保全措施”的内容，赋予海事法院对保全机制适用的主动性权能。而对于其具体情形可结合前述内容中关于保全措施采取的条件进行设置，在此不再予以赘述。[①] 此外，还可以通过设置诸如“海事法院在适用保全措施时应当告知当事人”的内容，赋予当事人对此类措施实施的知情权以及及时提起救济的权利，为保全机制的运作提供适宜的制约。

（三）操作机制的细化

考虑到《海事诉讼特别程序法》中关于船舶扣押的措施已有较为详尽的规定，本文在此仅就船载货物的扣押及海事强制令的实施进行讨论。如前文所述，过于细致的保全措施操作机制难免造成在具体实施中适用的缺陷以及对实际情形考虑的缺乏，而过于概括的保全措施操作机制又将使得此类影响到行为自由、财产利益的行为难以实施或缺乏约束，故，对于此类机制进行相应的完善尤为必要。

具体来看，结合《海事诉讼特别程序法》第二十六条的内容，本文认为从实施主体、实施方式以及实施依据三个层面对这一内容进行细化是可取的。譬如：

（1）对于船载货物的扣押措施，可将其规定为：由海事法院人员或持有海事法院协助执行通知的其他部门人员，在出示保全裁定及相关证明文书，就必要情况对船载货物所有人进行说明的前提下，对船载货物进行封存、保管，[②]并由船载货物所有人签署相关文书予以证明。

（2）对于海事强制令的措施，则可以规定为：由海事法院人员或持有海事法院协助执行通知的其他部门人员，在出示行为保全裁定及相关证明文书，就必要情况对强制令适用人进行说明的前提下，强制此类人员实施特定行为或通过收取其行为工具、进行必要的人身限制的方式阻止其实施特定行为，并由强制令适用人签署相关文书予以证明。

（四）保障机制的完善

如前文所述，由于海事法院人力、物力等司法资源的有限性以及海事案件种类繁多、情况复杂的情形将持续存在，在保全措施采取上依托于特定人员或部门的配合是海事法院保全机制运作不可避免的选择。故，为了保证此类机制的顺利运作，施以必要的保障措施是可取的。在《海事诉讼特别程序法》第五十九条中已然规定了对海事强制令的适用人员的相应处罚措施后，本文将以海事请求保全实

---

① 譬如可在前述条件的基础上，将具有超越此类情形危害程度的海事案件或此类情形即将发生而当事人仍未意识到的案件视为海事法院主动采取保全措施的必要性条件。

② 可以借鉴《海事诉讼特别程序法》第七十条中对于证据保全的规定，具体内容为：“海事法院进行海事证据保全，根据具体情况，可以对证据予以封存，也可以提取复制件、副本，或者进行拍照、录像，制作节录本、调查笔录等。确有必要的，也可以提取证据原件。”

施中的特定人员为主进行讨论。

(1) 海事请求保全中的普通主体,亦即船舶所有者与船载货物所有人。考虑到此类普通主体与海事强制令中的被请求人在个人身份、行为影响力等方面并无过多差异,故对于此类人员可仿照《海事诉讼特别程序法》第五十九条中的惩罚措施进行约束,即除涉嫌犯罪需追究刑事责任的人员外,对于其他不遵守海事请求保全的人员可通过罚款(对个人的罚款金额,为一千元以上三万元以下。对单位的罚款金额,为三万元以上十万元以下)、拘留(十五日以下)等方式进行惩处,在保全措施的实施得以保障的同时,还可保证同类型主体在惩罚程度上的一致性与公平性。

(2) 海事请求保全中具有特殊身份的主体,这是相对于协助海事法院执行保全裁定的相关部门而言的。考虑到司法权固有的被动性、中立性以及其在国家权力结构中与行政权的平行特征,由司法权,尤其是审判权主体主动惩治、影响行政权主体的工作难免于法无据、实施困难,甚至可能引起国家权力结构的混乱。因此,本文认为,可以通过加强海事法院与检察机关、行政监察机关之间的工作联系与配合,将涉嫌犯罪需进行刑事处罚的情形交由检察机关处理。同时,参考部分学者的观点,[①]以及《行政监察法》第二十二条、第二十五条中其他机构对行政监察机关工作的配合机制,[②]采取并落实针对具有行政身份人员的行政、[③]法律惩戒手段。[④] 促使其配合海事法院保全工作的开展,增强海事法院保全措施采取的强制力,落实审判权权威,最终适应海事审判制度的发展以及保全机制效用发挥的需求。此外,为了保证这一工作配合效果的合理发挥,加快构建相应的信息平台,尤其是海事法院与检察机关、监察机关之间的工作衔接平台,及时传递相关信息,对各类情形及人员进行合理、适当的处理,最终推动海事审判及相关机制效果发

① 参见赵旭光."两法衔接"中的有效监督机制——从环境犯罪行政执法与刑事司法切入[J].政法论坛,2015(6):147-157.

② 《行政监察法》第二十二条规定:"监察机关在办理违反行政纪律案件中,可以提请有关行政部门、机构予以协助。被提请协助的行政部门、机构应当根据监察机关提请协助办理的事项和要求,在职权范围内予以协助。"第二十五条规定:"监察机关依法作出的监察决定,有关部门和人员应当执行。监察机关依法提出的监察建议,有关部门无正当理由的,应当采纳。"

③ 具体措施如:加强与上级行政机关、人民代表大会及其常委会间的联系,将行政、公安机关不配合检察机关工作或存在不正当行为的情况予以通报、记录,形成专门的考评机制。同时,通过对行政、公安人员升迁、调职等活动进行的控制,发挥行政手段对行政执法人员的约束效力。

④ 此处可参考《行政监察法》第二十四条中规定的"监察机关根据检查、调查结果,遇有下列情形之一的,可以作出监察决定或者提出监察建议:(一) 违反行政纪律,依法应当给予警告、记过、记大过、降级、撤职、开除处分的;(二) 违反行政纪律取得的财物,依法应当没收、追缴或者责令退赔的。……"等内容,结合《公务员法》第五十三至五十八条中关于公务员惩戒措施的规定及其他行政法律规范的要求,从法律层面对行政执法机关予以惩戒。具体法律惩戒措施以《公务员法》第五十六条规定的"警告、记过、记大过、降级、撤职、开除"为主,并可适当结合第五十八条中关于公务员升迁、工资的相关规定。

挥以及国家权力运作的有效性、正当性。

(五) 救济措施的补充

通过前述内容的分析，作为关系到当事人的行为自由、财产性利益等基本权利的措施，仅赋予当事人以复议的方式对保全措施进行救济是不合理的，也是背离基本法律理念的。[①] 因此，在现有基础上增加当事人通过二审、再审的方式对保全裁定进行救济的内容有其必要性。

具体来看，可在现有的《海事诉讼特别程序法》第三十条、第五十八条内容的基础上，增加诸如“海事法院不予受理保全措施复议”或“有证据证明复议过程严重违法”以及“当事人有充足的证据证明保全措施的实施或不予实施严重危害自己的财产、人身权益，损害个人自由或造成其他基本权利的侵害”等具有相近危害程度的情形，针对此类情形赋予当事人运用二审、再审进行救济的权利，从而形成针对特殊情形的“复议—二审—再审”救济模式。这一设置既有助于当事人的权益受损程度与其救济方式之间全面、合理地对应，保证程序法律对当事人基本权益维护目标及理念的充分实现，也可避免情节轻微、危害较小的保全裁定异议的进入给二审、再审法院带来过重的工作负担。同时，为了保证这一完善措施的有效推行，减少不同法律条款之间的内容冲突，也可对《民事诉讼法》第一百六十四条及相关司法解释的内容进行适当修改，这对于《民事诉讼法》中保全措施的救济机制完善也是不无裨益的。此外，在前述信息平台的构建过程中，依据“公平、公开、公正”的理念将部分信息进行一定程度的公开，允许外部人员进行查阅、提出异议，对于推动保全机制中当事人救济活动的开展也有着不容忽视的积极作用。

五、结语

综上，本文对海事审判中保全机制立法完善问题进行了相应的探讨。应当看到，在“海上丝绸之路”等海洋倡议逐步推行的当下，为中国的海洋权益维护与海洋地区开发提供可取的法律保护已成为中国海事法律、海事法院与海事审判发展的重要任务所在，而对涉及当事人权益维护与海事案件合理处置的保全机制进行立法完善正贴合了这一发展趋势的要求。当然，这一研究思路并非是对其他海事审判理论、实务研究视角的否认，相反，这一机制完善的首要目的在于为海事案件公正、合理、有效的处理提供较为良好的环境，并通过与其他海事审判机制的配合，促进海事审判目标的实现。譬如对于财产保全的实施可以为后续的赔偿责任确定提供不可或缺的基础，而行为保全措施的采取则可有助于海事审判过程正当性、合理性的实现。可以说，为海事审判的顺利进行与相关机制效用的充分发挥

---

① 范卫国. 法院财产保全错误：发生机理和救济路径[J]. 河北法学，2016(8)：178－189.

提供来自保障机制层面的可取建议方是本文的研究目的所在。由此来看，本文研究还是有一定意义与合理性的。

浅析南海仲裁案中我国自身问题
——以国际法人才缺失与应用为分析视角

王乾坤

“南海仲裁案”结果一出，华夏震惊。菲律宾单方面提出的南海仲裁案主要是依据1982年的《联合国海洋法公约》(以下简称《公约》)。中国是该公约的原始成员国，为《公约》最后的开放签署做出了很大的努力和妥协。然而就是这个中国当年极力促成的条约，却成为菲律宾据以争夺我国南海权益的“法律依据”。党的十九大提出加快建设海洋强国，但是当年《公约》的签署所体现的中国自身问题必须得以正视，并以史为鉴。本文将从“南海仲裁案”下中国与《公约》所涉及的问题入手，分析我国历史上在海洋权益保护领域因缺乏国际法人才而带来的经验教训，并以此提出在涉及中国海洋权益的条约缔结中要有以国际法人才为主导的条约评估组织机制参与其中，从而最大程度地保障国家的海洋权益。

一、《公约》签署的教训

中国批准加入《公约》对中国来说有可能是弊大于利，且这种趋势随着时间的推移、中国国力的逐渐强盛以及中国海洋战略的逐步调整，会更加明显。当年中国的妥协，会成为当前及未来中国海洋战略发展的羁绊。当时签订时所设想的《公约》的规定和中国的主张将使中国管辖海域面积约扩大为“300万平方公里”的说法成为一种脱离中国地理实际的纯理论演绎。[①] 杨泽伟教授也曾在其文章中提到，《公约》在历史性权利、岛屿与岩礁制度、专属经济区的军事活动、群岛制度、海岸相向或相邻国家间海域的划界以及海盗问题等方面的规定却存在诸多缺陷。[②]

赵理海先生的著作《海洋法的新发展》是《公约》开放签署之后不久完成的，该书是国内第一部论述新海洋法公约的著作，在世界范围内也是为数不多的同类著作之一，在一定程度上代表了当时中国国际法学界对于《公约》的主流观点及认识。书中在谈到《公约》中的新概念、新制度——专属经济区时，带有很强的反苏反美的斗争意识，用很大的篇幅叙述了中国代表团如何与苏联在具体议题上的对抗，却只是简单地说明我国代表团在海洋法历次会议的发言中所表明的立场，并

---

① 余民才. 中国与《联合国海洋法公约》[J]. 现代国际关系，2012(10):57.

② 杨泽伟.《联合国海洋法公约》的主要缺陷及其完善[J]. 法学评论，2012(5):57.

没有详细阐述我国支持200海里专属经济区是否真的与我国的海洋现实情况相符，是否对我国海洋权益的长远发展有利。①

二、中国签署《公约》与国际法人才缺失的关系

1949年新中国的成立，使得中国作为独立的社会主义国家屹立于世界东方，在国际事务中起着越来越重要的作用，这为发展我国的国际法学创造了良好的国内环境。正常情况下，我国的国际法学研究应该是蓬勃发展的，研究成果也应是日新月异的。但是，在很长的一段时间内，由于虚无主义与取消主义的影响，尤其是在十年文化浩劫期间，受“左”倾路线与封建锁国主义的摧残，国际法的科学研究工作受到严重干扰和冲击，长期处于停滞状态；其他法律院校（系）都被解散，仅北京大学、吉林大学两所学校保留了法律系。国际法人才库在摇篮之中被扼杀，我国的国际法学研究水平因此而落后于世界。②

联合国第三次海洋法会议是中国于1971年恢复联合国合法席位后第一次参与的大规模国际立法活动。我国当时从事国际法研究的学者可谓凤毛麟角，主要有赵理海、倪征燠、王铁崖、史久镛等先生，其中倪征燠先生参与了第三次海洋法会议的全过程。在此过程中，倪征燠先生对海洋法的定稿，特别是对中文本的定稿和协调其他文本的意见，提出了可贵建议，起了关键性作用。③ 整个海洋法会议期间，我国还有一些国际法专家参与其中，④他们为维护我国利益作出了很大的努力和贡献。

凌青先生在其回忆录中，⑤专门用一章来叙说和评介联合国第三次海洋法会议。他在该部分明确指出，对于专属经济区问题，中国当时是没有搞清楚的，认识不够全面。⑥ 他本人在1974年以副团长身份主要负责该会议谈判时对海洋法也知之甚少。凌青先生在回忆录中谈到，会上曾有一个小的发达国家给他一份材料，其中详细计算了建立200海里经济区后各国的利益分配。得利最多的是美、苏、日、英等海洋大国以及海岸线长的发展中国家，提醒中国不要无条件而且强烈

---

① 赵理海. 海洋法的新发展[M]. 北京：北京大学出版社，1984：73－205.

② 宦乡. 为创建新中国的国际法学而努力[J]. 中国国际法年刊，1982.

③ 倪征燠. 淡泊从容莅海牙[M]. 北京：北京大学出版社，2015：3.

④ 王铁崖先生1979年以法律顾问身份参加中国代表团并出席联合国第三次海洋法会议；董世忠教授曾在1980年8～10月以中国代表团法律顾问的身份参与过联合国第三次海洋法会议；史久镛先生也曾带着刚刚研究生毕业的周忠海教授参加该会议；赵理海先生虽然没有代表我国参加海洋法会议，但是先生的几篇关于海洋法的著作在学界还是产生了一定的影响。

⑤ 凌青先生从1973年就以联合国大会中国代表的身份参加了联合国大会选举第三次联合国海洋法会议领导机构成员的会议，1974年以中国代表团副团长的身份参加了联合国第三次海洋法会议第一次会议，1976年又以中国代表团团长的身份参加会议。1980年至1985年5月，凌青先生继黄华、陈楚之后，成为第三位中国常驻联合国首席代表。

⑥ 凌青. 从延安到联合国——凌青的外交生涯[M]. 福州：福建人民出版社，2008：164－167.

地支持200海里专属经济区。当时凌青先生意识到了问题的严重性,中国代表团内部讨论后报告上级领导,但是得到的答复却是否定的,因为“中国不可能在无条件而且明确支持十几年后突然转向,任何领导都难做出这样的决定”。[①] 赵理海先生在1996年我国批准《公约》之前发表的两篇论文中,[②]都谈到了《公约》的缺陷问题,共列出了五点,但对南海问题却几乎未提及。

菲律宾单方面提起的“南海仲裁案”,使南海一度成为社会关注的热点。不过据当时中国代表团副代表陈德恭回忆,南海问题并未在第三次联合国海洋法会议上成为焦点。即使是已经发生了西沙海战这种现实性威胁的情况下,我国当时的国际法学者却仍然把重点放在对南海断续线历史合法性的论述和说明之上,似乎并没有关注到一旦中国签订批准了该公约,南海周边的利益相关国,例如越南、菲律宾等,是否会在未来提出依据《公约》的相关原则规定而否定中国南海断续线的问题。“南海仲裁案”的裁决就明确否定中国南海断续线的主张,临时仲裁庭也非法作出否定中国断续线的裁决,对南海岛礁的定性对中国极为不利。虽然中国政府对“南海仲裁案”的非法裁决结果坚决反对,但是这并不能完全消除该案带来的恶劣影响和不利后果。

《公约》已经是过去式,但是该条约对中国的影响却具有很大的警示作用。因为奇缺国际法专家作为智库支持,中国在参与谈判的时候就在法律层面处于很不利的境地,很多问题不能得到一个强大的国际法人才智库在法律层面上进行分析评估后的建议意见,由此带来的后果就是中国在没有完全搞清楚条约内容的具体法律含义及对中国的后续影响的情况下就签署了条约,从而给中国留下了巨大的法律隐患,给针对中国的他国留下可以用来对付中国的“法律武器”。

三、新时代海洋权益维护中国际法人才与条约评估机制的应用

痛定思痛,新时代背景下习近平主席提出积极参与全球治理的国家大战略,中国积极参与到很多条约的谈判中,并希望在全球治理当中发出更多属于中国的声音,掌握更多“游戏规则”的制定权和话语权。但是,中国之前在《公约》中吃的亏,要在以后涉及海洋权益的条约制定或签署中坚决避免。通过以国际法专家为主导的条约评估机制来充分应用国际法专家人才,将有效维护我国的海洋权益。

如今的中国政府已经逐渐重视国际法专家在条约缔结评估中的作用,比之以往的“问而不用”要进步许多,但问题依然存在。不过这里所说的问题是排除了政府部门出于大局目的的合理取舍,是指不合理地轻视国际法专家的意见。

---

① 凌青.从延安到联合国——凌青的外交生涯[M].福州:福建人民出版社,2008:164-167.

② 参见赵理海:《我国批准〈联合国海洋法公约〉问题》,载《海洋与海岸带开发》1994年第1期,《〈联合国海洋法公约〉的批准问题》,载《北京大学学报(哲学社会科学版)》1991年第4期。

中国政府在条约缔结前会召集相关领域的专家学者召开工作组会议之类的研讨会，似是一种条约评估机制，但不是一种制度化、规范化的条约评估机制。笔者认为，在完善的条约评估机制中，国际法专家应该具有十足的话语权，在涉及海洋权益专业领域方面，应充分应用国际法专家的知识力量，国际法专家应具有主导地位。条约评估机制包括两方面的内容：一是缔结前的条约评估机制，二是缔结后的条约评估机制。缔结前的条约评估是就条约可能会给本国带来的利弊影响进行评估，在条约的起草、签署、批准加入过程中，充分并深入地就条约所涉及的各项法律专题、每一条每一款的具体法律含义进行研究评估，并出具咨询报告，以供党和政府及全国人大常委会参阅；缔结后的条约评估是就条约已经为本国带来的影响进行评估，主要是通过加入条约之后对中国的现实影响进行评估，为中国更好地参与、运用该条约维护国家利益指明方法。通过缔结前的条约评估，可以明确希望通过条约可获得的总体利益，判断条约对本国的实际影响，从而做好相应的谈判准备；通过缔结后的条约评估，可以明确条约利益的实现情况，总结得失，为条约的修订或缔结新的条约做准备，或考虑其他补救措施。①

中国政府目前高度重视在全球治理中的话语权，主张打造国际新秩序，倡导并主持制定新的国际条约已经成为现实可行的目标，在国际海洋法领域提出中国的方案也不是遥不可期。从《公约》的经验中可得知，国际法专家在条约缔结过程中具有不可替代的作用。可以说，只有国际法专家得到充分的应用，才能最大限度地在国际上保障中国的海洋权益。政府部门要充分地尊重和吸收该机制中国际法专家所出具的意见或草案，让真正懂得相关专业知识的国际法人在国际条约的制定或签订部分发挥应有的作用，避免问而不用的尴尬境地。纵观历史，每一项国际性的条约在面世之前，都是国家利益之间的博弈，在这场没有硝烟的战争中，国际法学家是急先锋，是主力军。

四、结语

前车之覆，后车鉴。中国的海洋权益问题随着国家对海洋的重视会愈发凸显，之前不被国民普遍认知的南海、东海问题等中国海洋权益问题将会越来越引起民众的关注。“南海仲裁案”的余热还未彻底消散，甚至还可能会出现日本提出的“东海仲裁案”，值得我们保持警惕并从法律层面做好相应准备。中国积极推进海洋强国战略，争夺海洋领域国际规则制定的话语权，主要是通过缔结国际条约的方式实现。在深刻分析总结《公约》经验教训的前提下，对未来涉及我国海洋权益领域的国际条约，要通过高层次的、以国际法专家为主导的完善的条约评估机制综合评估，同时加强国际法人才在海洋权益维护中的应用，坚决避免历史的再次重演。

---

① 车丕照. 认真对待条约——写在中国“入世”10 周年之际[J]. 国际经济法学刊，2011(2)：8.

我国船舶抵押权登记程序评析

刘安宁　胡钦博

从目前的发展状况来看，我国与船舶抵押权登记相关的法律法规主要包括《中华人民共和国船舶登记条例》（以下简称《船舶登记条例》）和《中华人民共和国渔业船舶登记办法》（以下简称《渔业船舶登记办法》）。通过对两部法律法规进行相应比较，我们不难发现，二者只有登记机关存在一定不同之处，在章节设置、法律条例等方面都存在很大相似性特征。其中，《渔业船舶登记办法》主要在渔业船舶登记活动开展过程中进行使用。所谓渔业船舶主要是指参与渔业生产活动所使用的相关船舶，或者为整个水产系统提供服务的船舶类型。对于整个渔业而言，船舶抵押权等级是由相应监督机关单位进行有效管理的。而《船舶登记条例》主要在军事、渔业、体育运动以外的船舶领域内发挥实际效用。港务监督机构负责对相关船舶进行有效登记。相对比较而言，《船舶登记条例》在国内应用范围相对更为广泛，笔者在论题研究过程中，选择《船舶登记条例》作为主体研究对象，对相关船舶抵押权登记制度进行全面探究。

一、船舶抵押权登记之申请

（一）关于登记申请人的要求

所谓船舶抵押权登记申请即是由申请人向船舶登记机关提交相应登记抵押申请操作。登记申请人是掌握相应船舶抵押权登记的工作人员，从目前发展状况来看，其主要包括登记权利人和登记义务人。从相关法律文件中我们能够了解到，船舶抵押权需要抵押权人和抵押人共同进行申请。通常情况下，双方均享有申请权，相关操作可以确保登记信息满足真实性、准确性要求，同时避免双方利益受到严重损害。不仅如此，从登记真实性方面来看，船舶物权登记都要采用形式审查，如果登记义务人也在现场，就可以避免非法处分船舶等问题产生。需要注意的是，共同申请不应当是固定性管理规定，而是强调双方必须到场，有针对性地开展“软处理”活动，只有在共同申请活动无法有效实施的情况下，才能够开展单独申请活动。

（二）关于登记申请材料的要求

《船舶登记条例》强调，船舶抵押权申请过程中，需要提交以下材料：第一，提交双方签字后的申请书；第二，船舶抵押权登记证书及相关建造合同；第三，船舶抵押合同。如果不涉及抵押权相关内容，则可以提交对应证明材料。船舶共有人在相关抵押权设定过程中，还需要提供超过三分之二额度的证明文件。不仅如此，《船舶登记工作规程》中还表示，相关文件包含主合同、承租合同、抵押人和抵押权人的合法身份证明文件等；船舶抵押权转移合同、原抵押权登记证书；资产评估机构出具的相关价值评估报告等。

关于提供船舶所有权登记证书，笔者强调该部分操作的必要性特征相对十分显著。我国针对船舶所有权获取方面的要求，不仅需要进行初始性登记，如通过交易、买卖等活动开展获取相应船舶所有权，同时也不能开展强行登记活动，即所有权的有效获取。根据相关法律要求，如果未经过登记环节，则不能与善意第三人进行对抗。需要注意的是，登记与向有关的确权之间存在本质性差异，而且相关研究主要是从对抗角度进行的。从根本角度分析，船舶抵押权登记往往是一脉相承的；从发展角度分析，有必要提供相应船舶登记证书，或者在进行船舶登记抵押过程中，进行所有权登记操作。

关于被抵押船舶上设定其他抵押权证明文件的要求，研究人员表示，必须对登记抵押条件进行相应限定，包括未登记抵押的在相关抵押权实施过程中，无任何抗力因素存在，此种状态下，提供的证据也失去了对应法律价值。[①] 笔者认为，该项规定是无存在必要的，已经设立未登记抵押权，如果双方认为有必要形成对抗效力，则可以提供相关服务。不仅如此，船舶抵押权的设定，最终目标即是确保担保债权效用全面发挥出来，对应的登记操作势必对之前也有进行登记的抵押权人利益造成严重损害。为了体现制度的公平性，抵押人需要出具与被抵押船舶相关的一切证明文件，使各抵押权可以在对抗过程中充分发挥自身效力。

与《船舶登记条例》相比较，《船舶登记工作规程》强调申请人必须提供主合同。从性质角度分析，船舶抵押合同需要依附于主合同而共同存在。通常情况下，主合同与船舶抵押合同一一对应，在抵押额度相对较高的情况下，需要在固定期间内为相关业务活动开展提供相应抵押担保服务。通常情况下，一个抵押合同可能与多个借款或买卖合同对应。如果主合同无效很可能导致抵押合同也无法满足相关条件要求。抵押合同的最大价值体现在可以对债权关系进行相应证明。从实际发展状况来看，如果只是提供了抵押合同，仍无法证明抵押关系确实存在。主要原因在于当事人可以通过虚假合同打造方式完成相应登记操作，在后续发展过程中，由与债权无关系的抵押权人扮演对第三人进行对抗的角色，进而达到不法目的。虽然登记机关单位不能够对主合同效力进行相应评估，只是要求提供主合同，但是能够避免抵押人与抵押权人私下相互通气，通过签订虚假合同的方式，完成抵押登记办理，进而达到资产转移目标，或有规避一部分债务的归还。但是，从实际发展状况来看，相关操作方式的确提高了船舶抵押权登记造假的复杂程度。

---

① 王立志. 船舶物权登记论——实体法实现的程序进路[D]. 大连：大连海事大学，2009：152.

在光租情形下对船舶进行抵押权登记的过程中,《船舶登记工作规程》中强调,需要承租人认可相关的抵押文书。从《中华人民共和国海商法》中我们能够了解到,在承租人未书面认可的情况下,出租人在只涉及船舶租赁业务过程中进行抵押权的设定。笔者强调,除特殊情况需要进行相应规定,否则不需要进行特殊管理设定。

不仅如此,在未考虑共同共有条件基础上,笔者认为此种状态下,需要提交相对较为健全的同意证明材料。如果船舶登记即是为了对共同共有进行证明,针对共同共有、按份共有都不能进行充分证明情况下,具体种类及份额判断方式包括哪些呢?笔者表示可以参照《物权法》的相关要求,①则可以要求船舶共有人按照等额、等份方式进行利益分配,家庭关系是个特殊情况。

《船舶登记工作规程》强调,船舶抵押登记手续办理过程中,船舶价值评估报告也是一个必须提供的资料。笔者强调,该规定无任何存在价值。从不动产抵押角度分析,实际发展过程中存在较为明显的房屋超过抵押或重复抵押状态。政府始终强调在抵押业务开展过程中,双方抵押登记阶段内的价值评估报告提交将无核心价值。《物权法》也明确表示,登记机构无权针对不动产开展相关价值评估活动。船舶登记抵押过程中也存在相关问题。我们应当将船舶抵押权纳入民事行为管理范畴,同时对当事人给予足够的尊重。船舶是否满足抵押担保要求,债权人的主观判断往往起着决定性影响作用。在抵押权人和抵押人共同商议之间,确定被抵押船舶的价值评估,只要当事人意见一致,则船舶登记机关不需要过多干预。如果债权人对被抵押船舶价值存在疑虑,要求提供价值评估报告,此种状态则我们需要按特殊情况进行处理。

二、船舶抵押权登记之审查

审查主要是指船舶登记机关在进行相关文件审核过程中,通过申请人提交的材料,为船舶抵押权登记创造良好的便利条件,在相关登记机关单位审核完成后,则进入相应审查程序。作为船舶登记的核心程序,审查工作要按照规定流程执行,而且在材料完善的情况下,证明相关行为调整满足对应法律要求,在进行船舶物权登记过程中,是否参照该标准直接决定了船舶权利证书能否有效发放。相关审计单位只是利用审查方式确保存在问题得到全面解决,同时,国家权力的核心体现即集中在基本程序设计过程中。

---

① 参见我国《物权法》第一百零三条:共有人对共有的不动产或者动产没有约定为按份共有或者共同共有,或者约定不明确的,除共有人具有家庭关系等外,视为按份共有。第一百零四条:按份共有人对共有的不动产或者动产享有的份额,没有约定或者约定不明确的,按照出资额确定;不能确定出资额的,视为等额享有。

（一）关于形式审查和实质审查

登记机关的审查方式受船舶抵押权变动影响十分显著，目前，其主要包括形式审查和实质审查两种方式。通常情况下，形式审查与登记对抗主义同时存在，而实质审查对应的却是登记生效主义。从根本角度分析，笔者将形式审查与实质审查的不同点进行如下总结：登记机关是否有权针对物权变动行为进行相应审查。登记机关有权对物权变动原因进行调查，该部分工作属于实质审查管理范畴；相反，则按照形式审查流程进行处理。① 举例说明，在我国不动产登记过程中，即是采用实质审查方式。《物权法》中明确表示，登记机构有权对当事人进行咨询，要求其提供相关补充材料，在有需要的情况下开展实地查看活动。也有研究人员表示，形式审查即是针对申请人提交材料、证件等完善性特征进行相应审查；实质审查则是判断提交材料信息是否满足真实性、合法性要求。② 相对比较而言，实质审查的优势特征体现在可以为信息准确性提供强大保障，同时，在操作较为复杂的情况下，交易效率也会受到极大的不良影响。一旦操作不善，行政机关单位则需要承担较大的赔偿压力；形式审核的优势特征体现在可以全面提高整体工作效率，只是部分情况可能存在错误登记行为。

从我国《船舶登记条例》中我们能够看到，③无法对船舶抵押权登记审查形式进行有效判断，而开展相关登记审查工作过程中，大部分研究人员将其纳入实质审查管理范畴，④但也有很多研究人员认为开展实质审查工作可能无法满足可行性要求。研究人员表示，受多方面因素限制，目前，我国只能够以形式审查主义为核心。⑤ 也有研究人员认为，开展形式审查工作不仅与我国船舶物权变动态度不一致，同时在对抗主义立法模式制度的影响下，自身所具备的高效节约特征也被全面体现出来。⑥ 笔者认为，从目前的发展状况来看，在国内船舶抵押权登记的开展过程中，需要以形式审查主义为核心。首先，从权能发展状况来看，登记机关不能实施实质性的审查登记制度。从相关法律规定中我们能够看到，只有满足法律仲裁要求，在法院与仲裁机构处于相同法律权力状态下，可以利用法律政策对相关行为形成有效约束。在整个过程中，登记机关不能对相关交易活动的抵押合

---

① 陈华彬．物权法研究[M]．香港：金桥文化出版有限公司，2001：300．

② 郑梅，金燕．船舶登记审查形式的探讨[J]．中国海事，2005(5)：39－41．

③ 《船舶登记条例》第二十一条规定：对经审查符合本条例规定的，船籍港船舶登记机关应当自收到申请之日起7日内将有关抵押人、抵押权人和船舶抵押情况以及抵押登记日期载入船舶登记簿和船舶所有权登记证书，并向抵押权人核发船舶抵押权登记证书。

④ 李海．船舶物权之研究[M]．北京：法律出版社，2002：64；李志文．船舶所有权法律制度研究[M]．北京：法律出版社，2008：198．

⑤ 王文升．船舶登记法律问题研究[D]．大连：大连海事大学，2004：43．

⑥ 王立志．船舶物权登记论——实体法实现的程序进路[D]．大连：大连海事大学，2009：134．

同进行实质性审查。此外，登记机关自身所具备的能力也不能够有效判断申请资料的真实性。其次，从立法模式角度分析，船舶抵押权实行登记对抗主义。抵押权是否生效并不取决于登记，登记环节并不起着直接性的影响作用，其往往只能够对是否可以对抗善意第三人产生相应影响作用。简单理解即是，从本质角度来看，登记对抗主义并不是通过登记宣示物权变动而产生的，而是需要申请人提交对应的无权证明文件。在整个过程中，相关行为是否满足法律要求，而且是否真实有效等，都会参照相关诉求的法律公力进行有效判断。所以，进入对抗主义模式发展阶段后，第三人可以证明登记与实际发展之间存在较大差异，进而取消登记后所对应的一切法律问题。与登记对抗主义相反，机关单位需要开展相应的形式审查活动。登记机关针对不满足实际发展现象的问题可能并未及时处理。所以，相关法律规定中表示，任何错误行为的产生，登记机关都需要承担相应责任。其中包括未及时进行公告发布、拖延事件办理时间等。[①] 而开展实质审查管理活动将导致登记机关的审查义务得到有效落实，同时制定全面的法律责任承担范围。[②] 所以，开展实质审查工作是不具备相应价值的。再次，尝试从经济及行政效率角度入手，登记机关单位所开展的很多审查机制都存在一定问题。不仅审查范围过于宽泛，而且相关因素导致审查费用无法得到有效控制。长期发展下去，势必使融资成本大幅度提升。在整个过程中，登记机关单位耗时过多，很可能对行政效率造成极大的不良影响。而且实质性审查工作开展也会阻碍船舶交易活动的开展，尤其会对船舶融资活动的开展造成严重限制。再比如，如果船舶抵押的实质审查活动无法顺利进行时，也可能出现国家登记影响船舶物权变化等问题，而且不需要承担较大成本压力，部分情况下，随着船舶所有权的变化，很多物权都会不断向登记制度比较开放的国家转移。

（二）关于公证程序的引入

为了避免在形式审查活动开展过程中存在相关问题，部分国家采取有效措施，对交易安全进行全面保护。例如，《瑞士民法典》中强调，与所有权转移相关的契约，如果公证无效，则不具备相应的约束作用，进而在登记操作之前，确保存在的瑕疵问题得到全面解决。而后，在充分发挥对抗主义立法效用基础上，使公证员能够加入相关发展阶段内，对公证、认证等行为进行有效监督，使其能够满足相关法律要求。法国研究人员表示，如果权利变化会对合意造成不良影响，则需要

---

① 费安玲. 比较担保法——以德国、法国、瑞士、意大利、英国和中国担保法为研究对象[M]. 北京：中国政法大学出版社，2004：168.

② 如《瑞士民法典》在第 955 条明确规定了登记机关的严格责任，各州登记机关对不动产登记错误而产生的一切损失对受害当事人负赔偿责任。我国《物权法》第二十一条规定因不动产登记错误给他人造成损害的，登记机关应当承担赔偿责任。

结合实际发展状态，确保相关发展与法律要求完全一致。在整个过程中，最佳方式即是进行公证。公证人员通过既定流程、秩序等开展审查活动。在此种状态下，只有合意能够确保公证书真实、有效，并按照公证合意进行登记，登记机关也会根据业务要求，让当事人提供相应的书面文件材料。法国社会发展阶段内，对于整个抵押领域而言，公证人起着十分关键的垄断作用，登记机关需要不断与公证人进行交流。正是由于垄断问题的存在，公证人需要承担相应的法律义务。不仅如此，德国也有相应的与公正介入相关的管理规定。

从我国的发展状况来看，当事人都是在完全自愿的情况下提出相关文件公证要求。① 即由公证机关进行相应登记申请，而后对双方真实意愿进行相应调查，并最终针对信息真实性进行有效审查。与登记机关相比较，公证机关自身工作能力往往存在更多的专业性要求。所以出具的相关工作报告也更加全面。不仅如此，形式审查活动的开展往往容易产生登记错误问题，立法可以通过规定其他登记程序加以弥补，如异议登记程序和更正相关登记程序等，该部分内容在后续研究过程中会进行深层次探讨。

三、船舶抵押权登记

（一）关于登记的内容

根据《船舶登记条例》及《船舶登记工作规程》的相关管理要求，笔者将抵押权登记证明书的相关内容总结如下：第一，双方姓名或组织名称、地理信息；第二，抵押船舶的名称、所属国家、所有权登记证、税务编号；第三，债权担保数额、利息率等。

从船舶抵押权角度分析，虽然抵押权效力时间与登记日期不一致，但在整个发展阶段内，相关排序所发挥的影响作用相对较为关键。船舶抵押权登记日期是以当事人申请抵押登记之日为准，还是以登记部门核准登记之日为准，存在较大差异。以同一船舶设定数个抵押权，申请在先的可能核准在后，申请在后的可能核准在先。如果完全以核准日期为依据，则势必会对当事人权益造成严重损害。在后续发展过程中，参考相关原则，完成对应日期的制定，只有这样才能够确保在登记完成之后，相关法律追溯日期管理满足实际要求，同时避免对申请人利益造成极大的不良影响。同时，登记权利人也可以根据物权的变动，与第三人请求进行有效对抗，在整个过程中，整体效率也会得到全面提升。②《船舶登记条例》明确表示，相同船舶如果涉及两个以上抵押权，登记机关单位要按照申请的先后日

---

① 法国、意大利均采用形式审查主义，为保证合意本身的内容符合权利的真实状况，立法上规定由公证机关通过一定的程序来完成审查的义务，且只有经过公证的合意方能进行登记。

② 王立志．船舶物权登记论——实体法实现的程序进路[D]．大连：大连海事大学，2009：142．

期进行排序，并将对应的登记日期记录在船舶登记簿上。登记日期即是申请日期；相同日期申请，登记日期不能存在任何差异。从该规定中我们能够看到，从原则角度分析，权益是完全相当的，但不应当将相同申请日期看作顺位相同进行处理。英国、印度等国强调申请时间需要包含日期、时间点等多方面因素内容。此外，在登记簿中也要根据申请时间进行排序。只有这样，在标准顺位确定过程中，需要根据登记簿记载的时间顺序完成标准制定。在整个过程中，登记申请日期在抵押权登记证明书中也要有相应记录。为了降低矛盾问题发生的概率，当事人也要有效回收相应公证材料。不仅如此，一旦出现争议，当事人也要到对应登记机关单位对相关日期进行查询，同时根据抵押权登记证明书编号找到对应的权利证书，进而确定最终的申请日期。

在这里需要独立强调一下抵押期限的登记问题。在实际发展过程中，如果当事人约定的抵押期限或登记部门提出的登记抵押期限存在问题等，不同领域研究人员得出的相应结论往往存在较大差异。所以，我国法律基本明确发展方向，在抵押期限无法具备法律效力时，抵押权也是真实存在的。笔者表示，该规定是非常正确的，不需要对抵押期限进行登记。第一，从两个发展关系来看，抵押权与被担保债权之间存在较为明显的主从关系，而且主债权也是真实存在的，主债权如果消失后，对应权利也会不复存在。只要债务人未按照要求充分履行自身的责任与义务，则抵押权人就可以在任何时间行使自身所具备的权利。第二，从物权法相关管理规定中我们能够看到，担保物权应当纳入物权管理范畴，当事人不能对规定进行更改，更不能影响登记部门的相关工作秩序。但物权法并未规定抵押权可以在约定期间内实施或者消失。所以，即便当事人自行约定的登记期限不带有法律效力，但依然要执行相关流程。第三，从实践发展状况来看，如果抵押期限被认可，尤其是登记机关登记的抵押期限，抵押权人需要每隔一段时间即办理相关登记手续，在整个过程中，可能产生相对较高的财产评估费用，不仅成本压力大，而且无法为债权提供强大保障。

（二）关于船舶抵押权登记查询

与船舶抵押权相关的还有其查询问题。在正常情况下，船舶抵押权登记信息应当纳入社会公开信息管理范畴。现阶段，我国《海商法》及相关管理规定中只是对船舶抵押权登记状况信息提出要求，而登记情况查询相关规定却依然是空白。《船舶登记档案管理规定》作为典型管理制度，规定只有存在利害关系的当事人能够进行信息查询，否则都在查询序列之外。在海事纠纷问题处理过程中，船舶扣押是相对较为保险的方式。在具体发展阶段内，根据登记机关的要求，债权人及其委托律师往往不能够查看全部的船舶登记资料。《物权法》规定："权利人、利害关系人可以申请查询、复制登记资料，登记机构应当提供。"从中我们不难看出，针对船舶进行不动产登记，对于相关登记机关单位而言，影响作用十分显著。

专属经济区、大陆架海洋权益的国际法基础

戴　瑛　吴天宇

20世纪50年代以来，全球人口剧增，资源短缺、环境恶化等难题困扰着人类。而我国人均陆地面积、人均淡水资源和人均陆地矿产资源等都远低于世界平均水平，对我国来讲，海洋资源显得尤为珍贵。为了缓解资源短缺的压力，越来越多的有识之士把目光投向了海洋。1982年通过、1994年生效的《联合国海洋法公约》(以下简称《公约》)，被公认为迄今为止缔结的最全面、最重要的海洋法文件。根据《公约》，海洋对于沿岸国来说，可以分为三部分：一是内水和领海，这是国家领土的组成部分，国家享有完全的主权；二是国家可管辖海域，如专属经济区和大陆架，对这部分海域，国家只能依法享有一定的主权权利；三是不属于任何国家所有的公海及国际海底区域，这是全人类共同使用的部分，任何国家不能独占或垄断。不同的海域适用不同的制度，国家对其享有的权利也不相同。如何合理地开发利用海域资源，就既要依据国际法，又要依据相应的国内立法和政策制度。

我国是《公约》缔约国之一，是首批在公约上签字的国家，并声明享有200海里的专属经济区和大陆架的主权和管辖权。根据《公约》，我国主张管辖的海域——领海、毗连区、专属经济区和大陆架面积300多万平方公里。专属经济区和大陆架海域有丰富的资源，但我国专属经济区、大陆架海域使用管理制度呈滞后状态，显然不利于我国对海洋领域的开发利用和保护。研究专属经济区、大陆架海域制度对我国与其他国家共同开发和利用海洋资源起到了积极推动作用，也有助于解决我国与周边国家的争端，维护我国的海洋权益。

一、专属经济区和大陆架制度的关系

海洋作为一个地理学概念是指地球上最广阔的水体的总称，海洋的中心部分称作洋，边缘部分称作海，彼此沟通组成统一的水体。[①]《公约》作为现代“海洋宪章”，将海洋划分为不同区域，其第五、六部分规定了专属经济区、大陆架制度，明确了专属经济区、大陆架海域不同的海洋权益。大陆架和专属经济区两种制度之间既有联系又有区别。通过对《公约》的梳理我们发现，两者的联系与区别主要有以下几个方面。

两者间的联系主要体现在以下四个方面：(1)《公约》部分条款比照适用。体现在《公约》第56条第3款专属经济区关于海床和底土的权利问题的规定，“本条所载的关于海床和底土的权利，应按照第六部分(即大陆架部分)的规定行使”；

① 陈元志.珠海万山群岛产业发展定位研究[D].成都：西南石油大学，2014.

《公约》第 80 条大陆架上的人工岛屿、设施和结构的规定，“第 60 条（即专属经济区内的人工岛屿、设施和结构）比照适用于大陆架上的人工岛屿、设施和结构。”(2) 大陆架宽度与专属经济区范围的关系。《公约》第 76 条第 1 款关于大陆架的定义规定，“沿海国的大陆架包括其领海以外依其陆地领土的全部自然延伸，扩展到大陆边外缘的海底区域的海床和底土，如果从测算领海宽度的基线量起到大陆边的外缘的距离不到 200 海里，则扩展到 200 海里的距离。”即当沿海国大陆架的宽度未达到 200 海里时，适用专属经济区 200 海里距离标准。(3)《公约》相关条款共同适用。《公约》第 210 条、第 216 条关于倾倒造成的污染及执行，将专属经济区和大陆架作为相同的规制对象，同样适用于两个区域。

两者的区别主要体现在以下几个方面：(1) 管辖范围有所区别。在领海宽度的基线处起量，不超过 200 海里是专属经济区的界限范围，但是 200 海里却为大陆架的最小范围；(2) 法律基础有所区别。专属经济区以沿海国的宣布或占领为取得要件，对大陆架的权利则是根据事实的存在获得。简言之，沿海国对专属经济区的权利源于国际条约并有一定的宣告行为，大陆架的权利是固有的。(3) 主权权利内涵有所区别。专属经济区制度侧重于对相关经济活动的管辖，其主权权利包括水体和海床及底土，涉及生物资源和非生物资源；而大陆架侧重于沿海国对位于公海的矿物资源的勘探开发的管辖权，其主权权利集中于海床及底土的矿物资源和非生物资源。

二、专属经济区海洋权益的国际法基础

专属经济区概念最初是肯尼亚于 1971 年 1 月在亚非法律协商委员会科伦坡会议上提出的。具体的设想则体现在肯尼亚于 1972 年 8 月向联合国海底委员会提交的“关于专属经济区概念的条款草案”内。其要旨为，所有国家都有权在其领海以外建立宽度不超过 200 海里的经济区，并可对其中的自然资源行使主权权利。专属经济区制度是在联合国第三次海洋法会议上正式确立的，为国际社会包括沿海国家管理相关海域提供了一个全新的国际法标准。

（一）《公约》中关于专属经济区海洋权益的相关规定

专属经济区是《公约》所确立的新概念，也是一项重要的国际法制度。根据《公约》的规定，专属经济区是领海以外并邻接领海的一个区域，其宽度从领海基线量起不超过 200 海里。这是由沿海国对其专属经济区拥有的相当广泛的主权权利和重要管辖权决定的。从法律性质来看，专属经济区是沿海国的专属管辖海域。《公约》专属经济区制度的内容包括：(1) 专属经济区海洋权益分配制度；(2) 沿海国与其他国家的权利和义务；(3) 专属经济区生物资源养护和管理；(4) 专属经济区剩余权利的分配原则。在专属经济区内，沿海国与其他国家的权

利并存；各方行使权利时要适当顾及对方的权利；专属经济区蕴藏的其他权益将再行分配。

专属经济区的具体内容主要规定在《公约》的第五部分（第55～75条）。《公约》通过列举的方式规定了沿海国在专属经济区内的权利。沿海国有权对其专属经济区内的生物和非生物资源行使主权权利，以及对人工岛屿、设施和结构的建造和使用，海洋科学研究，海洋环境的保护和保全享有管辖权。依据《公约》中大陆架相关规定，行使专属经济区海床和底土的权利。同时《公约》也规定了沿海国在行使自己的权利和义务时适当顾及其他国家的权利和义务。

其他国家在专属经济区的权利和义务主要有：航行和飞越的自由，铺设海底电缆和管道的自由，以及与这些有关的海洋其他国际合法用途，在行使这些权利时，应适当顾及沿海国的权利和义务，遵守沿海国制定的相关法律和规章。

1985年国际法院在利比亚/马耳他划界案中指出："由专属经济区所引起的对该区的权利是参照为大陆架制定的制度而规定的。"[①]国际法院法官格罗斯说："从40年代大陆架的出现到70年代专属经济区的出现，这两种因素是相互补充、区别对待的。"[②]沿海国对于专属经济区的权利包括专属经济区上覆水域及其海床和底土的自然资源勘探和开发、养护和管理，以及利用海流、海水和风能生产等活动，主要体现在对自然资源的专属性上。[③] 沿海国对专属经济区的管辖权也因此而获得，主要目的是保证主权权利得以实现。沿海国有专属经济区享有的权利并非与生俱来，世界各国主要通过立法的方式宣示专属经济区的范围，以维护本国海洋权益。

（二）我国对专属经济区海洋权益的立法保护

1996年我国批准了《公约》，1998年我国颁布《中华人民共和国专属经济区和大陆架法》（以下简称《专属经济区和大陆架法》），确立了专属经济区制度。该法的颁布宣告了我国在专属经济区内勘查和开发、养护和管理海床上覆水域、海床及其底土的自然资源，以及进行其他经济性开发和勘查等一系列主权权利。该法第二条明确规定，"中华人民共和国的专属经济区，为中华人民共和国领海以外并邻接领海的区域，从测算领海基线量起延至200海里。"我国的相关主管机关有权采取各种养护和管理措施，以防止专属经济区内的生物资源因过度开发而造成危害。同时还对专属经济区内的自然资源、跨界种群、高度洄游鱼种和海洋哺乳动物的开发、养护和管理进行了相应的规定。我国对于专属经济区内的海洋自然资

---

① 国家海洋局政策研究室.利比亚—马耳他大陆架划界案判决书[M]//国际海域划界条约集（续集）.北京：海洋出版社，1989：25.

② 参见：《国际法院：判决书、咨询意见和命令的报告》，1984年，第12段。

③ 张晏瑲.海洋法案例研习[M].北京：清华大学出版社，2015.

源进行有力的保护,适当地进行开发,并对该资源享有绝对的主权权利,任何其他国家非经允许不得任意进行开发和勘探。该法规定了我国在专属经济区内建造并授权和管理建造、操作和使用人工岛屿、设施和结构的权利;对海洋科学研究、海洋环境的保护和保全的管辖权,积极履行养护专属经济区的海洋资源和保护海洋环境等义务做出了规定。我国建立完善了相关法律法规,例如,在《海洋环境保护法》《涉外海洋科学研究管理规定》《水生野生动物保护实施条例》等法律法规中制定了与之配套的相关制度。同时在专属经济区立法、执法、资源勘探养护、渔业管理、航运管理、海洋科技、海洋环境生态保护等方面进行了大量实践工作。

三、大陆架海洋权益的国际法基础

国际法意义上的大陆架范围不同于自然科学意义上的大陆架。大陆架在地质地理学上的概念是指从大陆海岸向外自然延伸,直至大陆坡的坡度平缓的海底区域。国际法领域的大陆架制度是第二次世界大战以后逐渐形成的国际海洋法律制度。大陆架法律概念是由美国总统杜鲁门于 1945 年在《美国关于大陆架底土和海床自然资源政策宣言》中提出的,该宣言提到,“邻接美国海岸处于公海之下的大陆架底土和海床的自然资源归属于美国,并受其管辖和控制”。国际法概念上的大陆架,历经 1958 年《大陆架公约》、1982 年《公约》的发展,其界限和范围不断明确。1958 年《大陆架公约》第 1 条规定,“大陆架”是指邻接海岸但在领海范围以外,深度达 200 米或超过此限度而上覆水域的、深度容许开采其自然资源的海底区域的海床和底土;第 2 条规定,沿海国为了勘探和开采(大陆架)自然资源的目的,对大陆架行使主权权利,且这种权利是专属性的。而对于大陆架边界的划分,则规定在《大陆架公约》的第 6 条中。1982 年第三次联合国海洋法会议通过的《公约》第 76 条第 1 款规定:沿海国的大陆架包括其领海以外依其陆地领土的全部自然延伸,扩展到大陆架边缘的海底区域的海床和底土,如果从测算领海宽度的基线量起到大陆边的外缘的距离不到 200 海里,则扩展到 200 海里的距离。

国际法上的大陆架可超出地理上的大陆架的范围,不仅包括沿海国领海之外陆地领土向海底的全部自然延伸,还包括地质学上的大陆架、大陆坡和大陆基的海床和底土。同时大陆架的宽度若是从领海基线量起不足 200 海里,可以延长到 200 海里。若超过 200 海里的可延长到 350 海里或 2 500 米等深线的 100 海里。这种外部界限以人为的方式规定对各国间专属经济区海洋权益的影响是巨大的。《公约》第 76 条关于大陆架制度的规定是一个整体。但根据《公约》大陆架外部界限的确定影响着沿海国对大陆架的权利范围,以 200 海里为界大陆架的权利范围有所不同,200 海里以外的大陆架权利受到一定的限制。沿海国对 200 海里以内的大陆架自然资源享有完整的主权权利,但是 200 海里以外的大陆架自然资源,其开发利用受到限制约束，并与国际社会共享。因为权利内涵的差异，沿海国大陆架界限的确定成为《公约》中大陆架部分的重要内容之一。根据《公约》可分两种情况进行规制：一方面，在200海里以内，相关国家间主张大陆架重叠的，需要先进行划界，然后确定各自大陆架的范围；另一方面，在200海里以外，《公约》通过规定公式线和制约线的方式，限制超过200海里的大陆架国家对其大陆架的无限扩展，并规定了最终认定的大陆架外部界限提交联合国大陆架界限委员会审查的制度。

（一）《公约》中关于大陆架海洋权益的相关规定

国际法院在北海大陆架案的判决中指出：大陆架是沿海国陆地领土向海的自然延伸；沿海国对大陆架的权利源于沿海国对陆地的主权，它的存在是源于自然事实，是一种固有的权利，它的存在可以被宣告，但不是其必备要件，沿海国对大陆架的权利，不因国际条约是否做了规定或者有所变更而受到影响。1982年《公约》的划界制度深受此判决影响，《公约》第76条、第77条的规定，大陆架不仅包括沿海国陆地领土在其领海之外的延伸，而且包括该国管辖范围之内的海底区域。沿海国对其大陆架拥有的权利，无须通过传统国际法上有效或象征占领而取得领土或权利的方式，也不取决于国家颁布法律或命令一类的单方面宣告。沿海国对大陆架的资源具有主权权利及相应的管辖权。但是，它又不同于国家对其领土享有的完整主权，大陆架上仍允许他国享有某些权利。

关于大陆架的海洋权益内容主要规定在《公约》的第六部分，规制海床和底土的矿物资源。大陆架自然资源的所有权，以及勘探和开发这些资源的权利是大陆架海洋权益的主要内容。《公约》第77条第1款规定："沿海国为勘探大陆架和开发其自然资源为目的，对大陆架行使主权权利。"主权权利的内涵包括域内管辖权、防止和惩罚域内违法行为的权利。《公约》强调沿海国对大陆架权利的"专属性"；第77条第3款规定："沿海国对大陆架的权利并不取决于有效或象征性的占领或任何明文公告。"沿海国对大陆架的权利范围及于构成大陆架的海床和底土的海底区域，而大陆架的上覆水域并不在此范围之内。沿海国对勘探大陆架和开发其自然资源拥有主权权利，并且是具有专属性的。这种权利的内容涵盖了沿海国有授权和管理在大陆架上进行钻探的专属权利；有权在进行勘探和开发自然资源时，建造必要的设施和装置、人工岛屿，以及围绕设施建立500米的安全区，安装永久性的警告信号，并对这些设施、人工岛屿等拥有专属管辖权。但此种情形下建造的设施、人工岛屿不具有国际法上岛屿的法律地位。沿海国所有的大陆架权利，并不影响大陆架上覆水域或水域上空作为专属经济区或公海或公空的相关权利；沿海国在行使大陆架权利时，不得侵害航行和《公约》规定的其他国家的相关权利和自由。

关于其他国家在大陆架上的权利，《公约》关于大陆架的制度规定，在大陆架上铺设海底电缆和管道的权利是所有国家均具有的，管道路线的划定须提请沿海国同意。其他国家在大陆架上铺设海底电缆和管道时应当遵守沿海国对进入其领土或领海的电缆或管道订立的相关规定，不得妨害已经铺设的电缆和管道，尤其是不能妨害现有电缆和管道的修理维护。沿海国无权对海底电缆和管道的铺设或维持加以阻碍，但是为勘探大陆架、开发自然资源和防止、减少和控制管道造成的污染除外，沿海国有权采取相关措施。

（二）我国对大陆架海洋权益的立法保护

《专属经济区和大陆架法》为保障我国对大陆架行使主权权利和管辖权，维护我国在大陆架的海洋权益提供了强有力的法律支撑。《专属经济区和大陆架法》全文共十六条，第二、四、七、八、九、十、十一、十二、十三、十四条涉及大陆架海洋权益相关内容主要包括：(1) 我国大陆架的范围。我国大陆架为我国领海以外依我国陆地领土的全部自然延伸，扩展到大陆边外缘的海底区域的海床和底土，如果从测算领海宽度的基线量起至大陆边外缘的距离不足 200 海里，则扩展至 200 海里。(2) 我国与周边国家大陆架划界。我国与海岸相邻或者相向国家关于专属经济区和大陆架的主张重叠的，在国际法的基础上按照公平原则以协议划定界限。(3) 我国的大陆架海洋权益。我国享有勘探、开发大陆架的自然资源，对大陆架行使主权权利。我国对大陆架的人工岛屿、设施和结构的建造、使用和海洋科学研究、海洋环境的保护和保全，行使管辖权。我国拥有授权和管理为一切目的在大陆架上进行钻探的专属权利。我国对在大陆架违反我国法律、法规的行为，有权采取必要措施，依法追究法律责任，并可以行使紧追权。(4) 其他国家在我国大陆架享有的权利。任何国家在遵守国际法和我国法律的前提下，在我国的大陆架享有铺设海底电缆和管道的自由，以及与上述自由有关的其他合法使用海洋的便利。铺设海底电缆和管道的路线，必须经我国主管机关同意。

四、结论

专属经济区和大陆架是性质不同的海洋区域，具有不同的海洋权益。这两种制度间有交叉重合，亦有截然不同的差别。专属经济区、大陆架海洋权益是一个国家海洋权益的重要组成部分，来源于国际法的相关规定。① 专属经济区、大陆架海洋权益的国际法基础，既有共性又有其各自的特性。对两者的国际法基础进行研究，对探索专属经济区、大陆架海域综合政策制度，维护我国在专属经济区和大陆架的海洋权益具有重要意义。

① 江河．国际法框架下的现代海权与中国的海洋维权[J]．法学评论(双月刊)，2014(1)：92－99．